D1730159

Sophie Berg · Vom Internet ins Ehebett

Sophie Berg

Vom Internet ins Ehebett

Roman

Die Autorin ist Mitglied bei DeLiA, der ersten Vereinigung
Deutschsprachiger Liebesromanautorinnen und -autoren:
www.delia-online.de

Besuchen Sie auch die Homepage von Sophie Berg:
www.sophieberg.at

Originalausgabe
Sophie Berg: Vom Internet ins Ehebett
Copyright © 2005 by Moments in der
area verlag gmbh, Erftstadt
Alle Rechte vorbehalten
Lektorat: Petra Kästner-Henn
Einbandgestaltung: agilmedien, Köln
Einbandabbildungen: Mauritius (oben)/Zefa (unten)
Satz & Layout: Andreas Paqué, Gleichen
Druck und Bindung: GGP Media GmbH, Pößneck
Printed in Germany
ISBN 3-937670-47-5

www.moments-verlag.de

»Eine Frau ohne Mann
ist wie ein Fisch ohne Fahrrad.«

Gloria Steinem, US-amerikanische Feministin

»Wenn dieser Satz stimmt,
dann haben erstaunlich viele Fische Sehnsucht
nach einem Fahrrad.«

Sophie Berg

Hinweis:

Die Personen und die Handlung dieses Romans sind frei erfunden. Jede Ähnlichkeit mit Menschen, die wirklich leben (die Autorin eingeschlossen ☺) oder gelebt haben, ist ganz und gar zufällig und völlig unbeabsichtigt.

Wenn ich es mir so recht überlege, dann war es wohl an jenem Abend, an dem mein Leben sich dramatisch zu ändern begann:

I

Ich hatte einen Beschluss gefasst und brannte darauf, ihn meinen beiden Freundinnen zu verkünden. Doch ich musste mich noch etwas gedulden. Der Kellner servierte Carla eben mit gekonntem Schwung den bestellten Campari, als die Eingangstür zum »Roberto« aufgestoßen wurde und Bea hereinwallte. Sie trug einen wadenlangen, weit geschnittenen Mantel, wie immer in Schwarz gehalten. Eine Fülle von bunten (selbst gefärbten!) Seidenschals wehte um ihren Hals. Alle in Rottönen diesmal, die ihre karottenroten Haare, die kurz geschnitten und mit viel Gel zum Stehen gebracht worden waren, erst wirklich zum Leuchten brachten. Ein eilig herbeigeeilter Kellner nahm den Mantel in Empfang. Nun hatte sie uns entdeckt und winkte mit einem lauten »Hallo, ihr Lieben!« zu uns herüber.

Ich brauchte Carla nicht anzusehen, um zu wissen, dass diese indigniert eine ihrer wohlgezupften Augenbrauen gehoben hatte. Carla waren laute Auftritte peinlich. Beas laute Auftritte im Besonderen. Erst als unsere Freundin direkt vor unserem Tisch stand, wurde die unscheinbare Gestalt sichtbar, die sich hinter ihrem breiten Rücken verborgen hatte.

»Hier sind wir!« Bea machte sich daran, uns ihre kameradschaftlichen Küsse auf beide Wangen zu schmatzen. »Entschuldigt bitte die Verspätung, aber wir konnten wieder einmal kein Taxi finden. Das ist also meine Cousine Claudia. Man sieht doch gleich, dass wir verwandt sind, nicht wahr? Nein, sagt nichts.« Sie hob abwehrend die Hand. »Ich weiß, dass wir uns nicht ähnlich sehen. Claudia ist höchstens die Hälfte von mir.«

Sie lachte schallend, als würde ihr dieser Umstand nichts ausmachen. Wir kannten sie viel zu gut, um uns täuschen zu lassen. Ihre üppige Figur war Beas Schwachstelle.

»Wollt ihr euch nicht setzen?« Carla zündete sich eine Zigarette an.

»Hallo zusammen«, sagte nun das unscheinbare Wesen. Sie schob sich den letzten freien Stuhl zurecht, hängte ihre geräumige rotbraune Umhängetasche über die Lehne, nahm Platz und sah erwartungsvoll in die Runde. Der Kellner kam, um die Bestellungen aufzunehmen.

»Darf ich …?«, fragte Bea, als er wieder in Richtung Küche davongeeilt war. Ohne eine Antwort abzuwarten, zog sie eine Zigarette aus Carlas Päckchen. »Meine erste heute.« Carla gab ihr kommentarlos Feuer.

»Wir haben einen stressigen Tag hinter uns, nicht wahr, Claudia? Wir grasten die gesamte Umgebung ab, um diese dämlichen Brunnenfiguren zu finden. Habt ihr gewusst, wie viele Brunnenfiguren es in unserem Landkreis gibt?«

»Ich erstelle einen Bildband über weibliche Brunnenfiguren«, erklärte ihre Cousine, um gleich darauf einzuschränken: »Erstellen ist vielleicht nicht das richtige Wort. Ich mache nur die Fotos, sozusagen.«

»Sag nicht ›nur‹!«, unterbrach sie Bea streng. »Bei einem Bildband sind doch Fotos das, worauf es ankommt. Claudia ist seit Wochen in ganz Deutschland unterwegs. Erzähl doch mal!«

»Na ja, es ist gar nicht so einfach, Brunnenfiguren aufzuspüren. Die richtigen, sozusagen. In Reiseführern werden Brunnen selten erwähnt. Ich bin auf Hinweise aus der Bevölkerung angewiesen und auf den Zufall, sozusagen. Sie glauben gar nicht, welch interessante Meisterwerke man zu Gesicht bekommt.«

»Und davon kann man leben?« Nicht umsonst kam Carla aus dem Wirtschaftsbereich.

»Aber natürlich«, erklärte Claudia unerwartet heftig. »Das ist ein von der EU gefördertes Projekt. Die unterschiedlichen Darstellungsformen der Frau im deutschsprachigen Raum.«

»Claudia hat vor drei Jahren einen Bildband über spanische Landhäuser gemacht.« Bea hatte das Gefühl, ihre Cousine gegen Carlas Skepsis verteidigen zu müssen. »Über Fincas auf den Balearen, um genau zu sein. Also Landhäuser und alte Bauernhöfe auf Menorca, Ibiza und vor allem Mallorca, sozusagen«, stellte Claudia richtig. »Natürlich nur solche Häuser, die von Frauen renoviert oder neu eingerichtet worden waren.«

»Natürlich«, bestätigte Carla, und es klang eine kleine Spur sarkastisch.

»Und sie hat damit jede Menge Kunstpreise eingeheimst«, trumpfte Bea auf.

»Einen, um genau zu sein«, korrigierte sie ihre Cousine ehrlich. Sie errötete und strich mit verlegener Geste ihre mausbraunen Haare aus dem schmalen Gesicht.

»Tatsächlich?«, murmelte Carla.

»Wenn Sie an weiblichen Brunnenfiguren interessiert sind«, meldete ich mich zu Wort, da ich mich plötzlich an eine Brunnenfigur erinnerte, »da müssen Sie unbedingt nach Großgmain, einen Ort direkt hinter der Grenze zu Österreich fahren. Österreich ist für Ihr Buch doch auch interessant, oder darf der Brunnen nur in Deutschland stehen?«

Claudia schüttelte den Kopf: »Nein, nein. Österreich ist auch möglich. Ist ja auch im deutschsprachigen Raum, sozusagen.«

Bea grinste.

»Welche Besonderheit hat denn dieser Brunnen?«

»Dort gibt es gleich zwei Madonnenstatuen. Sie stehen mit dem Rücken zueinander. Wenn ich mich nicht irre, dann fließt das Brunnenwasser direkt aus ihren Brüsten.«

»Das ist natürlich interessant. Sozusagen«, rief Claudia enthusiastisch. Ihre Augen begannen zu leuchten, und ihre Erscheinung wirkte mit einem Mal nicht mehr ganz so unscheinbar. Sie kramte einen zerfledderten Notizblock aus ihrer breiten Umhängetasche.

»Das ist ja ungeheuerlich«, meinte Carla. Und setzte mit einem kleinen, bösartigen Grinsen hinzu: »Sozusagen.«

Claudia beachtete sie nicht. Eifrig kritzelte sie eine kurze Notiz aufs Papier.»Jetzt brauche ich nur noch jemanden, der mich dorthin chauffiert.« Sie seufzte:»Mein Auto hat vor einer Woche den Geist aufgegeben, und in der Werkstatt wissen sie nicht, wann sie es wieder fahrbereit haben werden.«

»Keine Sorge, wir finden jemanden. Wozu habe ich so viele Freunde?« Bea legte ihre Hand auf den Unterarm ihrer Cousine.»Wie ihr wisst, ist Claudia noch nicht lange in der Stadt. Und sie hat sich erst vor wenigen Monaten scheiden lassen.«

»Mein Mann und ich sind weiterhin gute Freunde«, beeilte sich Claudia zu versichern.

»Das war ja wahrscheinlich das Problem eurer Ehe, dass ihr beide nur gute Freunde gewesen seid. Ihr müsst wissen, dass Claudias Ex einige Jahre jünger ist als sie. Und durch ihre vielen Reisen …«

»Wer von den Damen bekommt das Saltimbocca à la Romana?«, fragte der Kellner. Gerade rechtzeitig, bevor Bea uns Claudias Lebensgeschichte erzählt hätte.

Wir aßen einige Minuten schweigend, bevor Bea abermals das Wort ergriff. An Claudia gewandt erklärte sie in bestimmtem Tonfall:»Jetzt muss ich dir aber einmal meine Freundinnen genauer vorstellen. Ich habe dir schon viel von ihnen erzählt. Sie sind ja quasi meine zweite Familie. Schließlich kennen wir uns schon seit dem Studium. Seit ich vor fast zwanzig Jahren aus dem Ruhrpott in die Gegend gezogen bin.«

»Wie schmecken denn deine Spaghetti Carbonara?« Carla spießte ein Stück Thunfisch aus ihrem Salat.»Die sehen ja verlockend aus.«

Doch Bea ließ sich nicht ablenken:»Hervorragend. Carla mag es nicht, wenn man über sie spricht.« Sie grinste breit. »Aber schließlich muss meine Cousine wissen, mit wem ich verkehre. Sie ist doch meine letzte lebende Verwandte.«

»Du vergisst meine Eltern und Onkel Hermann aus Osnabrück«, korrigierte Claudia gewissenhaft.

»Außer deinen Eltern und Onkel Hermann«, verbesserte sich Bea ungerührt.»Doch nun lasst mich beginnen. Das ist also Carla Martens. Sie hat Jura studiert. Aber das hast du aus ihrem klassisch strengen Outfit sicherlich bereits geschlossen.«

»Bea ...«

Carlas drohender Tonfall beeindruckte Bea nicht im Geringsten. »Carla ist sehr erfolgreich. Sie arbeitet bei Moosburger. Du hast doch schon von Moosburger gehört? Die Maschinenfabrik am Stadtrand. Carla leitet dort den Verkauf.«

»Nur den Verkauf innerhalb Europas.«

»Schon wieder so ein ›nur‹«, ereiferte sich Bea und stahl eine Gurkenscheibe von Carlas Salatteller. »Wo bleibt denn euer Selbstbewusstsein? Europa ist doch groß genug. In Kürze soll Carla zudem Mitglied der Geschäftsleitung werden. Du kannst ihr schon gratulieren.«

Claudia kannte die Firma Moosburger offensichtlich nicht. Sie gratulierte trotzdem.

»Carla war mit Oliver Martens verheiratet. Den kennst du aber sicher. Na, du weißt schon, der bekannte und in der Schickimicki-Szene so beliebte Schönheitschirurg. Der, der Sibylle Segler den Busen vergrößert hat. Sibylle Segler – das blonde Topmodel. Das ist doch durch alle Zeitschriften gegangen. Die beiden haben eine achtjährige Tochter.«

»Der Doktor und das Topmodel?« Claudia war sichtlich verwirrt.

»Der Doktor und Carla natürlich. Marie heißt sie. Und ist ausgesprochen hübsch. Eine richtige ...«

»Bea, deine Spaghetti werden kalt«, unterbrach sie Carla in mühsam beherrschtem Tonfall.

Wie zu befürchten war, wandte sich Bea nun mir zu: »Und diese elegante Dame hier ist Rosalind Steinberg. Dr. med. dent., um genau zu sein. Leider trägt sie diese altmodische Hochsteckfrisur. Ich kann reden, so viel ich will, sie weigert sich strikt, ihre Haare abschneiden zu lassen. Ich kann mir meine Worte genauso gut sparen.«

»Und nicht nur diese«, murmelte Carla.

»Nicht jeder steht eine orangerote Zipfelfrisur«, konnte ich mir nicht verkneifen zu bemerken.

11

Bea lachte schallend:»Da hast du sicher Recht.«Sie winkte dem Kellner:»Noch ein Glas von dem hervorragenden Chianti, bitte!«Sie wandte sich wieder ihrer Cousine zu:»Roli ist Zahnärztin. Sie ist Partnerin in einer großen Gemeinschaftspraxis, die sehr gut läuft. Obwohl es nicht immer leicht für sie war. Auch deshalb, weil sie auch zwei Kinder aufzuziehen hat. Allein. Ihr Mann Peter war Rechtsanwalt. Ein Studienkollege von Carla. Habe ich dir schon erzählt, dass Peter vor fast drei Jahren bei einem Autounfall ums Leben kam? Eine absolut schreckliche Sache.«

»Schrecklich«, bestätigte Claudia errötend. Sie blickte kurz von ihrem Teller auf und warf mir einen mitleidigen Blick zu. Auf solche Blicke konnte ich liebend gern verzichten. Bea war manchmal wirklich unerträglich. Wenn Carla jetzt die Nerven verlor und sie aufforderte, endlich still zu sein, ich hätte nicht schlichtend eingegriffen. Hilfe suchend blickte ich zu ihr hinüber, aber sie widmete sich schweigend den letzten Bissen ihres Essens.

Bea fuhr ungehindert fort:»Nun sind die Jungs – ich habe doch schon erwähnt, dass Roli Zwillinge hat? Tim und Sebastian. Sie sind eineiige Zwillinge und gleichen sich fast aufs Haar.«

»Das ist bei eineiigen Zwillingen so üblich«, warf Carla ein.

»Sie sind jetzt sechzehn. Da kannst du dir die Probleme vorstellen, mit denen sich Roli tagtäglich auseinander setzen muss«, sprach Bea unbeirrt weiter.

Claudia, die, wie ich wusste, kinderlos war, konnte sich die Probleme offensichtlich nicht vorstellen. Sie nickte jedoch tapfer lächelnd.

»Oh, vielen Dank!« Bea nahm einen tiefen Schluck aus dem Glas, das der Kellner soeben vor sie hingestellt hatte.»Carla hat übrigens einen sehr interessanten Freund. Den solltest du unbedingt kennen lernen. Vielleicht kann er einen deiner Lichtbildvorträge sponsern. Er ist ein hohes Tier bei der Bank ...«

Sie schwieg erschrocken. Carla hatte es nun doch für angebracht gehalten, ihre damenhaften Manieren zu vergessen und Bea einen kräftigen Stoß gegen das Schienbein zu versetzen. Es war ja wirklich nicht zu fassen. Was war denn in Bea gefahren? Der dummen Nuss war doch glatt zuzutrauen, dass sie Konrads Namen erwähnte. Und prompt kannte die unscheinbare Cousine Konrads Frau. Und ehe Carla sich's versah, hatte sie Probleme am Hals, die sie sich bei Gott nicht wünschte. Und ich ihr auch nicht.

Bea rieb sich unter dem Tisch die schmerzende Stelle. Sie hatte den Grund des Kicks verstanden und warf ihrer Freundin nun einen um Verzeihung heischenden Blick zu.

»Und Sie kommen auch aus dem Ruhrgebiet?«, fragte ich, um die so plötzlich eingetretene Stille mit einem unverfänglichen Thema zu füllen.

Wir blieben nicht mehr lange sitzen. Obwohl sich Bea in der Folge sehr zurückhielt und der Abend nunmehr in harmonischem Geplauder ausklang. Wir begleiteten Claudia zum Taxistand, der die Straße hinunter nur wenige Meter von »Roberto« entfernt lag.

»Komm gut nach Hause, Cousinchen«, Bea küsste sie auf beide Wangen, »und mach dir keine Sorgen. Ich treibe jemanden auf, der mit dir durch die Lande fährt.«

Mit hochgeschlagenen Mantelkrägen eilten wir schweigend zu meinem Auto, das ich in einer der Seitenstraßen geparkt hatte. Der Schneefall, der den ganzen Tag über angedauert hatte, hatte aufgehört. Dafür war der Wind unangenehm stark und blies uns unfreundlich ins Gesicht. Carla hatte ein breites, schwarzes Stirnband über ihren rötlich blonden Pagenkopf gezogen. Ich trug meine wohlig warme Fellkappe, von der Carla fand, sie würde mir nicht stehen. Bea fror hutlos.

Endlich waren wir allein! Der geeignete Zeitpunkt, die beiden in meine Pläne einzuweihen! Was sie wohl von meiner Idee hielten? Fanden sie es noch zu früh? Vielleicht war Carla der Meinung, es sei ohnehin aussichtslos. Sie hatte ja selbst einige Erfahrung ... Ich hätte mich wohler gefühlt, hätte ich nicht selbst so viele Zweifel gehabt.

Ich atmete tief durch.

»Was ich euch schon den ganzen Abend sagen wollte«, ich hatte den Wagen mit ein paar zügigen Schwüngen aus der Parklücke manövriert, »ich habe einen Beschluss gefasst.«

»Uijuijui«, Bea rollte mit den Augen, »merkst du das, Carla? Ihre Stimme klingt harmlos. Doch die ungewohnt dramatische Einleitung lässt auf Schwerwiegendes schließen.«

Carla, die es sich auf der Rückbank bequem gemacht hatte, lehnte sich nun neugierig nach vorne: »Willst du am Ende Hubert sagen, dass er aus deinem Haus ausziehen muss?«

Bea ließ ihr schallendes Lachen ertönen. Sie war sicher der Meinung, dass es mein Leben nicht unwesentlich erleichtern würde, wenn ich meinen Schwiegervater nicht ständig in der Nähe haben müsste. Und sie hatte nicht Unrecht.

Doch das war es nicht, und so schüttelte ich den Kopf: »Nein, nichts so Drastisches. Wenn es auch, wenn ich es mir recht überlege, die Konsequenz aus meinem Entschluss sein könnte.«

Die Freundinnen schauten verständnislos: »Kannst du uns das vielleicht näher erläutern?«

»Ich habe beschlossen, mir einen Mann zu suchen.«

Davon schienen die beiden wirklich begeistert zu sein. Keiner meiner eigenen Zweifel kam ihnen spontan über die Lippen. Was ich zu hören bekam, gefiel mir dennoch nicht.

»Bravo! Das ist eine gute Neuigkeit«, sagte Carla erfreut, »höchste Zeit, dass du wieder einen Mann an deiner Seite hast. Deine Söhne brauchen auch eine männliche Bezugsperson. Hubert mit seinen überkommenen Ansichten ist auf die Dauer sicher nicht das ideale Vorbild ...«

Ich bremste ohne Vorwarnung, wie aus einem Reflex heraus. Nicht nur das Auto, auch diese Denkweise musste ich umgehend abbremsen. »Damit das klar ist«, stellte ich mit ungewohnter Heftigkeit fest, »was ich suche, ist ein Mann für mich. Zum Ausgehen und zum Reden. Ich suche doch keinen Ernährer oder einen Familienpapi! Glaubt ihr wirklich, ich suche einen Mann, der sich in die Erziehung meiner Kinder einmischt? Das kann doch nicht euer Ernst sein!« Es fiel mir schwer, mich zu beruhigen. »Eigentlich suche ich einen Liebhaber«, fügte ich hinzu. Es klang selbst in meinen Ohren ziemlich trotzig.

»Sollst du haben«, sagte Bea gut gelaunt. So als hätte sie darauf irgendeinen Einfluss.

»Alles klar«, bestätigte Carla vom Rücksitz her, »und wie willst du deinen Entschluss in die Tat umsetzen?«

In die Tat umsetzen? Das war wieder typisch Carla. Immer gleich Nägel mit Köpfen machen. Ich war schon stolz auf mich, dass ich mich überhaupt zu dem Entschluss durchgerungen hatte. Daher zuckte ich nur unbestimmt mit den Schultern: »Es gibt genug Bars, die von Junggesellen nur so wimmeln«, meinte ich lässig. Ich hatte gerade in der Beilage einer Zeitung einen Artikel darüber gelesen.

»Ach ja?« Carla war nicht überzeugt.

»Aber nicht von Junggesellen über vierzig«, warf Bea ein.

»… mit gehobener Bildung«, ergänzte Carla.

Aha, da waren sie also, meine eigenen Zweifel. Doch aus fremdem Mund vorgebracht, reizten sie mich zum Widerspruch. Ich wollte mir nicht durch ihre Skepsis meine zur Schau gestellte Zuversicht rauben lassen.

»Ihr werdet schon sehen. Ich finde eine passende Bar …«

»… und dort stellst du dich an den Tresen und flötest: ›Hallo, Süßer!‹«, ergänzte Bea frech.

»Fahr mal da vorne an der Ampel nach rechts«, befahl Carla von hinten. Ich gehorchte. »So, und nun rechts ran. Du hast Glück, da vorne ist wirklich ein Parkplatz. Schnell, bevor ihn dir ein anderer wegschnappt.«

Ich tat, wie mir geheißen. Und doch wurde mir zunehmend mulmiger zumute. Carlas bestimmter Ton verhieß nichts Gutes.

»Und was tun wir hier?« Ich wandte mich zu Carla um.

»Pläne soll man sofort in die Tat umsetzen«, erklärte die Frau Verkaufsleiterin für Europa und öffnete energisch die Autotür. Kalte Luft strömte ins Innere. »Dort drüben ist eine Bar, wie sie dir vorschwebt. Das ›Monte‹. Die haben einen äußerst passenden Tresen.«

Carla war bereits ausgestiegen und hatte die Autotür zugeknallt. Wir beiden anderen beeilten uns, ihr zu folgen.

»Meint ihr wirklich, heute ist dafür der richtige Tag?« Es war eine Sache, einen Plan zu fassen. Aber musste man wirklich gleich darangehen, ihn zu verwirklichen?!

»Heute ist so gut wie jeder andere Abend«, Carla vergrub ihre lederbehandschuhten Finger in den Manteltaschen. »Also kommt, ihr zwei.«

»Roli, ich glaube, es ist besser, du lässt das Fellungeheuer im Wagen«, schlug Bea vor. Gehorsam warf ich meine Fellmütze auf den Fahrersitz. Dann schloss ich ab und folgte meinen Freundinnen in die Nacht.

Unbarmherzig steuerten sie auf die hell erleuchtete Eingangstür zu. Das »Monte« war eine gute Wahl, wie Bea anerkennend feststellte. Es hatte nämlich keinen Türsteher.

»Wer weiß, ob er über unseren Anblick sehr erfreut gewesen wäre«, sie runzelte die Stirn. »Wir bieten heute wirklich ein seltsames Bild, meine Lieben. Drei Frauen Anfang vierzig, die eine im strengen Businesslook, die andere widerstrebend dahinter, im biederen Plüschmantel und mit einem Haarknoten wie ›Mutti am Sonntag‹.«

Die Letztere war ich. Wie aufbauend, dass Bea nie ein Blatt vor den Mund nahm. Ihre eigene Leibesfülle kommentierte sie überraschenderweise diesmal nicht.

16

Energisch wurde ich von Carla ins Foyer geschoben. »Es ist besser, man merkt nicht, dass wir zusammengehören. Drei Frauen an einem Tisch – da hast du nicht die geringste Chance, jemanden kennen zu lernen.«

Das fand ich ganz und gar nicht verlockend. Ich fühlte mich schon unwohl, wenn ich allein ein Kaffeehaus betrat. Ich warf Bea einen Hilfe suchenden Blick zu.

»Wo sie Recht hat, hat sie Recht«, bestätigte diese ungerührt.

»Du setzt dich an die Bar«, setzte Carla das Kommando fort. »Wir kommen in ein paar Minuten nach. Wir stellen uns irgendwohin, wo wir dich gut sehen können. Und wenn alles gut geht und du mit einem netten Mann ins Gespräch kommst, verkrümeln wir uns heimlich. Mach dir um uns keine Gedanken, wir nehmen ein Taxi.«

Sie öffnete die Lokaltür. Laute Musik drang nach draußen. Jetzt gab es kein Zurück mehr. Ich wollte keinesfalls als Feigling dastehen. Es war schließlich meine eigene Idee gewesen. Carla schloss die Tür hinter mir.

Da stand ich also am Eingang auf einer kleinen Plattform. Wenige Stufen führten hinunter ins eigentliche Lokal. Ich kam mir vor wie auf dem Präsentierteller. Dutzende Augen glotzten zu mir empor. Die Musik war extrem laut. Ein Stampfen, das ich aus den CD-Playern meiner Söhne kannte. Und das Publikum schien nicht viel älter zu sein als sie. Alles junge Burschen und Mädchen, noch keine zwanzig, das mochte ich wetten. Vereinzelt hatten sich Männer in meinem Alter unter die Menge gemischt. Sie versuchten mit Mädchen ins Gespräch zu kommen, die altersmäßig gut und gern ihre Töchter hätten sein können. Die wenigen Sitzmöglichkeiten waren alle belegt. Die meisten Anwesenden drängten sich stehend dazwischen. Ein buntes Getränk in der einen Hand, eine Zigarette in der anderen. Kaum jemand schien zu sprechen. War ja auch sinnlos. Bei dem Lärm hätte es ohnehin keiner verstanden. Warum starrten nur alle auf mich? Ich spürte, wie die Panik

17

mich ergriff und mir die Kehle zuschnürte. Ich war hier fehl am Platz.

Zum Glück war die Damentoilette direkt neben dem Eingang. Darin verschwand ich und atmete erst einmal tief durch. »René ist geil«, stand an der Tür. Darunter die Nummer vom Frauenhaus. Und dann hörte ich plötzlich vertraute Stimmen. Während die Wand zum Lokal solide gebaut zu sein schien, war die Wand zum Foyer vermutlich nur aus Holz.

»Pff!«, Bea atmete tief durch, »hältst du die Idee für gut?«

Carla schien zu überlegen. »Wahrscheinlich ist es ein Reinfall. Aber sie hat es wenigstens versucht.«

»Wir hätten sie stylen sollen«, wandte Bea ein, »so als biedere Hausmaus stehen ihre Chancen schlecht.«

Na, das war ja interessant.

Carla lachte leise: »Roli aufstylen? Roli? Hast du sie je gestylt oder auch nur im Leisesten schick zurechtgemacht erlebt? Erinnere dich, als sie zwanzig war. Wir sind alle mit türkisfarbenen Lidern und mit langen, offenen Haaren umhergelaufen. Mit Miniröcken, die den Slip kaum bedeckten. Da trug Rosalind bereits ihre Röcke bis unters Knie.«

»Midi nannte man das damals«, erinnerte sich Bea.

»Richtig, midi. Und das trägt sie noch heute so. Nur die Farbe hat sich geändert. War es damals dieses grässliche weinrot-lila ...«

»Aubergine.«

»Richtig, Aubergine. So ist es heute beige-braun. Und die Haare hatte sie damals schon so sittsam aufgesteckt.«

Ich griff instinktiv an meinen Kopf. Was war denn an meiner Frisur auszusetzen?

»Und dennoch hat sie Peter Steinberg geangelt. Den Schwarm aller Studentinnen ...«

»... auf den wir alle scharf waren«, bestätigte Carla.

Da schau her! Was man alles erfuhr hinter einer WC-Wand.
»Vielleicht liegt Rosalind doch nicht so falsch.«

»Du meinst, ich hätte auch bessere Chancen, einen Traumprinzen zu finden, wenn ich mir die Haare hochsteckte?«, Carlas Stimme war halb skeptisch, halb spöttisch. Ich wurde noch hellhöriger. Seit wann war denn Carla auf der Suche nach einem Traumprinzen?

»Seit wann bist du denn auf der Suche nach einem Traumprinzen?« Die liebe Bea nahm mir das Wort aus dem Mund. »Bist du etwa nicht mehr zufrieden mit dem guten alten Konrad?«

»Wann ist man schon zufrieden?«, entgegnete Carla vage. Natürlich war sie mit Konrad nicht zufrieden. Vor allem nicht mit der Tatsache, dass er verheiratet war und eine Tochter in Maries Alter hatte. Und damit, dass seine Frau erst kürzlich den Wunsch geäußert hatte, wieder schwanger zu werden. Konrad würde seine Familie nie verlassen. Und das war auch nicht wirklich das, was Carla sich wünschte. Wie ich sie kenne, machte es sie wütend, dass sie dennoch nicht in der Lage war, sich von ihm zu trennen. Aber Carla würde nicht mit Bea darüber sprechen. Schon gar nicht vor einer Lokaltür.

»He, wie lang brauchst du denn noch da drinnen!« Eine ungeduldige Hand rüttelte an meiner Türklinke.

»Ich denke, wir gehen jetzt auch hinein«, hörte ich Carla sagen.

Höchste Zeit, dass ich meinen heimlichen Lauschplatz verließ.

Ich lief meinen Freundinnen direkt in die Arme, als sie noch beim Eingang standen und versuchten, mich in der Menschenmenge ausfindig zu machen. Sie sahen auch nicht gerade begeistert aus. Mich jedenfalls hielt nichts mehr in dieser verrauchten Bude. »Gehen wir!«

19

Carla bekam mich am Ärmel zu fassen:»Was ist geschehen? Du solltest doch an der Bar auf uns warten.«

Unbeirrt trat ich ins Foyer hinaus.»An der Bar war kein Platz. Da standen sie schon in Dreierreihen.«

»Na und? Das ist üblich heutzutage. Es gibt immer mehr Menschen auf dieser Welt. Und alle wollen sich amüsieren.«

»Amüsieren!?« Also, die war wirklich gut.»Das kann doch keinen Menschen amüsieren. Weißt du eigentlich, wie alt die Leute dort drinnen sind? Die Mehrzahl ist nicht älter als siebzehn. Ich könnte ihre Mutter sein, und so habe ich mich auch gefühlt.« Ich kramte in meiner Tasche nach dem Autoschlüssel.»Und die laute Musik. Keiner kann sich dabei unterhalten.«

»Niemand geht in so ein Lokal, um zu diskutieren, Roli. Man geht zum Tanzen, zum Flirten, zum Gesehenwerden ...«

»Ha, zum Flirten! Mit wem soll man denn dort flirten? Mit einem halben Kind, das mit offenem Mund in die Gegend glotzt? Halb taub vom Lärm, fast blind vom Rauch. Blöd vom Alkohol. Wenn ich mir vorstelle, dass es in letzter Zeit immer öfter vorkommt, dass sich meine Jungs in derartigen Lokalen herumtreiben, dann wird mir noch übler.«

»Denk doch nicht immer an die Jungen, du Muttertier«, Carla stöhnte auf,»hier geht es um dich. Du willst ja schließlich einen neuen Partner finden. Solange du nur deine Kinder im Kopf hast, wirst du nie einen verführerischen Anblick abgeben. Und der ist nun einmal notwendig, wenn du Erfolg bei Männern haben willst.«

»Möglich«, sagte ich, das Muttertier. Ich bemühte mich, meine Gelassenheit wieder zu finden, auf die ich sonst so stolz war.»Aber jetzt möchte ich erst einmal nach Hause.«

II

Sonntag war der einzige Tag der Woche, an dem sich »die
gesamte Familie« zu einem gemeinsamen Frühstück versammelte. Man traf sich in meinem Wohnzimmer, das groß genug war für einen überdimensionalen Buchenholztisch. An
diesem fanden nicht nur sämtliche Hausbewohner, sondern
auch gern gesehene Gäste ohne Mühe Platz. Im Sommer
wurde die breite Tür mit den weißen Sprossen weit geöffnet, und der Blick war frei auf den kleinen Garten vor dem
Haus, mit dem stets kurz geschnittenen saftigen Rasen und
den von Tim liebevoll gepflegten Blumenbeeten. Dann waren die Hecken ringsum dicht belaubt, und kein neugieriger
nachbarlicher Blick konnte die Idylle des Sonntagsfrühstücks stören.

Doch noch war es nicht so weit. Noch war Anfang Februar. Der Morgen präsentierte sich grau und trüb wie die
Tage zuvor. Und der Wetterbericht versprach keine Besserung für die kommende Woche. Die Büsche und Hecken waren zum großen Teil kahl. Und außer ein paar vereinzelten
Schneeglöckchen war weit und breit noch nichts Blühendes
zu entdecken.

Das Frühstücksgeschirr war bereits abgeräumt. Ich hatte
den linken Ellbogen auf den Tisch gestützt und blickte
nachdenklich in die Runde. Und wie immer, wenn ich gedankenverloren vor mich hinstarrte, kaute ich an einem
Daumennagel. Eine Angewohnheit, die Peter jedes Mal ein
ärgerliches »Du bist doch kein Baby mehr, Linda« entlockt
hatte. Peter. Natürlich hatte er mich bisweilen genervt. Und
doch, es gab Tage, da vermisste ich ihn so sehr. Auch mehr
als zwei Jahre nach seinem Tod fehlte mir sein Lachen, wenn

er mit der Welt im Reinen war. Seine ernsten Augen, wenn er über ein Problem grübelte. Seine rasche Auffassungsgabe. Sein Witz. Die kumpelhafte Art, wie er mit den Zwillingen umging. Sein Stolz. Sein Stil. Natürlich war er arrogant gewesen. Unerträglich arrogant, wenn er es sein wollte. Wenn ich nur an die Streitereien zwischen ihm und Bea dachte. Wahre Wortgefechte waren das gewesen. Die beiden hatten einander nur sehen müssen, und schon hatte es gekracht. Ein Funke genügte für eine gewaltige Explosion. Nicht, dass Peter Bea nicht mochte. Es war ihre Selbstständigkeit, die ihn reizte. Die Selbstverständlichkeit, mit der sie es mit jedem Mann aufnahm. Der Mangel an Zurückhaltung. Das völlige Fehlen von dem, was für ihn »Frausein« bedeutete: all das Damenhafte, die Verletzlichkeit, eine gewisse Scheu vor Unbekanntem, das Schutzsuchende und das Gefallenwollende. All das war bei Bea von jeher nicht zu finden.

Ich blickte zu Carla hinüber. Sie war eben dabei, die langen rotblonden Locken ihrer Tochter zu bürsten. Die silberne Spange, die sie abschließend auf Maries Hinterkopf befestigen würde, baumelte aus ihrem Mundwinkel.

Mit Carla hatte sich Peter ausgezeichnet verstanden. Sie war elegant, gepflegt und als Enkelin einer ostpreußischen Großmutter stets Herrin über ihre Gedanken und Gefühle. Eine Dame vom Scheitel ihres rotblonden Pagenkopfes bis hin zur Sohle ihrer schlichten 300-Euro-Pumps. Vielleicht hätte Carla viel besser zu Peter gepasst. Hatte sie nicht selbst zu Bea gesagt, sie sei scharf auf ihn gewesen? Ich musste lächeln. Welch ungewöhnlicher Ausdruck aus Carlas vornehmem Mund. Ich war stolz darauf, dass so viele bildschöne Frauen Peter umschwärmt hatten wie die Motten die einzige Lichtquelle. Er war von Kindesbeinen an gewohnt gewesen, dass man ihn liebte. Ein dunkler Lockenkopf, dunkle große Augen – »Kirschenaugen«, wie seine Mama (mit Betonung auf dem zweiten »a«) nicht müde wurde zu betonen. Sein gewinnendes Lächeln. Ihn zu sehen und hingerissen zu sein war eins. Das traf nicht nur auf Mama zu, sondern auch auf seine damals noch lebende Großmama (natürlich ebenfalls mit Betonung auf dem zweiten »a«) mütterlicherseits. Auf Tanten, Lehrerinnen. Doch nicht nur Frauen liebten Peter Steinberg. Auch seine männlichen Verwandten, Lehrer und Freunde (und davon gab es unzählige) waren angezogen von seinem Charme, seiner Zielstrebigkeit und von der Selbstverständlichkeit, mit der er sein Leben nach seinen Vorstellungen gestaltete. Nur Hubert schien nie so recht in dieses Bild zu passen. Hubert Steinberg, der gestrenge Vater. Sohn eines Offiziers. Enkel eines Offiziers. Er war kurz vor dem Zweiten Weltkrieg geboren worden. Als tief gläubige Katholiken hasste seine Familie das Nazi-Regime von ganzem Herzen. Als der Krieg zu Ende war, war Hubert sieben Jahre alt gewesen. Er wuchs zu einem Mann mit festen Grundsätzen und zähem Pflichtbewusstsein heran. Sein Vater war aus russischer Gefangenschaft nie zurückgekehrt. Er selbst hatte den Krieg außer einigen innerlichen und äußerlichen Schrammen heil überstanden. Obwohl seine Mutter und er kaum Geld hatten, hatte er das Abitur geschafft. Ein Umstand, der ihn mit ebenso großem Stolz erfüllte wie Mama später die Kirschenaugen ihres Sohnes. Er hatte Glück und bekam eine Anstellung als Sachbearbeiter in einer kleinen Fabrik, die Suppen in Konservendosen herstellte. Mit Fleiß und unermüdlichem Einsatz diente er sich die Karriereleiter hoch. Und doch wäre er wohl nie über die dritte Führungsebene hinausgekommen, wäre ihm nicht eines Tages Konstanze, die hübsche Tochter des Firmeninhabers, über den Weg gelaufen. Ich war mir nie klar darüber geworden, was die verwöhnte Unternehmerstochter veranlasst haben konnte, sich in Hubert zu verlieben. Dennoch war es geschehen. Nach einem Jahr Verlobungszeit wurde geheiratet. Nach einigen Jahren übernahm Hubert von seinem Schwiegervater die Leitung des Betriebes. Zum Leidwesen von Konstanzes jüngerem Bruder Felix, der sich fortan um die neu gegründete

23

Produktionsstätte in Italien kümmerte. Man brachte es zu Ansehen und Wohlstand. Und bereits im zweiten Ehejahr wurde ihr einziges Kind geboren. Ein Sohn, Stammhalter und Erbe. Er wurde Peter genannt, nach seinem inzwischen verstorbenen Großvater. Peter, der Vielgeliebte, der Vielbewunderte. Der alle in ihn gesetzten Hoffnungen erfüllte und zu einem gut aussehenden jungen Mann heranwuchs. Der Jura studierte und schließlich als Krönung zum Doktor der Rechte promoviert wurde. Die akademische Laufbahn seines Sohnes, die ihm selbst verwehrt geblieben war, erfüllte Hubert mit tiefer Freude und Befriedigung. Peter wurde rasch Juniorpartner der hoch angesehenen Rechtsanwaltskanzlei Berendt & Ployer, und Huberts Glück wäre perfekt gewesen – hätte Peter nicht mich getroffen, die ungeliebte Schwiegertochter.

Ich seufzte und blickte zu meinem Schwiegervater hinüber. Dieser hatte sich, wie immer nach dem Sonntagsfrühstück, in den Lehnstuhl neben dem Kamin zurückgezogen und studierte eingehend die Wochenendausgabe der Zeitung. Wer hätte wohl gedacht, dass wir einmal auf so engem Raum zusammenleben würden? Ohne Mama als schützenden Prellbock zwischen uns. Ohne Peter, dem Grund, dass wir überhaupt miteinander zu tun hatten.

Peter und ich hatten uns auf einem Studentenfest kennen gelernt. Ich war damals zwanzig, er zweiundzwanzig Jahre alt. Die Musik war laut gewesen, die Stimmung ausgelassen. Ich hatte mich soeben am improvisierten Tresen angestellt, um im Gewühl ein kaltes, erfrischendes Getränk zu ergattern, als sich eine Hand auf meinen Arm legte und eine bislang unbekannte Stimme sagte: »Ich hole dir etwas. Sag mir, was du möchtest.« Mit großen Augen hatte ich zugesehen, wie sich die Menge vor dem jungen Mann zu teilen schien. In Windeseile war er mit zwei Gläsern wiedergekommen.

Peter Steinberg hatte eine kleine Kostprobe seines Talents gegeben. Dass ich mich auf der Stelle in ihn verliebte, verwunderte keinen. Dass er jedoch mir in den nächsten

Wochen und Monaten nicht von der Seite wich, verwunderte alle, die uns beide kannten. Am meisten natürlich mich selbst. Peter war aus »gutem Hause« – ich kam aus einfachen Verhältnissen. Er war das gewandte Kind der Großstadt – ich ein schüchternes, etwas verschlossenes Mädchen aus der Provinz. Er hatte eine verwöhnte, allseits beliebte, stets nach einem Hauch Chanel No. 5 duftende Mama (die Betonung auf dem zweiten »a«, bitte schön) – ich eine verhärmte, abgearbeitete, allein erziehende Mutter, die nach Kernseife und billigen Zigaretten roch. Er war verzärtelter Mittelpunkt des Familieninteresses – ich die ältere Schwester eines kleinen, lästigen Bruders. Für ihn war das Studium eine selbstverständliche Sprosse auf der vorprogrammierten Leiter des Erfolgs – für mich ertrotzte Freiheit. Die ich mir nur leisten konnte, weil ich in den Ferien in der Gastwirtschaft meines Onkels dutzendweise Krüge mit Bier schleppte. Peter hatte ebenmäßige Gesichtszüge mit griechischem Profil und Kirschenaugen – meine Augen sind nicht auffällig und überdies hinter einer Brille gegen Kurzsichtigkeit versteckt. Und mein Profil – schrecklich. Meine Nase ist nicht griechisch, sie ist schlicht und einfach groß, breit und lang. Heinrich, mein Bruder, hatte sich schon vor Jahren einen Reim zurechtgelegt, mit dem er mein Selbstbewusstsein gezielt untergraben konnte: »Die Rosi kann mit ihrem Zinken fliehenden Burschen prima winken.«

Jedes Mal, wenn er diesen Spruch aufsagte, und er sagte ihn oft, sank mein Selbstwertgefühl ein Stück tiefer. Ich hasste ihn dafür. Und es kränkte mich, dass meine Mutter immer wieder schallend, mit von vielen Zigaretten rau gewordener Stimme darüber lachen konnte. Ich habe Heinrich schon lange nicht mehr gesehen. Er ist Polizist geworden und sieht nun im Schwarzwald nach dem Rechten.

»Herr Gott, Rosalind! Kannst du denn deinem Sohn nicht einmal sagen, er soll gerade sitzen? Man lümmelt sich nicht am Frühstückstisch.« Huberts strenge Worte ließen mich auffahren. Mein Schwiegervater hielt die Zeitung gesenkt und blickte mahnend zu mir herüber. Die Lesebrille baumelte an einem goldenen Kettchen über dem dunkelblauen Pullunder. Ich zuckte schuldbewusst zusammen. Meine Söhne reagierten meist viel gelassener.

»Bitte, Gropa, sag's uns doch selbst«, forderte Sebastian auch schon und erhob sich. Er angelte mit dem Fuß unter dem Tisch nach seinem Pantoffel. Dann schnappte er seinen Walkman und stöpselte seine Ohrmuscheln zu: »Macht's gut, Leute. Ich schau bei Jordy vorbei. Mal sehen, was geplant ist. Kommst du mit, Tim?«

Dieser schüttelte überraschenderweise den Kopf. »Geh schon vor. Ich muss noch für Geografie lernen. Du weißt, die Lehrerin hat mir für morgen eine Prüfung über die skandinavischen Länder angekündigt.«

»Die skandinavischen Länder sind ein wesentlicher Teil Europas«, dozierte Hubert. »Ihr wisst doch, dass ich eine Vorliebe für den Norden, insbesondere für Schweden habe. Wenn du mit mir kommst, Tim, ich habe unten in meiner Wohnung einige Bildbände über Skandinavien. Die solltest du dir unbedingt ansehen.«

Tim warf seinem Bruder einen vielsagenden Blick zu. »Das werde ich bis morgen nicht mehr schaffen, Gropa.«

Sebastian verkniff sich ein Grinsen.

Tim und freiwillig etwas lesen, das in der Schule nicht unbedingt verlangt wurde? Undenkbar. Die Lehrer waren schon froh, wenn er ein Minimum des Stoffes wusste. Tim war sicher so intelligent wie sein Bruder. Doch das Lernen konnte ihn, im Gegensatz zu Sebastian, selten begeistern. Seine Talente lagen im außerschulischen Bereich, wie er nicht müde wurde zu erklären.

Hubert wandte sich wieder seiner Lektüre zu. Mochte er auch mit mir streng ins Gericht gehen, so war er seinen Enkeln gegenüber milde gestimmt. Er hatte sich zwar von Anfang an verbeten, dass sie ihn »Opa« nannten. Ein »verweichlichter« Ausdruck, der eines erwachsenen Mannes unwürdig war. Er hatte auf »Großpapa« bestanden. Als die

Jungen sprechen lernten, wurde aus »Großpapa« »Gropa«, und dabei ist es geblieben.

Die Jungen waren der Anlass, dass Peter und ich heirateten, fünf Jahre nach unserem Kennenlernen. Eine Tatsache, die mir Hubert nie verziehen hatte. Die schönsten Frauen hätte sein Sohn haben können. Die reichsten und natürlich solche aus den ersten Familien des Landes. Aber Peter musste sich ja an die Nächstbeste vergeuden. Nur weil sie ihm ein – nein, sogar zwei – Kinder anhängte und ihn damit fest in ihren Fängen hatte. Nicht einmal eine ansehnliche Mitgift hatte ich, die Landpomeranze, mitgebracht. Dabei wären andere Väter bereit gewesen, ihre Töchter standesgemäß auszustatten. »Mit mindestens hundert Kamelen«, wie Bea einmal spöttisch bemerkte.

Hubert mochte Bea nicht. Er mochte mich nicht. Seinen Enkeln konnte er sich jedoch nicht verschließen. Je älter die beiden wurden, desto mehr eroberten sie sein Herz. Er war stolz auf Sebastians Leistungen. Und er verzieh Tim jede Unzulänglichkeit, weil er ihn in seiner fröhlichen, charmanten Art an Peter erinnerte.

»Marie, du siehst richtig bescheuert aus, wenn du dich so zurechtmachst.« Sebastian war bereits auf dem Weg zur Tür.

»Sebastian!«, rief ich entsetzt. Nur jetzt kein Heulkonzert am Frühstückstisch! Was war denn bloß in meinen sonst so besonnenen Sohn gefahren? Er verstand sich doch gut mit Marie. Und er wusste, dass sie seit kurzem bei jeder Kleinigkeit beleidigt reagierte. Doch zu meiner Überraschung nahm ihm Marie seine offenen Worte nicht übel. Sie drehte und wendete sich, sodass das duftige Röckchen ihres Kleides und der Ponyschweif hin und her flogen. Normalerweise war sie ein sportliches Mädchen in praktischen Jeans. Doch jedes zweite Wochenende verwandelte sie sich in eine sittsame Prinzessin.

»Papi mag es am liebsten, wenn ich mich für ihn hübsch mache«, sie wandte sich Tim zu, der sie bisher nicht beachtet hatte, »und ich bin doch hübsch, was sagst du, Tim?«

»Nicht schlecht«, er hob seinen Blick nur kurz von seinem Schulheft. »Sieht aus, als könnte aus dir noch etwas werden.«

Marie verstand das als Kompliment.

»Na, wenn's dein Papi will, ist natürlich alles klar«, murmelte Sebastian, hob grüßend die Hand und schloss die Tür hinter sich. Weder er noch sein Bruder konnten Maries Vater Oliver Martens ausstehen. Aber sie waren fair genug, es Marie nicht merken zu lassen.

Ich blickte wieder in die Runde. Wir waren eine richtige Großfamilie geworden.

Wie anders war es gewesen, als Peter und ich vor mehr als sechzehn Jahren, gleich nach der Hochzeit, hierher gezogen waren. Das Haus gehörte Peters betagter Großtante, einer Schwester seiner verstorbenen Großmama. Diese lebte damals mit einer Pflegerin in der Souterrainwohnung. Diese Wohnung hatte keine Fenster zur Straße hin, dafür eine breite Glastür zum kleinen Garten hinter dem Haus. Für uns war die Erdgeschosswohnung frei geworden. Das Dachgeschoss war an ein betagtes Ehepaar vermietet. Wie still war es damals hier gewesen. Doch dann kamen die Zwillinge, und mit ihnen kam Leben in die alte Villa. Bald darauf starb die Großtante und vermachte Peter das Haus. Einige Jahre später zog das Ehepaar aus dem Dachgeschoss ins Altenheim. Mir gegenüber hatten sie erklärt, das Treppensteigen sei ihnen zu anstrengend geworden. Sicherlich hatten aber auch das Toben der Zwillinge und ihre Vorliebe für laute Musik maßgeblich zu ihrem Entschluss beigetragen.

Etwa zur gleichen Zeit verstarb Peters Mama an Krebs, und Hubert blieb allein und verlassen im weitläufigen Haus auf dem Fabrikgelände zurück. Er war zwar weiterhin Direktor des Unternehmens, Alleinerbe der Firma war jedoch Felix, Mamas Bruder. Es kam, wie es kommen musste. Felix kehrte aus dem Ausland zurück und setzte alles daran, sich seinen unliebsamen Schwager vom Hals zu schaffen. Er köderte die Belegschaft mit Versprechungen, widerrief Huberts Entscheidungen und traf sich hinter dessen Rücken mit wichtigen Geschäftspartnern. Alle, die jahrelang mit Huberts autoritärer Art schlecht zurechtgekommen waren, liefen mit fliegenden Fahnen zu Felix über. Hubert musste zur Kenntnis nehmen, dass sein Einflussbereich immer mehr beschnitten wurde. Und er saß stundenlang bei seinem Anwalt, um rechtliche Schritte gegen den verhassten Schwager zu überlegen. Schließlich siegte jedoch beider Sorge um das Ansehen von Fabrik und Familie. Man einigte sich gütlich. Hubert bekam eine stattliche Abfindung ausbezahlt. Und nahm im Gegenzug dazu sein chronisches Bandscheibenleiden zum Anlass, um mit achtundfünfzig vorzeitig in den trotzdem wohlverdienten Ruhestand zu gehen. Natürlich konnte und wollte er nicht länger auf dem Fabrikgelände wohnen bleiben. Er sprach mit seinem Sohn – der hatte nichts einzuwenden. Und ehe ich mich versah, zog Hubert mit Sack und Pack in der Souterrainwohnung ein. Peter hatte mein Einverständnis als selbstverständlich vorausgesetzt. Und hätte ich einem einsamen Mann, dem man auf rüde Weise sein Lebenswerk entrissen hatte, wirklich seine Bitte abschlagen können? Wohl kaum. Dennoch war ich eine Zeit lang ziemlich verärgert gewesen.

Das Zusammenleben gestaltete sich nicht reibungslos, doch auch nicht so schlimm, wie ich befürchtet hatte. Hubert wollte keinesfalls mit mir, seiner ungeliebten Schwiegertochter, mehr zu tun haben als unbedingt nötig. So fiel er mir nicht zur Last. Eine eigene Wirtschafterin kümmerte sich um seinen Haushalt. Er wurde Mitglied im Schachclub und blieb eifriger Rotarier. Als solcher genoss er es, an den vielen Veranstaltungen und Reisen teilzunehmen, die dieser Club veranstaltete. Wollten Peter und ich ausgehen, so spielte Hubert ohne zu zögern Babysitter. Und schenkte dabei seinen Enkeln all die Zeit und Aufmerksamkeit, die er seinem nicht weniger geliebten Sohn aus Karrieregründen hatte verweigern müssen.

So lebten wir einige Jahre zu fünft in der großen Villa. Das Dachgeschoss stand leer und wurde von den Jungen als zusätzlicher Spielbereich genutzt.

Und dann war jener vierzehnte September vor gut zwei Jahren gekommen. Ich musste damals erst am Nachmittag in die Praxis gehen. Die Jungen waren in der Schule, und ich war eben dabei, den Frühstückstisch abzuräumen. Seltsam, ich wusste noch genau, wie der Tisch ausgesehen hatte. Die dottergelben Sets aus Bastgeflecht. Das dezent geblümte Geschirr, das uns Mama zur Hochzeit geschenkt hatte. Marmeladenreste klebten an den Messern, der Abdruck meines malvenfarbenen Lippenstifts an meiner Tasse. Peter hatte eine letzte Scheibe Schinken auf seinem Teller zurückgelassen. Wie immer war er am Morgen zu hektisch gewesen, um den Tag geruhsam zu beginnen. Eine Tasse starker, schwarzer Kaffee, ein rascher Flug durch die Zeitung, ein paar von mir aufgedrängte Bissen. Das wars dann auch schon. Um elf Uhr wurde er in einer Stadt erwartet, die mehr als hundert Kilometer entfernt war. Irgendein wichtiger Termin mit irgendeinem wichtigen Klienten. Peter hatte mir nie viel von seiner Arbeit erzählt.

»Mach's gut, Linda.« Ein geübter Griff zum ledernen Aktenkoffer. Ein prüfender Blick in den Spiegel. Ein rasches Zurechtrücken des Krawattenknotens. Ein schneller Kuss.

»Vergiss nicht, wir haben Karten fürs Theater heute Abend.«

»Keine Sorge, ich bin rechtzeitig zurück.«

Der flache Sportwagen war sein großer Stolz. Nicht rot lackiert, das hatte damals jeder. Nicht silbergrau, das war ihm zu affektiert. Nein, ein schlichtes Dunkelblau, satt wie das Dröhnen seines Motors. Gekonntes Understatement.

Als das Telefon klingelte, ließ ich mir Zeit mit dem Abheben. Ich brachte erst das Tablett in die Küche und stellte die Butterdose in den Kühlschrank. Ich erwartete keinen Anruf. Später wurde ich oft gefragt, ob ich keine Vorahnung gehabt hätte? Ein banges Gefühl, als ich den Telefonhörer berührte? Doch beim besten Willen, da war keine Vorahnung. Oder auch nur ein Verdacht, dass Peter etwas passiert sein könnte. Er schien immer so stark, so glanzvoll, so unverwundbar. Ein Sonntagskind, dem das Glück in den Schoß fiel …

»Sankta-Barbara-Krankenhaus, Schwester Doris am Apparat. Spreche ich mit Frau Steinberg? Der Gattin von Dr. Peter Steinberg?«

Ich bestätigte dies, noch nicht wirklich beunruhigt. War Peters Klient im Krankenhaus?

»Da bin ich aber froh, dass ich Sie antreffe«, fuhr die Schwester fort »Ihr Gatte ist vor wenigen Minuten bei uns eingeliefert worden. Unser Chefarzt möchte, dass Sie umgehend zu uns kommen. Werden Sie das Auto nehmen? Ich beschreibe Ihnen den Weg …«

Ich kritzelte eine Nachricht für die Zwillinge auf die Tafel in der Küche. Aber ich vergaß, Hubert zu verständigen. Ein Umstand, den er mir bis heute nicht verziehen hat. Ich schlüpfte in die Leinenjacke meines grünen Kostüms und eilte zur Garage. Natürlich war ich jetzt aufgeregt. Natürlich hatten mich die Worte der Schwester beunruhigt. Und doch hatte ich keinen Augenblick lang angenommen, dass sich Peter in ernster Gefahr befand.

Aber als ich das Krankenhaus erreichte, war es zu spät. Peter war während einer Notoperation gestorben, ohne das Bewusstsein wiedererlangt zu haben. Innere Blutungen durch einen Autounfall. Er hatte mit einem riskanten Überholmanöver an einem Lastzug vorbeifahren wollen. Mit überhöhter Geschwindigkeit, wie ich vom anwesenden Polizeiinspektor erfuhr. Schleudern auf nasser, mit Blättern übersäter Fahrbahn. Kollision mit einem Brückenpfeiler. Fremdverschulden ausgeschlossen.

Der Oberarzt drückte mit steinerner Miene sein Beileid aus. Ein Polizist drückte mir den verbeulten Aktenkoffer in die Hand.

Wie hätte ich wohl die darauf folgenden Tage und Wochen ohne meine Freundinnen überstanden? Carla nahm die Organisation der Beerdigung in die Hand, half mir, Peters Papiere zu sichten, und beruhigte gleichzeitig Hubert, der seinen Schmerz durch ungerechtfertigte Attacken gegen mich zu lindern suchte. Bea kümmerte sich um die Jungen, sprach mit den Lehrern und bot mir eine starke Schulter zum Ausweinen. Ein knappes Jahr später war ich es dann, die Carla tröstete. Wer hätte je angenommen, dass Oliver Martens …

»Roli! Hallo! Rosalind! Sag einmal, träumst du? Es hat an der Tür geläutet!« Carlas laute Worte brachten mich mit einem Schlag in die Gegenwart zurück. Sie hatte inzwischen den Nähkorb geholt und war dabei, einen Knopf an Maries Kleid anzunähen. Mit dem Rücken zu ihr stand ihre Tochter und zappelte ungeduldig. Ich eilte zum Eingang.

»Sieh an, die Hausherrin persönlich. Guten Tag, Rosalind.« Oliver Martens beugte sich zu mir hinunter und deutete einen Kuss auf die Wange an. »Du siehst blass aus. Nerven dich deine Jungen? Oder gar meine Damen?«

Er nannte seine Tochter und seine geschiedene Frau gern »seine Damen«. Ich wusste, dass er nicht wirklich Interesse an meinem Befinden hatte. Also lächelte ich nichtssagend und führte ihn ins Wohnzimmer.

»Papi, Papi!« Begeistert stürzte Marie auf ihren Vater zu. Er fing sie auf und wirbelte sie im Kreis herum.

»Na, meine Süße? Fertig zum Ausgehen? Du siehst wieder einmal zauberhaft aus. So schön wie deine Mama.« Er trat auf Carla zu. »Als sie jung war«, fügte er hinzu und reichte ihr die Hand.

»Das war wieder typisch Oliver Martens«, dachte ich angewidert. Er konnte keinen freundlichen Satz sagen, ohne eine versteckte, meist aber auch offene Spitze daran anzuschließen.

Carla schien dies nicht mehr zu stören. Sie begrüßte ihren Exmann mit freundlicher Distanz. Es war wirklich erstaunlich, wie freundlich die beiden sich wieder begegneten. Niemand hätte nach dem dramatischen Verlauf ihrer überstürzten Scheidung darauf zu hoffen gewagt.

»Bring sie nicht zu spät nach Hause. Morgen ist Schulausflug, und sie muss bereits um sieben Uhr am Bahnhof sein.«

Oliver hörte ihr nur mit halbem Ohr zu. Er hatte Tim achtlos zugenickt und war dann zu Hubert hinübergegangen und grüßte ihn mit einer formvollendeten Verbeugung. Ich musste wider Willen lächeln. Oliver verstand es, sich beliebt zu machen, wenn er es wollte. Er war alles andere als ein schöner Mensch, der Herr Doktor. Ein kleiner, untersetzter Mann mit gedrungenem Körperbau. Und kugelrundem, stets leicht gerötetem Gesicht. Seine großen, wässrig blauen Augen fielen ebenso auf wie seine vor Gel glänzenden, aus der Stirn gekämmten schwarzen Locken.

»Wo ist Tony?«, meldete sich Marie zu Wort. »Ist er nicht mitgekommen?«

Tony war der Scheidungsgrund. Oder, wie Carla nach tiefem Nachdenken und vielen Gesprächen mit uns Freundinnen ehrlich feststellen musste, eher der unmittelbare Anlass, dass sie sich zu diesem tiefgreifenden Schritt entschlossen hatte.

In Wahrheit war ihre Liebe schon längst gestorben und das Zusammenleben nur noch ein Nebeneinander gewesen. Lange bevor Tony auf der Bildfläche erschienen war. Olivers neuer Lebensgefährte. Die beiden waren ein ungleiches Paar. Tony war so groß, wie Oliver klein war. Er war so muskulös wie Oliver dick. So gut aussehend wie Oliver hässlich und so dumm wie Oliver klug. Behauptete zumindest Bea. Der Vergleich war allerdings nicht ganz korrekt. Hielt sie doch den Chirurgen selbst auch nicht für überragend intelligent.

Die Liebe der beiden Männer dauerte nun schon fast zwei Jahre. Carla war entsetzt gewesen, als sie davon erfuhr. Obwohl sie es im Nachhinein Oliver hoch anrechnete, dass er nicht auf einen Zufall gewartet hatte, der seine Frau über die neue Tatsache informierte. Er selbst hatte sie ihr eines Abends offen und schonungslos dargelegt. Er habe bereits im Internat bemerkt, dass er latent homosexuell veranlagt ist. Nein, er habe keinen Grund gesehen, sie davon in Kenntnis zu setzen. Er habe gedacht, dies sei eine längst überwundene, pubertäre Verirrung. Doch dann habe er Tony kennen gelernt. Dieser hatte eine Kollegin in die Klinik begleitet, die sich einer Brustkorrektur unterziehen wollte. Keiner Vergrößerung, sondern einer Straffung. Denn die Dame war Tänzerin, Stripteasetänzerin um genau zu sein. Und da war es nicht angebracht, wenn die schlaffen Brüste bei jeder Bewegung um die Rippen schlackerten. Oliver war ein Freund derber Wortwahl. Carla hatte ihren Mann daraufhin fassungslos gefragt, ob Tony etwa auch Stripteasetänzer sei. Tony war Barkeeper. Ein ganz ausgezeichneter, wie Oliver in den Wochen nach dem Kennenlernen feststellen konnte. Seine »Bloody Mary« war köstlich, seine anderen Cocktails waren hinreißend. Doch noch viel hinreißender waren feste, knackige Pobacken in hautengen, schwarzen Lederhosen. Und eine muskulöse, behaarte Brust unter dem geöffneten Seidenhemd. Ob sich Carla vorstellen konnte, wie erregend ein gut gebauter männlicher Körper war? Carla konnte. Ob sie sich vorstellen konnte, seine Affäre zu tolerieren und dennoch weiter mit ihm zusammenzuleben? Carla konnte nicht.

Kurz nach diesem Gespräch fanden Oliver und Tony eine geräumige Altbauwohnung nahe der Klinik. Die Scheidung war nur mehr Formsache. Marie blieb bei der Mutter.

Carla hatte Tony kennen gelernt. Und wider Erwarten, gegen ihren Willen, mochte sie ihn. Er war charmant und zuvorkommend, und er verstand sich bestens mit Marie. Oliver war ungeduldig und sehr auf sich konzentriert. Er wollte seine Tochter pflegeleicht. Hübsch herausgeputzt, ein Vorzeigeobjekt, das er stolz seinen Freunden und Bekannten präsentieren konnte. Wie ein Stück aus seiner heiß geliebten Porzellansammlung. Tony akzeptierte Marie, wie sie war. Er ging auf ihre Wünsche ein, besuchte sie, wenn sie krank war, half ihr bei Schularbeiten und ging mit ihr ins Marionettentheater.

»Tony liegt noch im Bett«, Oliver verzog die Mundwinkel, »er hatte heute Nacht schon wieder Dienst und ist erst gegen acht Uhr nach Hause gekommen. Höchste Zeit, dass ich dem Treiben ein Ende setze.«

Das fanden Carla und ich wirklich amüsant. Wie oft hatte ihr Oliver in den Ohren gelegen, sie solle ihren Beruf an den Nagel hängen und nur für ihn da sein. Er konnte sich eine nicht berufstätige Ehefrau aus finanzieller Sicht spielend leisten. Sie hatte sich stets erfolgreich dagegen gewehrt. Und jetzt war anscheinend Tony an der Reihe. Vorbei waren die Zeiten, da Oliver ihn bewundernd beobachtete, wie er bunte Flüssigkeiten im silbernen Shaker schüttelte. Und wie er diese dann in hohem Bogen in bereitgestellte Gläser goss. Vorbei die Zeit, da er Tonys »Bloody Mary« köstlich fand. Jetzt fand er Tonys Zwiebelrostbraten köstlich. Und er wollte, dass Tony in der Bar Schluss machte und sich nur noch um den Haushalt und den dazugehörigen Hausherrn kümmerte. Zu seinem Leidwesen weigerte sich Tony jedoch, seine Selbstständigkeit aufzugeben und sich vollends in die Abhängigkeit von Oliver zu begeben. Eine Entscheidung, die Carla und ich gut nachempfinden konnten.

»Komm, Papi. Lass uns fahren und Tony aufwecken.« Marie versuchte, ihren Vater mit sich zu ziehen. »Er hat mir versprochen heute Nachmittag mit mir ins Kino zu gehen und ›Arielle, die Meerjungfrau‹ anzusehen.«

»Na dann«, Oliver machte eine Geste, als gäbe er sich geschlagen, »dann wollen wir mal dringend los. Einen schönen Sonntag noch allen Anwesenden. Und lerne brav, Sebastian, du Musterbeispiel eines Schülers. Dein Bruder kann sich eine Scheibe von deinem Fleiß abschneiden.« Er klopfte dem lernenden Jungen im Vorbeigehen wohlwollend auf die Schulter.

Tim schüttelte seine Hand ab ohne sich umzudrehen. »Du hast wirklich den Durchblick, Oliver.« Sein Spott klang beißend.

Doch Oliver hatte sich bereits uns Damen zugewandt. Er küsste mir die Hand, obwohl er genau wusste, dass ich das nicht ausstehen konnte. Er gab Carla einen kleinen Kuss in den Nacken. Was diese noch weniger mochte. Dann legte er den Arm um die schmalen Schultern seiner Tochter und schob sie in Richtung Vorzimmer.

»Warten Sie, Herr Doktor! Ich führe Sie hinaus.« Hubert hatte sich von seinem Lehnstuhl erhoben und war eben dabei, seine goldgefasste Lesebrille in einem soliden Etui zu verstauen. Mit geübtem Griff schob er es dann hinter die Bücherreihe auf dem mittleren Regalbrett. Es war seine Zweitbrille, die er nur benutzte, wenn er sich bei uns aufhielt.

»Es ist ohnehin Zeit für meinen Sonntagsspaziergang. Die Jungs sind schon zu groß, mich zu begleiten. Es ist jammerschade.« Hubert wirkte älter als andere Männer mit fünfundsechzig Jahren. Außer seinen täglichen Spaziergängen betrieb er keinerlei sportliche Betätigung. »Vielleicht sollte ich mir doch einen Hund zulegen. Meine Schwiegertochter mag ja dagegen sein. Aber dennoch – was meinen Sie, Herr Doktor?«

»Du lieber Himmel, nicht schon wieder die Hundediskussion«, dachte ich und verdrehte die Augen zur Decke.

»Au ja, toll Gropa! Ich möchte auch einen Hund. Bitte, Gropa, kauf einen Hund!« Marie strahlte vor Begeisterung und begann vor Aufregung hin und her zu hüpfen. Sie nannte Hubert Gropa, wie die Jungen es taten.

Natürlich kannte ich die Sehnsucht meines Schwiegervaters nach einem Vierbeiner. Und ich fürchtete, er könnte seinen Plan tatsächlich wahr machen. Mein Widerstand würde ihn auf die Dauer nicht davon abhalten. Und die Tatsache, dass mir das Haus gehörte, auch nicht. Ich sah schon den tapsigen Bernhardiner vor mir, der mich mit blutunterlaufenen Augen anstarrte und seine Haare büschelweise auf den Teppichen hinterließ. Oder einen sabbernden Boxer Schlieren über den Parkettboden ziehen. Oder einen deutschen Schäferhund, der mir zähnefletschend den Zutritt zu meiner eigenen Wohnung verwehrte. Mein Bruder Heinrich hatte eine Zeit lang einen Schäferhund besessen. Dieser war neurotisch und auf einem Ohr taub gewesen. Er hatte am liebsten meine Schuhe zerfleischt und gern nach meinen Waden geschnappt. Wenn er mich auch nie wirklich gebissen hat, so waren meine Strumpfhosen regelmäßig im Eimer. Und ich konnte mir die Vorwürfe meiner Mutter anhören. Und mir von meinem kargen Taschengeld neue besorgen. Diese Erfahrung genügte mir fürs Leben.

Wider Erwarten kam mir Oliver zu Hilfe. »Hunde machen Arbeit und stinken, wenn sie nass werden«, erklärte er kategorisch, »zudem sind sie in höchstem Maße unhygienisch.«

Man hörte die beiden debattieren, bis die schwere Haustür hinter ihnen ins Schloss fiel.

»Ich hoffe, es gelingt Oliver, Hubert zu überzeugen. Sonst schleppt er eines Tages wirklich so ein Riesenvieh an.« Ich stand auf und schnappte mir die Zeitung, die mein Schwiegervater fein säuberlich zusammengelegt auf dem Tischchen neben dem Kamin abgelegt hatte.

»Ich mag Hunde an und für sich sehr gern. Allerdings braucht man viel Zeit für sie. Darum hoffe ich das auch«, Carla legte ihre Beine auf den Stuhl vor sich. Eine Handlung, die wohltuend für ihre Venen war. Die sie sich aber in Gegenwart eines männlichen Wesens niemals gestattet hätte. Die Zwillinge ausgenommen. »Obwohl Oliver noch selten zu etwas wirklich nützlich war. Gibst du mir einen Teil der Zeitung?«

Tim packte seine Lernsachen zusammen und verschwand zu Jordy, dem Schulfreund, der im Haus gegenüber wohnte. Und mit dem meine Söhne einen Großteil ihrer Freizeit verbrachten.

Die nächsten Minuten vergingen in einmütigem Schweigen. Beide hatten wir unsere Blicke auf die eng bedruckten Seiten des unhandlichen Blattes gerichtet. Was ich da las, war hochinteressant. Bisweilen aber auch haarsträubend:

»Das kann wohl nicht wahr sein. Carla, hör dir das an, der hat doch nicht alle Tassen im Schrank: ›Attraktiver, muskulöser Steinbockmann, siebenundzwanzig, einszweiundachtzig, an junges Gemüse fantasielos gebunden, sucht reife, gut situierte Lady ab fünfunddreißig zur Verwirklichung ihrer geheimen Wünsche.‹«

III

Carla ließ ihr Blatt auf die ausgestreckten Knie sinken und blickte fassungslos zu mir herüber: »Was liest du denn da, um Himmels willen?!«

»Kontaktanzeigen«, ich bemühte mich so zu klingen, als sei dies das Selbstverständlichste der Welt. »Diese ist schon besser, hör mal: ›Beamter, vierundvierzig, einsdreiundsiebzig, geschieden, sportlich, beruflich sehr engagiert, sucht mangels anderer Gelegenheit auf diesem Wege ...‹«

»Du hast doch nicht im Ernst vor, auf eine Anzeige zu antworten!« Carla hatte sich stocksteif in ihrem Stuhl aufgerichtet.

»Hallo, ihr Lieben! Versäume ich da gerade etwas? Habt ihr noch Kaffee für mich?« Bea stand im Türrahmen. Wie immer in wallender, schwarzer Kleidung. In schwarzen Hosen diesmal, die in derben, kurzen Schnürstiefeln steckten. Über den überdimensionalen Strickpullover waren die unvermeidlichen farbenfrohen Schals geschlungen. Die Mütze, die im Freien die karottenroten Haare verborgen hatte, flog in lässigem Bogen auf den nächsten Stuhl. Tim hatte wohl wieder einmal vergessen, die Haustür abzuschließen.

»Guten Morgen, Bea«, ich war aufgestanden, um eine Tasse für meine Freundin aus der Glasvitrine zu holen, »schön, dass du gekommen bist. Setz dich zu uns. Wir haben eben eine kleine Meinungsverschiedenheit.«

Bea öffnete den Schraubverschluss der Kaffeekanne, die Carla wortlos hinübergeschoben hatte. Als sie sich mit einem kritischen Blick ins Innere davon überzeugt hatte, dass noch genügend vorhanden war, goss sie die schwarze, dampfend heiße Flüssigkeit in die bereitgestellte Tasse.

»Worum geht's denn? Handelt es sich um Oliver? Ich habe eben sein Auto wegfahren sehen. Ich habe doch Recht, wenn ich daraus schließe, dass er hier war?«

»Roli will auf eine Heiratsannonce antworten«, erklärte Carla, ohne auf Beas Vermutung einzugehen. Ihre Stimme klang düster.

»Auf eine Kontaktanzeige«, verbesserte ich.

»Na und?«, fragte Bea.

»Na und?«, wiederholte Carla ungläubig. »Ist das alles, was dir dazu einfällt? Findest du es etwa gut, wenn Rosalind ...«

»Ich finde es gut, dass Roli endlich beschlossen hat, sich hier nicht länger lebendig zu begraben«, fiel ihr Bea ins Wort. »Die Bargeschichte neulich war nicht das Richtige. Also müssen wir etwas anderes versuchen.«

»Aber es muss doch nicht gleich etwas so Vulgäres wie eine Anzeige sein!« Es hatte den Anschein, als hätte Carla am liebsten mit der Faust auf den Tisch geschlagen.

Bea zuckte achtlos mit den Schultern: »Wenn's hilft.«

Sie nahm einen Schluck aus der Kaffeetasse und deutete auf die Strickjacke, die mein Schwiegervater über die Lehne seines Sessels gehängt und vergessen hatte. »Der gute Hubert macht sich hier schon so breit, dass man meinen könnte, er sei mit Roli verheiratet.«

»Gott behüte!«, entfuhr es mir. »Und überhaupt, weder Hubert noch die Kinder sind ausschlaggebend für meinen Entschluss ...« Wollten die beiden denn nicht endlich verstehen, worum es mir ging?

»Das wissen wir, Roli«, unterbrach mich Carla auch schon. »Aber muss es wirklich eine Anzeige sein?«

»Also warum denn nicht?«, Bea zuckte achtlos mit den Schultern, »eine Putzfrau sucht man ja auch auf diesem Weg.«

»Ein Freund ist doch keine Putzfrau!«, Carla war entrüstet.

»Das ist zu befürchten«, antwortete die unverbesserliche Bea, »obwohl die Vorstellung doch reizvoll wäre. Ein Liebhaber, der sich auch im Haushalt nützlich macht ... na ja, man kann nicht alles haben. Habt ihr euch schon für eine Anzeige entschieden?«

Ich breitete die Zeitung auf dem Esstisch aus. Einmütig beugten wir die Köpfe darüber.

»Also, ich weiß nicht«, sagte Carla, als sie sich wieder aufrichtete. »Es muss doch noch andere Wege geben.«

»Aber sicher gibt's die«, erklärte Bea munter, »kein Grund, diesen nicht auch zu versuchen.«

»Für Frauen ab fünfunddreißig ist die Chance höher, vom Blitz erschlagen zu werden, als einen Mann zu finden«, konnte ich mich nicht zurückhalten, meine Zweifel anzumelden.

»Oder von einem Tiger gefressen zu werden«, bestätigte Carla düster.

Na bravo, vielen Dank. Sehr aufbauend.

Glücklicherweise war auf Bea Verlass: »So ein Schwachsinn! Von Männern erfunden, um Frauen zu entmutigen. Und schon längst widerlegt. Die Statistik besagt …«

»… dass es in unserem Alter viel mehr Frauen gibt als Männer.« Was war bloß in Carla gefahren? Sie war doch sonst nicht so pessimistisch.

Bea erwog diesen Einwand nur kurz: »Mag schon sein. Aber Roli sucht ja nicht viele Männer, sondern einen einzigen. Und einen wird es doch in Gottes Namen geben.«

Dafür hätte ich sie umarmen können.

Auch Carla gab sich geschlagen. »Na, gut. Vielleicht sollte Rosalind dem Mann hier einen Brief schicken: ›Mitarbeiter der Landesregierung, einssechsundfünfzig, vierundfünfzig Jahre, jung geblieben …‹«

»Was soll Roli denn mit einem Zwerg!«, rief Bea entgeistert.

»Wie gefällt euch das Inserat«, fragte ich und las meinen Favoriten vor: »»Mann mit vielen Interessen, einsdreiundsiebzig, geschieden, sportlich, beruflich sehr engagiert sucht mangels anderer Gelegenheit auf diesem Wege …‹«

Bea schüttelte den Kopf: »Ein biederer Geschiedener! ›Mangels anderer Gelegenheit‹, wenn ich das schon höre. Ein Schlappschwanz.«

»Ich dachte, du seist dafür, dass ich auf eine Anzeige antworte. Und jetzt hast du an allem etwas auszusetzen.«

Bea griff nach der Zeitung: »Ist das ein Wunder? Lies nur: ›Einsamer Junge sucht reife Lady mit großem Busen und weit geöffnetem Herzen …‹ Da bist du dein Geld los, so schnell kannst du gar nicht schauen. Wie wär's damit: ›Dominanter Endfünfziger sucht gefügiges Fräulein …‹«

»Also, Bea!«, Carla war ernsthaft schockiert. »Du wirst doch Roli nicht mit einem Sadisten verkuppeln wollen!«

»›Witwer, zweiundfünfzig, sucht für sich und seine drei schulpflichtigen Kinder …‹«, las ich.

»Kommt nicht in Frage!«, rief Carla.

»›Wen darf ich verwöhnen? Smarter Boy freut sich …‹«, las Bea.

»Kommt nicht in Frage!«, rief ich.

Bea war nicht zu bremsen: »›Jeder Topf findet seinen Deckel. Wenn du, bescheidene Frau bis vierzig mit Kochkenntnissen (Hausmannskost bevorzugt) mein Deckel sein möchtest …‹«

»Nein!«, rief Carla.

»›Eleganter Sportwagenbesitzer, Unternehmersohn, achtundreißig, Villa an der Riviera, sucht kultivierte Dame ohne Altlasten …‹«

»Was sind Altlasten?«, fragte ich verständnislos.

»Kinder vermutlich«, erklärte Bea, noch in die Zeitung vertieft.

»So ein Trottel!« Meine Entrüstung kam aus ganzem Herzen.

Bea blickte auf und grinste: »Mir scheint, euch ist keiner dieser Herren gut genug. Es bleibt dir wohl nichts anderes übrig: Du musst selbst eine Anzeige aufgeben.«

»Bis du verrückt?«, rief Carla aus. »Stell dir vor, das spricht sich in der Stadt herum: ›Rosalind Steinberg, die bekannte Zahnärztin …‹«

»Na und? Was ist denn dabei, verdammt noch mal?«, brauste Bea auf. »Warum muss man es denn geheim halten, wenn man einen Mann sucht? Und überhaupt: Wie soll es denn bekannt werden? Die Stadt ist groß. Und nicht jeder kennt Roli. Wenn ihr einer antwortet, den sie kennt …«

»Ich kenne keinen, der eine Frau sucht. Das ist ja das Problem«, meldete ich mich zu Wort. Und fügte hinzu, um die Diskussion abzuschließen: »Ich denke, ich schreibe doch an den biederen Geschiedenen.«

Dieses Vorhaben konnte ich schon Minuten später in die Tat umsetzen. Meine Freundinnen hatten sich in Carlas Wohnung im Dachgeschoss zurückgezogen. Carla war Mitglied in einem internationalen Verein für weibliche Führungskräfte. Den Namen des Vereins vergaß ich immer wieder, ich wusste nur, dass man ihn EWMD abkürzte. Sie hatten Bea als Vortragende für ihren nächsten Clubabend gewonnen. Bea war Historikerin und hatte sich vor allem auf die Rolle der Frau im 18. und 19. Jahrhundert spezialisiert. Nun wollte sie mit Carla die genauen Details für ihre Rede zusammenstellen und Folien entwerfen, um den Vortrag noch anschaulicher zu gestalten. Ich setzte mich an den Schreibtisch, startete meinen Laptop und las das Inserat des »biederen Geschiedenen« noch einmal durch. Was hieß schon »bieder«? Bieder war ich selbst auch. Eine brave Mutter von zwei Kindern, ihrem Gatten treu, lange über seinen Tod hinaus. Wer würde da besser zu mir passen als ein biederer Geschiedener? Ich beschloss, den Brief kurz zu halten. Nach zahlreichen vergeblichen Versuchen war ich halbwegs zufrieden:

»Sehr geehrter Unbekannter, Ihr Inserat hat mich angesprochen. Ich bin zweiundvierzig Jahre alt, schlank und sportlich. Beruflich bin ich im medizinischen Bereich tätig. Ihr Anruf würde mich freuen.«

Ich fand, dass der Ausdruck »medizinischer Bereich« sehr schlau gewählt war. Nun wusste der Unbekannte ungefähr, was ich machte. Aber auch, wenn der »Unbekannte« in Wirklichkeit ein »Bekannter« war, würde er nicht erkennen, dass es sich bei der Schreiberin um mich handelte. Es war Carla doch gelungen, mich zu verunsichern. Und daher würde ich natürlich auch meinen Nachnamen verschweigen. Am besten, ich nannte mich »Linda«. Peter hat mich so gerufen. »Linda« klang nach »Dynasty«, der beliebten Fernsehserie der Achtzigerjahre, nach Reichtum und Schönheit. Nicht nach einer braven Mama mit einer zu großen Nase. Ich setzte meine private Telefonnummer darunter (am besten zu erreichen zwischen neunzehn und zwanzig Uhr), druckte den Brief aus und steckte ihn in einen Umschlag. Nun ab damit in den Briefkasten an der nächsten Straßenecke, bevor ich es mir wieder anders überlegen konnte.

In den nächsten Tagen zuckte ich jedes Mal zusammen, wenn irgendwo ein Telefon läutete. Ich sagte mir immer wieder, dass es Wochen dauern konnte, bis der »biedere Geschiedene« anrief. Und dass mich sein Anruf sicher nicht in der Praxis erreichte.

»Was habe ich mir da bloß aufgehalst?« Ich stöhnte und hoffte auf Beas Mitgefühl. Wir hatten uns wie fast jeden Dienstag zum Mittagessen getroffen. Diesmal in einem kleinen Naturkostlokal, das in der Nähe meiner Praxis lag. Ich hatte montags, dienstags und donnerstags auch nachmittags Sprechstunde. Bea unterrichtete am Dienstagnachmittag in der nahe gelegenen Volkshochschule zum Thema »Wie schreibe ich einen Roman?«. »Meine Hausfrauenrunde«, wie sie es liebevoll nannte. Sie hatte selbst bereits zwei Romane geschrieben. Den einen über Marie von Ebner-Eschenbach. Den zweiten über Napoleons erste Frau Josephine. Leider hatte sie noch keinen Verlag gefunden, der bereit war, ihre Werke zu veröffentlichen.

Beas Mitgefühl blieb aus: »Ist doch toll, wenn sich endlich etwas rührt! Wenn dein Blut wieder einmal so richtig in Wallung gerät. Und sei es auch nur wegen eines simplen Inserats.«

»Ich komme mir vor wie eine brave Jungfrau vom Lande.«

»Du hast einen Knall.« Bea biss ungerührt in das nächste Salatblatt. »Du bist doch keine brave Jungfrau – oder hast du die beiden Jungen vor der Klosterpforte aufgelesen?«

Ich musste kichern: »Nein, wirklich, Bea. Mir fehlt die Zeit zwischen zwanzig und zweiundvierzig. Mit zwanzig habe ich Peter kennen gelernt. Ab diesem Zeitpunkt habe ich mich nicht mehr für andere Männer interessiert.«

»Das war ein Fehler«, fand Bea. »Herr Ober, noch ein Glas Johannisbeersaft, bitte.«

»Mir fehlt es einfach an Selbstsicherheit, wenn ich mit Männern zu tun habe.«

Bea kniff die Augen zusammen: »Bekommst du auch weiche Knie, wenn ein Mann auf deinem Behandlungsstuhl sitzt, den Mund weit aufgerissen, ein kesses Plastikschürzchen um den Hals gebunden?«

Ich musste wieder lachen: »Nein, natürlich nicht. Oder sagen wir: kaum. Ich habe schon eine Hand voll Patienten, die verflixt gut aussehen, das muss ich zugeben.«

»Und?« Bea war sichtlich neugierig.

»Ihre Frauen sind auch bei mir in Behandlung. Dazu die fröhliche Kinderschar. Und wie stellst du dir das überhaupt vor? Auch wenn einer von denen Single wäre, könnte ich ihn kaum fragen, ob er mich zum Essen ausführt, oder?«

Bea schien diesen Einwand abzuwägen: »Na, vielleicht wenn du mit den Wimpern klimpern und dir für diesen Zweck einen großen Ausschnitt in deinen weißen Kittel schneiden würdest ...«, schlug sie vor und lachte.

»Jetzt hast du einen Knall!«

Der Kellner brachte den Johannisbeersaft.

»Kommst du eigentlich nächste Woche zu meinem Vortrag bei Carlas Verein?«

»Der würde mich natürlich interessieren«, gab ich zu, »aber bin ich dort überhaupt willkommen? Ich bin doch keine Führungskraft.«

Bea sah mich zuerst mit großen Augen an, dann schnaufte sie unwillig. »Dein Selbstbewusstsein ist nicht nur in puncto Männer im Eimer, meine Gute«, ihre Stimme klang streng. »Fach- oder Führungsverantwortung sind die Kriterien für eine Aufnahme, soviel ich weiß. Und Fachverantwortung hast du ja wohl genug. Ich erwarte dich am nächsten Montag bei meinem Vortrag. Schau dir die anderen Damen ruhig einmal an. Vielleicht ist das Netzwerk auch für dich das Richtige. Herr Ober«, sie winkte energisch, »bitte zahlen. Ich muss los. Meine Hausfrauen warten.«

Der nächste Montagabend kam schnell. Ich hatte mich wirklich entschlossen, Carla zu Beas Vortrag zu begleiten. Mir war dabei nicht ganz wohl zumute. Peter hatte für »Weibervereine« nichts übrig gehabt. Ich stand vor dem großen Spiegel in meinem Schlafzimmer, eben dabei, mit geübten Griffen meine Haare hochzustecken.

»Ma-am!«, erschallte Tims Stimme durchs Haus. »Telefon!«

Erschrocken spuckte ich die Haarnadeln aus, die ich wie immer zwischen die Lippen geklemmt hatte. Ich eilte in unser Wohnzimmer und flüsterte: »Wer ist denn dran?«

Mein Sohn zuckte mit den Schultern, bevor er sich wieder die Kopfhörer seines CD-Players in die Ohren stöpselte. »Keine Ahnung. Irgendein Mann. Seinen Namen habe ich nie zuvor gehört.«

Er zog in Richtung Küche von dannen. Ich musste aufpassen, dass ich nicht vor Aufregung über den Teppich stolperte. Jetzt war es also so weit. Der »biedere Geschiedene« ließ von sich hören. Gerade jetzt, da Carla jeden Augenblick an der Tür klopfen würde, um mich abzuholen. Wie hatte ich bloß so wahnsinnig sein können, auf eine Anzeige zu antworten? Atemlos griff ich zum Hörer. Schon wollte ich mich gewohnheitsmäßig mit »Steinberg« melden, als mir siedend heiß einfiel, dass ich ja anonym bleiben wollte.

»Hallo, hier Linda«, flötete ich daher. Hoffentlich klang meine Stimme sympathisch. Ich wagte kaum zu atmen.

Der Mann am anderen Ende der Leitung räusperte sich. »Hallo?«, es klang sichtlich verwirrt, »spreche ich mit Frau Dr. Steinberg?«

Ich hatte diese Stimme noch nie gehört. Woher kannte der »biedere Geschiedene« meinen Namen?

Ich stotterte ein kurzes »Ja-a ...«

»Hier Professor Meierhofer. Universitätsklinik Wien. Guten Abend, Frau Kollegin. Entschuldigen Sie bitte meinen Anruf in Ihrer Privatwohnung. Aber ich nehme an, Sie sind darauf vorbereitet. Es geht um das Programm der Jahrestagung im Juni in Wien.«

Ich ließ mich auf Huberts Ohrensessel plumpsen. Das war nicht der »biedere Geschiedene«, so viel war klar. Wie war ich froh darüber! Oder war ich enttäuscht? Das war mir nicht klar. Und was die Wiener Uniklinik von mir wollte, das war mir völlig unklar.

Es klopfte an der Tür. Das war sicher Carla. Und ich war noch nicht fertig angezogen. »Ja!«, rief ich. Carla trat ein.

»Fein«, sagte der Wiener, »dann gehe ich gleich in medias res.«

Das war mir nur recht, wenn er sofort zur Sache kam, denn ich hatte keine Zeit. Carla winkelte bereits den Arm an und klopfte mit ungeduldiger Bewegung auf das Zifferblatt ihrer Uhr. Wir mussten uns beeilen. Ich deutete ihr, sich zu setzen. Carla zog die Augenbrauen hoch. Doch sie folgte, wenn auch widerwillig.

»Mit Kollegen Spörer ist abgestimmt, dass Sie über osseointegrierte Implantate sprechen werden. Ihr Vortrag ist für den 14. Juni geplant, um 11 Uhr 30, unmittelbar vor dem Lunch. Mein eigener Lichtbildvortrag ist für den Nachmittag angesetzt. Ich spreche über die neuesten Erkenntnisse der Prophylaxe in der Jugendzahnpflege ...«

Während mir Professor – wie war sein Name? – lang und breit erläuterte, worüber er selbst zu sprechen gedachte, ergab das Ganze für mich langsam Sinn. Wien war dieses Jahr Austragungsort des internationalen Zahnärztekongresses. Dieser fand einmal im Jahr statt. Immer in einem anderen Land. Und Zahnärzte aus allen fünf Kontinenten reisten zu diesem Kongress an. Die Vortragenden waren hochkarätig, die Themen vielfältig und der Erfahrungsaustausch mit Kolleginnen und Kollegen aus aller Welt besonders reizvoll. Meine Praxis stellte wiederholt Vortragende bei derartigen Treffen. In den letzten Jahren war dies meist mein Kollege Frank Spörer gewesen. Frank war der älteste Partner in unserer Praxis. Sein Wort hatte Gewicht. Er hatte mich vor Wochen einmal gefragt, ob ich mir vorstellen könnte, über mein Spezialgebiet zu referieren. Aber er hatte mit keinem Wort erwähnt, dass er sich als Forum diesen großen Kongress vorstellte.

Carla war aufgestanden und strebte ungeduldig der Tür zu.

»Ich freue mich darauf, diesen Vortrag zu halten«, unterbrach ich etwas brüsk den Redefluss des Professors.

Meine Freundin blieb stehen und sah sich mit großen Augen zu mir um. Wahrscheinlich wunderte sie sich, dass ich mir zutraute, öffentlich zu sprechen. Ich, die in den letzten Jahren immer bescheiden im Hintergrund geblieben war. Im Rampenlicht immer Peter. Oder auch meine Freundinnen. Und jetzt lud man mich zu diesem internationalen Ereignis ein! Na, die würden sich wundern. Ich hatte richtig Lust, sie zu überraschen.

»Fein. Dann nehmen wir ihn ins Programm auf. Dauer eine Stunde mit der Möglichkeit, Fragen zu stellen. Ich lasse Ihnen umgehend alle Unterlagen zusenden. Guten Abend, Frau Kollegin, Handkuss.«

»Auf Wiedersehen.«

Wie in Trance legte ich den Hörer auf und erhob mich aus dem Lehnstuhl. »Ich halte einen Vortrag.«

»Bea auch, und zwar in einer halben Stunde«, antwortete Carla kühl. Sie war nie unpünktlich. »Willst du deine Haare noch aufstecken? Oder ist das dein neuster Look?«

Ich beeilte mich in mein Schlafzimmer zu kommen, bevor ich mir endgültig ihren Unwillen zuzog.

IV

Als wir das Hotel erreichten, in dem Carlas Club tagte, war eine der Frauen soeben dabei, die Anwesenden zu begrüßen. Wir huschten zu zwei Stühlen in der vorletzten Reihe. Carla peinlich bemüht, möglichst wenig Aufsehen zu erregen. Sie grüßte flüsternd nach allen Seiten und winkte verstohlen zu weiter weg sitzenden Bekannten hinüber. Ich nickte ihr höflich lächelnd hinterher.

Bea wurde begrüßt. Sie trat ans Podium, begleitet von freundlichem Applaus. Ich bewunderte immer wieder, wie selbstsicher sie sich präsentierte. Sie verstand es, bereits mit den ersten Worten das gebannte Interesse ihres Publikums zu wecken.

»Im 18. Jahrhundert wusste man genau, wie eine anständige Frau zu sein hatte«, begann sie ohne lange Begrüßung und zitierte ein bekanntes Nachschlagewerk: »Sie beschränkt sich auf die Pflichten der Frau und Mutter und opfert ihre Tage der Praktizierung ruhmloser Tugenden ...«

Bea spannte darauf den geschichtlichen Bogen vom Mittelalter in die Gegenwart und kannte in jeder Epoche Beispiele mutiger Frauen, die sich nicht in das enge Korsett der Konventionen hatten schnüren lassen. Ihre Worte regten zum Nachdenken, aber auch zum Lachen an. Und so waren die Teilnehmerinnen in angeregter Stimmung, als wir uns schließlich ins Restaurant begaben, um gemeinsam zu Abend zu essen. Runde Tische für jeweils acht Personen waren vorbereitet. Ich setzte mich zu Bea, die bereits durstig über ein Glas Mineralwasser hergefallen war, und gratulierte ihr zu dem gelungenen Vortrag. Andere Damen schlossen sich dem an, und so war unser Tisch rasch besetzt.

»Hallo, wir kennen uns noch nicht. Ich bin Franziska Querulin, die Vorsitzende des Clubs. Sie interessieren sich für unser Netzwerk?«, fragte die Frau zu meiner Linken mit einem herzlichen Lächeln.

Ich nickte: »Ich bin eine Freundin von Carla Martens und Bea, der heutigen Vortragenden. Mein Name ist Steinberg, Rosalind Steinberg.«

»Steinberg? Sie waren nicht zufällig mit Peter Steinberg verwandt?«, erkundigte sich eine der Frauen von gegenüber. »Ich bin auch Rechtsanwältin. Ihr Mann und ich haben so manchen Rechtsstreit ausgefochten.«

»Warum sind Sie Mitglied bei EWMD geworden?«, fragte sie eine blasse Blonde, die anscheinend ebenfalls neu hier war.

»Dafür gibt es eine Menge Gründe. Der wichtigste war, dass einer allein nie so stark sein kann wie eine Gruppe. Männer machen es uns doch seit Jahrhunderten erfolgreich vor: Sie bilden Clubs und Lobbys und helfen sich gegenseitig auf der Karriereleiter«, die Rechtsanwältin kam voll in Fahrt, »warum sollten wir sie uns da nicht zum Vorbild nehmen? Ich hatte es endgültig satt, als Einzelkämpferin durch die Welt zu gehen.«

Ja, warum sollten wir wirklich dem Vorbild nicht folgen?

»Was meinen Sie, wie froh ich bin, diesen Club gefunden zu haben!« Das Gesicht zu ihrer Linken strahlte. »Ich bin vor einem Jahr in diese Stadt gezogen. Als Selbstständige habe ich es besonders schwer, in einer neuen Umgebung Fuß zu fassen. Wo sonst hätte ich je so schnell und unkompliziert neue Freundinnen und Geschäftspartnerinnen finden können wie hier? Übrigens: Mein Name ist Margarite Meiner. Ich bin Farb- und Stilberaterin.«

»Wie kamen Sie dazu, sich mit der Geschichte der Frauen zu befassen?«, wollte die Rechtsanwältin von Bea wissen.

Bea erzählte mit launigen Worten. Alle Damen steuerten Überlegungen und Anekdoten aus ihrem Berufsleben bei. Das Essen war ausgezeichnet. Alles in allem wirklich ein gelungener Abend. Und als ich schließlich wieder in Carlas Auto stieg, hatte ich eine Reihe neuer, interessanter Bekannter gewonnen.

»Danke fürs Mitnehmen«, sagte ich, als wir in Richtung Heimat unterwegs waren.

»Bea ist ein As im Redenhalten«, bestätigte Carla, »sie sollte das viel professioneller nutzen. Daraus ließe sich gutes Geld machen.«

»Mir hat nicht nur der Vortrag gefallen, sondern auch die Stimmung allgemein. Und einige der anwesenden Damen. Ich hatte mir deinen Club immer viel steifer vorgestellt. Ich sah den Saal voll von eiskalten Businessladys und dachte, ich würde mir fehl am Platz vorkommen. Aber ich habe mich wohl gefühlt. Ich bin froh, dass ihr mich überredet habt mitzukommen. Ich komme gerne wieder einmal mit.«

Bea war begeistert: »Ein Kongress in Wien! Das ist ja eine großartige Neuigkeit. Wenn ich an die vielen passenden Männer denke. All die Zahnärzte und Kieferchirurgen. Das ist doch traumhaft für dein Vorhaben. Wenn man Leute kennen lernen will, dann sage ich immer: ›Seminare sind das Wahre.‹ Aber ein Kongress, ein Kongress … Verflixt, was reimt sich auf Kongress?«

Sie schwang sich auf die Anrichte in meiner Küche und ließ die Beine baumeln. Die Tücher über ihrem schwarzen Rolli waren diesmal grün: grasgrün, tannengrün, flaschengrün, olivgrün, giftgrün. Sie schnappte sich ein Salatblatt aus der Schüssel. Dann kaute sie gedankenverloren darauf herum, während ihre Rechte mit wilder Geste durch die Luft dirigierte, als wäre sie dabei, eine nie da gewesene, philosophische Meisterleistung zu erbringen.

»Kongresser sind besser!«, rief sie schließlich aus.

Ich holte eben die Essigflasche aus dem Schrank. »Bravo! Fürwahr ein poetischer Geniestreich! Den solltest du unbedingt in deinem nächsten Roman verwenden.« Dann schlug ich ihr mit der Hand auf die Finger. »Und iss nicht den ganzen Salat auf. Den brauchen wir noch fürs Abendessen.« Ich stellte die Schüssel sicherheitshalber außer Reichweite.

»Holzi lässt mich immer naschen«, murrte meine Freundin und klang wie ein kleines Kind, »wann kommt denn die Gute endlich aus dem Urlaub zurück?«

Die gute Holzi war unsere Haushälterin. Frau Maria Holzinger aus Niederösterreich. Eine wahre Perle, die gerade mit ihrer Schwester auf den Kanaren Urlaub machte und erst in elf Tagen zurückerwartet wurde. Als Carla vor zwei Jahren bei uns einzog, da brachte sie nicht nur Marie und eine Anzahl Designermöbel mit, sondern auch besagte Holzi, eine gemütliche, runde Frau mit zeitlosem Aussehen und einer gestreiften Kittelschürze. Als Carla die Scheidung einreichte, hatte Maria Holzinger zuerst gezögert, Oliver allein zu lassen (»Der arme junge Doktor!«). Aber die Tatsache, dass ein großer, gut gebauter Barkeeper in Zukunft den Haushalt leiten sollte, war ihr doch etwas seltsam erschienen. Sie bezog also ein geräumiges Zimmer neben Carlas Wohnung im Dachgeschoss und übernahm ganz selbstverständlich neben deren Haushalt auch den meinen. Sie nannte mich immer »Frau Doktor«. (»Aber natürlich, Frau Doktor. Wie denn sonst? Wo Sie doch eine wirkliche Frau Doktor sind. Bei uns daheim nennt man sogar die Frau von einem Doktor Frau Doktor. Sonst ist die beleidigt.«) Es dauerte nicht lange und die Jungen (»Nein, zwei so liebe Buben!«) hatten sie ebenso ins Herz geschlossen wie Marie. Ich hatte mich bisher mit mehr oder weniger verlässlichen jungen Haushaltshilfen herumgeschlagen. Da genoss ich es natürlich, verwöhnt zu werden. Und vermisste Holzi zutiefst, wenn sie nicht da war.

Bea wandte sich wieder ihrem eigentlichen Thema zu: »Wie viele Teilnehmer sind denn bei so einem Kongress?«

Ich wusste es auch nicht genau. Einige Hundert?

»Alles Männer?« Sie klatschte begeistert in die Hände.

Ich musste grinsen und schüttelte den Kopf: »Wohl kaum. Kannst du bitte diese drei Zwiebeln schneiden? Ich muss dabei immer heulen wie ein Schlosshund.«

Bea rutschte vom Küchenschrank herunter und griff nach einem Schneidebrett. »Mit wem ist Holzi im Urlaub?«, erkundigte sie sich, wie immer etwas sprunghaft.

»Mit ihrer Schwester.«

»Nicht mit ihrem neuen Bekannten, dem höheren Beamten?«

»Ist eine ehrbare Frau, unsere Holzi.«

»Wo sagtest du, hat sie den Herrn kennen gelernt?«

»Auf dem Flohmarkt der Pfarre. Sie hat dort Gläser ihrer berühmten Stachelbeermarmelade verkauft, die sie vorsorglich schon letzten Sommer eingekocht hatte.«

Bea legte ihren Kopf schief und überlegte: »Sieh an, sieh an. Vielleicht solltest du auch Stachelbeermarmelade einkochen. Oder zumindest verkaufen …«

Zack, zack, zack, mit raschen, zügigen Schnitten rückte sie den Zwiebeln zu Leibe. Ich verzog mich in die äußerste Ecke der Küche: »Den Teufel werde ich tun. Und überdies habe ich mit höheren Beamten nichts im Sinn.«

Bea nickte: »Vielleicht passt ein Zahnarzt wirklich besser. Wo sollen die Zwiebeln hin?«

Das Telefon läutete. Es war schon ein Reflex, dass ich zusammenzuckte. Seit Tagen wartete ich auf den Anruf des »biederen Geschiedenen«. Ich wollte alles lieber, als vor Beas neugierigen Ohren zu telefonieren. Es war wirklich höchste Zeit, dass ich mir ein Handy zulegte. Ich war die Einzige in meinem Bekanntenkreis, die keins besaß. Aber Peter war immer dagegen gewesen …

Es läutete abermals.

»Soll ich rangehen?«, fragte Bea, die schon fast zum Haushalt gehörte.

Ich beeilte mich, ins Wohnzimmer zu kommen. »Nein, nein, das mache ich schon. Die Zwiebeln bitte in die Pfanne.«

Ich schloss die Küchentür hinter mir. Durchatmen, die Anonymität nicht vergessen: »Hallo?«

Doch es war nur Tony. Ob Marie zufällig bei mir sei. Er habe eine Überraschung für sie. Marie war in der Musikstunde. Sie hatte vor einigen Monaten begonnen, Querflöte zu lernen. Sehr zu unser aller Leidwesen. Ihre Übungsversuche ließen sich wahrlich nur mit Ohropax aushalten. Oder mit Technogedröhne im Kopfhörer. Ich versprach Tony, Marie den Anruf auszurichten. Dann plauderten wir noch ein bisschen. Er war ein charmanter, liebenswerter Kerl. Ich mochte ihn besser leiden als Oliver. Bei weitem.

»Es war Tony«, informierte ich Bea, als ich in die Küche zurückkehrte. »Um deine Überlegungen zu kommentieren: Ich fahre nach Wien, weil man mich eingeladen hat, einen Vortrag zu halten, und nicht um dort einen Mann kennen zu lernen.«

»Das finde ich ganz toll«, Bea glaubte mir kein Wort, » es ist dir doch recht, dass ich diese Tomaten in Scheiben geschnitten habe? Weißt du übrigens, dass ich früher furchtbare Angst hatte, vor Leuten zu sprechen?«

Ich war ehrlich überrascht:. »Aber du bist extrem kontaktfreudig. Du lernst ja sogar auf der Rolltreppe zur U-Bahn Leute kennen.«

»Mit einzelnen Personen oder kleinen Gruppen zu sprechen ist etwas anderes, als einen Vortrag vor Publikum zu halten. Da wäre ich am liebsten im Erdboden versunken. Ich dachte, jeder würde erkennen, wie unsicher ich war.«

Ich war dabei, die Teller vorzubereiten, um sie ins Wohnzimmer zu tragen. Wir würden heute acht Personen bei Tisch sein: Bea und ihr Mann Richie, die Zwillinge und ich, Carla, Marie und Carlas Freund Konrad. Ein seltener Gast zur Essenszeit. Seine Frau war mit ihrer Mutter in Bad Wiessee.

»Um ehrlich zu sein, ich fürchte mich nicht vor dem Vortrag selbst«, gestand ich ein, »aber vor dem Gang aufs Podium.«

»Willst du wissen, wie ich meine Scheu überwunden habe?«, fragte Bea. »Mit einer äußerst wirksamen Übung. Die habe ich in einem meiner vielen Seminare gelernt. Sie heißt: ›Walk with Grace and Power‹«.

»Hat das etwas mit der ehemaligen Fürstin von Monaco zu tun?« Ich brachte die Gläser ins Wohnzimmer.

Bea besuchte jedes Jahr die verschiedensten Kurse und Workshops. Und sie versuchte stets, erlerntes Wissen sofort in die Tat umzusetzen. Nun folgte sie mir mit den Tellern.

»Quatsch. Mit Grace Kelly hat das nichts zu tun. Obwohl die den Walk super drauf hatte. Es geht um deinen Auftritt mit Anmut und Energie. Stell doch bitte die Gläser ab.«

Ich zögerte: »Carla kommt in wenigen Minuten.«

»Es dauert nicht lange«, Bea ließ nicht locker, »Roli, bitte stell die Gläser ab.«

Ich tat, wie mir geheißen.

Bea stellte sich neben mich: »Gut, und nun erinnere dich an eine Situation, wo dir etwas besonders gut gelungen ist. Wo du dich ganz stark und selbstbewusst gefühlt hast.«

»Als ich mein Abiturzeugnis erhielt?«, schlug ich vor. Ich war damals mit einem Notendurchschnitt von 1,1 die Beste der Klasse gewesen. Seltsam, dass mir das gerade jetzt einfiel.

»Gut«, sagte Bea. »Denk dir, du bist wieder die Rosalind mit neunzehn Jahren. Und du holst dir dein Zeugnis ab. Wo steht die Lehrerin?«

Ich zuckte mit den Schultern. »Vielleicht dort beim Fensterbrett?« Ich konnte sie wirklich vor mir sehen. Ihr strenges, schlichtes, graues Kleid. Die flachen Schuhe. Die Haare zu einem Knoten aufgesteckt. Eine Halbedelsteinkette um den sehnigen Hals. Die große, behaarte Warze neben dem Mundwinkel. Frau Dr. Felsbrat. Studiendirektorin.

»Und nun geh zu ihr hinüber und hol dir das Zeugnis«, befahl Bea, meine neue Trainerin.

Ich ging hinüber.

»Aber doch nicht so.« Bea seufzte.

»Nicht? Wie denn dann?«

Ich stellte mich wieder neben sie an den Tisch.

»Du bist neunzehn«, sagte Bea eindringlich, »und du hast gerade ein ganz tolles Abitur hingelegt. Und nun holst du dir dein Zeugnis ab. Du bist wirklich stolz auf dich …«

Ich spürte, wie meine Schultern sich strafften und sich mein Kopf aufrichtete. Mein Gesicht begann zu strahlen.

»Und nun geh und hol dir dein ehrlich verdientes Zeugnis ab. Aber vergiss nicht, mit Anmut und Energie zu gehen.«

Bea klatschte rhythmisch Applaus, während ich erhobenen Hauptes und strahlenden Blickes durch mein Wohnzimmer schritt.

Ich war grenzenlos begeistert: »Das ist ja Wahnsinn!«, rief ich aus, als ich das Fensterbrett erreicht hatte. »Ich habe mich so wohl und sicher gefühlt. Und das geht nur, weil ich es mir vorstelle?«

Bea nickte. Sichtlich erfreut, weil die Übung so gut gelungen war.

»Fantastisch. Ich versuche es gleich noch einmal.«

Das Telefon läutete. Ich schritt hin mit »Grace and Power«. »Steinberg.«

»Ja, guten Abend, hier Steuerthal. Sie haben sich vor einiger Zeit auf meine Anzeige gemeldet.«

V

Mir verschlug es vor Schreck den Atem. Hilfe suchend blickte ich zu Bea hinüber. Sie hatte eben begonnen, den Tisch zu decken. »Grace und Power« verabschiedeten sich rasend schnell. »Oh, guten Abend. Wie nett ...«, war das Erste, das ich hervorbrachte.

»Ich habe nächste Woche Zeit, und da dachte ich, wir zwei Hübschen könnten miteinander essen gehen. Na, was halten Sie davon?« Herr Steuerthal war offensichtlich kein Freund langer Vorreden.

»Ja, ich finde, das ist eine gute Idee.«

»Na prima, dann abgemacht.« Herr Steuerthal ließ ein erfreutes, glucksendes Lachen hören. »Wohin gehen wir?«

Wohin wir gehen? Keine Ahnung ...

»Zu ›Roberto‹?« Das war das erste Lokal, das mir einfiel. Ob das eine gute Idee war? Wahrscheinlich war es ihm zu teuer.

»Na prima.« Herr Steuerthal war einverstanden. »Wenn Sie mir jetzt auch noch sagen, wo das ist.«

Ich nannte ihm die Adresse.

»Na prima.« Herr Steuerthal war wieder einverstanden. »Und wann?«

»Wie wärs am Mittwoch um zwanzig Uhr?«

»Na prima, dann abgemacht«, sagte Herr Steuerthal, nicht eben rasend originell. »Sie reservieren doch einen Tisch für uns? Oder macht Ihnen das was aus?«

»Nein, nein – ich meine, es macht mir nichts aus. Das geht schon klar«, beeilte ich mich zu versichern. Schließlich war ich doch emanzipiert, oder nicht? Peter wäre nie auf die Idee gekommen, mich einen Tisch in einem Restaurant bestellen zu lassen. Das war die Pflicht eines Kavaliers.

»Na prima«, meldete sich Herr Steuerthal wieder. »Dann also bis Mittwoch. Ach ja, noch etwas: Auf welchen Namen werden Sie den Tisch reservieren? Damit ich Sie sicher finde.«

»Auf Steuerthal«, sagte ich, wie aus einem Reflex heraus.

»Na, prima«, sagte Herr Steuerthal und lachte wieder. Diesmal vergaß er, »Dann abgemacht« hinzuzufügen. »Dann tschüss also, bis Mittwoch.«

»Tschüss«, ich legte den Hörer auf. Ich fühlte mich leicht benommen. Und doch, es war gar nicht so schwer gewesen, wie ich befürchtet hatte.

»Was ist Steuerthal?«, fragte Bea.

»Guten Abend, ihr zwei«, sagte Carla von der Tür her. Ich hatte sie gar nicht klopfen hören.

»Ich spiele euch etwas vor!«, rief Marie und stürmte ins Zimmer herein. Sie hatte die Tatwaffe, ich meine die Querflöte, schon in der Hand. Nein bitte, das nicht auch noch.

»Marie, Tony hat angerufen«, kam mir der rettende Gedanke, »er möchte, dass du ihn zurückrufst. Gleich.«

»Roli, was ist Steuerthal?«, Bea ließ nicht locker.

Ich hatte keine Lust, mir jetzt die spöttischen Kommentare meiner lieben Freundinnen anzuhören. Marie war im Zimmer. Eben bogen die Jungs um die Ecke. Und der korrekte Konrad und der schöne Richie konnten jeden Augenblick erscheinen.

»Mein Steuerberater«, sagte ich gewollt beiläufig und kramte in der Schublade, so als könnte ich den Korkenzieher nicht finden. Ich war eine Meisterin im Lügen.

»Dein Steuerberater heißt Steuerthal? Das ist ja irre.« Bea lachte schallend.

»Was erzählst du Bea da für ein Märchen? Dein Steuerberater heißt Wittmann«, sagte Carla.

»Vielleicht hat er geheiratet?«, schlug Bea vor.

»Genau«, sagte ich. Was waren die beiden doch neugierig! Sie würden ohnehin alles früh genug haargenau erfahren.

»Guten Abend«, ertönte Konrads Stimme aus dem Vorzimmer. Noch nie war ich glücklicher gewesen, ihn zu sehen.

Am Abend, vor dem Einschlafen, fiel mir meine alte Lehrerin Frau Studiendirektorin Felsbrat wieder ein. Sie hatte damals dieselbe Frisur, wie ich sie jetzt trug. Das war mir bisher noch gar nicht aufgefallen.

Es war am Abend, zwei Tage später. Ich saß an meinem Laptop und bestellte einige Fachbücher bei amazon. Das sparte mir einen mühsamen Weg in die Innenstadt, und ich konnte mich gleich auf das Grundgerüst des Vortrags stürzen, den ich in Wien halten wollte. Die Jungen waren im Kino. Alles war friedlich und still, bis ich das Läuten an meiner Wohnungstür vernahm. Ich schob die Bücher beiseite und erhob mich unwillig. Wer immer es war, er kam zur falschen Zeit.

Es war Carla. Wutentbrannt stürzte sie herein. »Störe ich?«

»Willst du eine Tasse Tee?«

Ade, Vortrag. Carla sah aus, als würde sie eine mitfühlende Seele benötigen. Sie trug noch ihr enges Businesskostüm. Die Aktentasche, die sie auf Huberts Lehnstuhl pfefferte, zeugte davon, dass sie direkt aus dem Büro kam.

»Nein danke, ich bleibe nicht lange. Ich muss Marie von Tony abholen. Roli, kann ich kurz mit dir reden?«

Wir setzten uns auf die Couch. »Ja sicher, worum geht's denn?«

»Es geht um Rotter! Und wieder einmal um die Leitung des Exports in unserer Firma. Ich bin so wütend. Wenn ich nicht mit jemandem reden kann, dann platze ich.«

Ich stand auf und holte einen Aschenbecher. Ich mochte es nicht besonders, wenn man in meinem Wohnzimmer rauchte. Doch Carla sah aus, als würde sie dringend einen Halt brauchen. Und vielleicht verschaffte ihr ja ein Glimmstängel diesen Halt. Zumindest vorübergehend.

Sie schenkte mir ein dankbares Lächeln und entzündete mit einer fahrigen Geste eine Zigarette. »Du weißt ja, bis jetzt gibt es einen Bereich ›Verkauf nach Europa‹, den leite ich. Und den Bereich ›Verkauf nach Übersee‹, den leitet Rotter. Beide Bereiche laufen gut. Ich bin froh, dass ich nicht allzu viel mit Rotter zu tun habe. Denn er ist nicht nur ein eingebildeter und dünkelhafter, sondern auch ein hinterhältiger Mensch. Und er hasst erfolgreiche Frauen.«

Die Tatsache, dass Carla ihren Kollegen nicht ausstehen konnte, war für mich nichts Neues.

»Im letzten Jahr hatten wir externe Berater im Haus. Die haben das Unterste zuoberst gekehrt ...«

Ich nickte. Zu gut konnte ich mich daran erinnern, wie genervt Carla an den Abenden nach Hause gekommen war.

»Und die haben festgestellt, dass man den Export in eine Hand zusammenlegen sollte. Angeblich um die Effizienz zu steigern.«

Auch das wusste ich bereits.

»Ich habe dir doch vom Gespräch mit dem Senior – also dem alten Herrn Moosburger – erzählt. Er hat angedeutet, dass ich die Leitung des gesamten Bereichs übertragen bekomme, sobald wir eine einheitliche Abteilung geschaffen haben. Ein anderer Kollege würde den ›Verkauf Europa‹ übernehmen und ich hätte vor allem Koordinationsaufgaben. Und müsste nicht mehr so oft verreisen und Marie allein lassen. Und mehr Geld brächte diese Stelle auch. Klar, dass F. J. da nicht tatenlos zusehen konnte.«

F. J. war Rotter. F. J. statt Ferdinand Jakob. Das klang wie »Efdschäi«, amerikanisch, dynamisch.

»Was soll denn der Rotter noch machen, wenn dir dein Boss den Job bereits zugesagt hat?«, wollte ich wissen.

»Na ja, zugesagt ...«, murmelte Carla, »zugesagt ist zu viel gesagt. Er hat ihn mir in Aussicht gestellt. Doch das war, bevor Bubi in die Firma eintrat.«

Bubi war der Juniorchef. Franz Moosburger IV. lautete sein voller Name und »Bubi« die Bezeichnung, wie ihn Carla im Geheimen nannte. Moosburger Junior war Ende zwanzig und nach seinem Studium und einem Praktikum kürzlich in das Unternehmen seines Vaters eingetreten.

»Alles ist anders geworden, seit der Sohn vom Chef in die Firmenleitung eingestiegen ist. Er fühlt sich als der große Macher und versucht, die Firma in den Griff zu bekommen, solange sein Vater im Krankenhaus liegt.« Sie nahm einen tiefen Zug aus ihrer Zigarette: »Rotter, das Aas, hatte natürlich nichts Besseres zu tun, als sich umgehend mit Bubi zu verbünden.«

»Rotter nennt ihn auch sicher nicht ›Bubi‹«, dachte ich. Und ließ ihn nicht spüren, dass er ihn offensichtlich für zu jung, zu unerfahren und fachlich wenig kompetent hielt – wie Carla das sicher getan hatte. Ich kannte sie zu gut. Sie konnte mit ihrer Abneigung noch nie gut hinter dem Berg halten.

»Dem jungen Spund imponiert das, wenn sich der ach so weltgewandte Herr Rotter um ihn kümmert. *Ihn* um Rat fragt ...«

»Und die weltgewandte Frau Martens will sich nicht auch verbünden und ihn um Rat fragen?«, erkundigte ich mich zur Sicherheit.

»Mach dich nicht lächerlich«, schnaubte Carla auch schon.

»Und du meinst, Rotter in Verbindung mit Bubi könnte dir den Job noch streitig machen?«

Carla nickte: »Es sieht so aus. Dabei bin ich fast ebenso lange im Unternehmen, verfüge über mindestens ebenso viel Erfahrung und hab die bessere Qualifikation.«

Was sollte ich dem hinzufügen? Carla seufzte. Ich seufzte mit.

»Wenn ich nur wüsste, wie weit Rotters Einfluss bereits geht. Die beiden sind in der kurzen Zeit, die Bubi bei uns ist, unzertrennlich geworden. Und Rotter trägt bereits sein strahlendes Siegerlächeln zur Schau. Ich kann nur hoffen, dass der Zug nicht bereits in die Gegenrichtung abgefahren ist.«

»Du meinst, dass Rotter die Verkaufsleitung schon in der Tasche hat?« Ich versuchte, den roten Faden nicht zu verlieren. Da ich nie für eine Organisation gearbeitet hatte, fiel es mir schwer, mich in die Hierarchien hineinzudenken.

»Rotters Ziel ist es natürlich, die Leitung aller Verkaufsaktivitäten in seine Hand zu bekommen. Er kann sehr geschickt und überzeugend sein, der gute F. J.«

»Aber ich dachte, F. J. sei faul«, unterbrach ich etwas ratlos, »warum sollte er sich noch mehr Arbeit aufladen wollen?«

Carla blickte mich verständnislos an und schüttelte unwillig den Kopf: »Es geht doch hier nicht um Arbeit, Roli! Es geht um Macht und darum, wer das Sagen hat. Der gute Rotter hätte nicht mehr Arbeit, wenn wir beide Verkaufsbereiche zusammenlegen. Aber er hätte die Position ›Verkaufsleiter‹ bei Moosburger. Das hat einen Klang auf der Visitenkarte! Mit dieser Position kämen sie gar nicht umhin, ihn in die Geschäftsleitung aufzunehmen ...«

»Aber der junge Moosburger kann doch so eine wichtige Entscheidung nicht ohne seinen Vater fällen!«, rief ich aus.

»Der alte Moosburger favorisiert sicher mich. Denn er schätzt meine Arbeit wirklich. Aber er wollte nichts vor dem Eintritt seines Sohnes in die Firma entscheiden. Das verstehe ich ja auch. Doch nun ist der Seniorchef krank. Und da befürchte ich das Schlimmste. Wenn Rotter die Gesamtleitung bekommt, dann bin ich weg vom Fenster. Dann kann ich weiter bis zum Umfallen arbeiten. Und das Sagen hat F. J.«

»Die Moosburgers wissen doch, dass ihr beide wie Hund und Katze seid. Ich kann mir nicht vorstellen, dass sie so eine unvernünftige Entscheidung treffen.«

Carla lachte bitter auf: »Dem Junior traue ich jede unvernünftige Entscheidung zu. Er versucht, den Herrn herauszukehren. Und dabei gibt er eine so lächerliche Figur ab mit seinem pausbäckigen Kindergesicht.«

Die Haustür war zugeschlagen worden, und ein Hund kläffte.

»Mama! Mama!« Man hörte Marie die Treppe hinaufstürmen.

Carla drückte ihre Zigarette aus und eilte zur Tür. »Ich bin hier«, rief sie ihrer Tochter hinterher, »bei Rosalind im Wohnzimmer.«

Ich war ihr gefolgt, um den Grund der seltsamen Geräusche zu ermitteln – und wäre fast über ein apricotfarbenes Wollknäuel gestolpert. Das Wollknäuel kläffte wieder. Es war offensichtlich ein Pudel.

»Wem gehört das Tier?« Es klang schroff. Aber alle wussten es: Ich mochte Hunde nicht besonders. Und Pudel noch weniger. Und in meinem Haus am allerwenigsten.

Marie kam die Treppe heruntergehopst. Immer noch voller Euphorie. Und doch durch meinen unfreundlichen Tonfall und den erwartungsvollen Blick ihrer Mutter etwas unsicher geworden: »Das ist Puxi. Er war die Überraschung, von der Tony gesprochen hatte. Ist er nicht süüüüß?«

Ich starrte zur Haustür, als käme von dort die Erklärung. War das zu fassen? Jahrelang hatte ich mit Hubert gekämpft und durchgesetzt, dass kein Köter ins Haus kam. Und nun das!

»Ist Tony nicht mitgekommen?«

Marie schüttelte den Kopf. Sie beugte sich zu dem Pudel hinunter und begann, ihn zu streicheln. Dieser ließ das Kläffen sein und warf sich auf den Rücken. Er hatte offensichtlich nichts dagegen, ausgiebig gekrault zu werden.

»Nein«, sagte Marie, die Augen nicht von dem Tier wendend, »er wollte zuerst. Aber dann hatte er es plötzlich eilig und hat mich nur aussteigen lassen. Er ist gleich weitergefahren.«

Ich blickte zu Carla hinüber. Sie schien hin- und hergerissen zu sein. Schließlich kannte sie meine Einstellung. Und Tony hatte sie auch gekannt. Carla selbst hatte zwar sicher nichts gegen einen Hund einzuwenden. Sie hatte vor Maries Geburt selbst einen Setter gehabt. Aber das hier war immerhin mein Haus ...

»Tut mir Leid, Schätzchen«, begann sie, nach einem kurzen Blick auf mein Gesicht, auf dem sich meine Abneigung offensichtlich nur allzu deutlich spiegelte, »wir können Puxi nicht behalten. Hat dir Tony gesagt, wo er ihn geholt hat?«

Wie befürchtet, brach Marie sofort in Tränen aus. Wenn auch noch nicht in das lautstarke Geheul, für das sie hinlänglich bekannt und gefürchtet war.

»Wir können Puxi nicht zurückgeben, Mama. Silvie hatte sich ihn gekauft. Die Busenträgerin, die bei Tony arbeitet«, fügte sie hinzu, als sie das erstaunte Gesicht ihrer Mutter wahrnahm, »du weißt doch, die mit dem blonden, großen Kopf. Die Papa einmal operiert hat. Durch die er Tony kennen gelernt hat.«

Carla nickte. Sie wusste, von wem Marie sprach.

»Und jetzt hat Silvie eine Allergie, und der Doktor sagt, sie darf ihn nicht behalten. Und darum müssen wir dem armen Puxi ein Zuhause geben.«

»Na, bravo«, stöhnte ich. Gab es wirklich kein Entrinnen?

Carla warf mir abermals einen Seitenblick zu. Dieser war nicht unbedingt freundlich.

»Na bravo«, dachte ich noch einmal. Jetzt ist sie vielleicht auf mich böse, weil sie ihrer Tochter einen Wunsch abschlagen wollte?! Zur Hölle mit Tony.

»Es geht nicht, Schatz«, hörte ich Carla sagen, »sei ein vernünftiges Mädchen, wir müssen ...«

Nun brach es aus, das Heulkonzert. Laut und unerbittlich.

Puxi erschrak zutiefst, sprang auf und hinterließ eine Lache auf den Vorzimmerfliesen.

»Auch das noch. Halt die Klappe, Marie, sonst setzt es etwas!« Carlas Stimme hatte jede damenhafte Contenance verloren. Sie eilte in Richtung meiner Küche: »Wenn ich Tony erwische, dann drehe ich ihm den Hals um.«

»Ich helfe dir dabei«, versprach ich und eilte ihr nach. Carla war imstande und nahm eines meiner besten Geschirrtücher, um das Malheur zu beseitigen. Marie heulte noch immer.

Ich nahm einen Eimer aus der Besenkammer und füllte ihn mit heißem Wasser und Spülmittel. Dann drückte ich wortlos Carla einen Schwamm in die Hand.

Maries Geheul wurde etwas leiser. Sie blinzelte zu ihrer Mutter hinüber, die mit versteinertem Blick beseitigte, was Puxi hinterlassen hatte. Die Haustür wurde geöffnet. Hubert trat ein, seinen Schlüsselbund in der vorwurfsvoll erhobenen Hand. Marie hatte wohl in der Aufregung vergessen, die Tür abzusperren. Puxi lief ihm freudig, mit dem kleinen Stummelschwanz wedelnd, entgegen und sprang schließlich an ihm hoch.

Marie war ebenfalls aufgesprungen: »Gropa, Gropa!«, rief sie und lief Puxi nach. Es war offensichtlich, dass sie in meinem Schwiegervater einen Verbündeten erwartete. »Wir haben jetzt einen Hund. Den hast du dir doch immer gewünscht, nicht wahr?«

Sehr geschickt, das kleine Biest.

»Das ist doch kein Hund«, bemerkte Hubert herablassend, »das ist ein Spielzeug.«

Ich spitzte die Ohren. Bravo, Hubert, weiter so. Hatte ich wirklich Glück, und Hubert fiel mir nicht in den Rücken?

Marie hatte offensichtlich beschlossen, diesen Einwand zu übergehen: »Aber er liebt dich, Gropa. Sieh nur, wie er mit dem Schwänzchen wedelt. Er mag dich.«

»Meinst du wirklich?« Hubert wurde wankelmütig. Er beugte sich zu dem Pudel hinunter und kraulte ihm den Kopf, was diesen zu einem enthusiastischen Gepiepse veranlasste.

»Ein Hund ist das trotzdem nicht.« Hubert richtete sich auf. Es klang nicht mehr so abweisend.

»Hast du dich doch überreden lassen, Mam.« Das war keine Frage, das war eine Feststellung. Sebastian stand im Türrahmen der Haustür. »Ich wusste, du kannst auf die Dauer nicht ›Nein‹ sagen.«

»Ich habe gar nichts gesagt«, fuhr ich auf, »mich hat nämlich gar keiner gefragt.«

Nun fielen alle über mich her: »Ach bitte, Roli, erlaube es doch!« Marie blickte flehend zu mir herauf, »Puxi ist ganz lieb und soooo brav. Ich verspreche dir …«

»Bitte Rosalind, fühl dich nicht verpflichtet …« Carla war die ganze Angelegenheit sichtlich peinlich. Und doch spürte ich auch ihre Ungeduld mir gegenüber. »Musst du wegen so einem kleinen Hund so ein Theater machen?«, schien ihr Blick zu sagen.

»Vielleicht ist er ja ein guter Wächter?«, gab Hubert zu überlegen. »Gute Wachhunde werden immer wichtiger in der heutigen Zeit.«

Ja, und dann rettet uns der liebe, kleine Puxi vor den bösen Einbrechern – so ein Schwachsinn!

»Wow, ein Hund! Gehört der uns? Echt geil!« Die letzten Worte kamen von Tim, der ins Haus stürmte und den Pudel freudig in die Höhe hob. Puxi leckte ihm begeistert über die Wange.

Ich hatte es ja gleich geahnt. Ich würde mich wohl oder übel geschlagen geben müssen: »Und ihr versprecht alle, euch um das Vieh zu kümmern?«, fragte ich die Runde. »Marie kann das nicht allein.«

Ein einstimmiges Kopfnicken beantwortete meine Frage.

»Ich will mit dem Tier nichts zu tun haben. Absolut nichts.«

»Nicht das Geringste.«

»Und er kommt mit zu Tony, wenn Carla verreist ist.«

»Tony hat ihn schon eingeladen«, bestätigte Marie begeistert. »Papi hat nichts dagegen.«

»Und er kommt nicht in meine Wohnung, bis er stubenrein ist«, fuhr ich fort. Es war eine neue Rolle für mich, Bedingungen zu stellen. Diese Rolle gefiel mir. »Und er kommt nie, nie, nie in mein Schlafzimmer.«

»Nie, nie, nie.«

»Na gut, dann nimm ihn halt in Gottes Namen mit nach oben, Marie.«

Erwartungsgemäß führte die Kleine einen Freudentanz auf und umarmte mich innig, um mir einen Kuss auf die Wange zu drücken.

»Danke, Roli.« Ich sah Carla an, dass sie mir wirklich dankbar war. Sie ging mit ihrer Tochter und dem kläffenden Etwas in ihre Wohnung. Auch die anderen zogen sich in ihre Räume zurück: »Der Film war super, Mam. Und wir haben im Kino schon etwas gegessen. Jetzt müssen wir rasch in Tims Zimmer – er hat noch etwas für die Schule zu erledigen. Wir kommen dann noch einmal zu dir, um gute Nacht zu sagen.«

Die Stille war angenehm nach der Aufregung. Ich setzte mich wieder an meinen Laptop, um weiter an meinem Referat zu schreiben. Es war gar nicht so leicht, den Faden wieder aufzunehmen.

VI

Als ich am Dienstag früh am Morgen aufwachte, war ich gut gelaunt. Ich freute mich auf den freien Vormittag. Diesmal standen keine Besorgungen auf dem Plan, und ich konnte mich ausgiebig der Bügelwäsche widmen. Wie gut, dass es nicht mehr lange dauerte, bis die gute Holzi vom Urlaub zurückkam. Wie jeden Morgen schlüpfte ich in meinen Bademantel, ging in die Küche, um die Kaffeemaschine einzuschalten, und holte die Zeitung von der Wohnungstür. Diesmal stolperte ich im Flur allerdings über ein apricotfarbenes Knäuel Hund. Und ich sah ein weißes Blatt Papier, das mit Klebestreifen schief an der Innenseite der Haustür befestigt worden war. Es trug unverkennbar Carlas große, steile Handschrift:

»Bin mit Marie ins Krankenhaus. Sie klagt über heftige Bauchschmerzen. Melde mich, sobald ich etwas Näheres weiß. Wollten dich nicht wecken. Kannst du bitte mit Puxi Gassi gehen? C.«

Ob ich mit Puxi Gassi gehen konnte? Nein, ich konnte keineswegs. Und vor allem: Ich wollte keineswegs. Ich hatte keine Ahnung, wie man einen Hund richtig Gassi führt. Ärgerlich bückte ich mich nach der Zeitung, die im Briefschlitz steckte. Ich hatte nie einen Hund haben wollen. Und was hatten sie mir versprochen: »Du brauchst dich nie um ihn zu kümmern! Nie, Rosalind.« Ich lachte missmutig auf. Da stand ich jetzt: allein mit dem Wollknäuel von einem Hund, der mit großen Augen zu mir empor sah und freudig mit dem kurzen Schwanz wedelte.

Na, das war ja ein toller Tagesbeginn. Ich beschloss, erst einmal ausgiebig zu frühstücken und mich dann auf den

Weg zu machen. Puxi musste so lange im Flur warten. Ärgerlich knallte ich die Zeitung auf den Tisch – da fiel mein Blick auf das Datum. Hilfe! Heute war der 3. März. Morgen war mein Treffen mit Herrn Steuerthal. Und ich hatte völlig vergessen, bei »Roberto« einen Tisch zu reservieren. Ich holte das Telefonbuch, suchte die Nummer. Doch natürlich hatte ich kein Glück. Um acht Uhr morgens war in dem Restaurant noch keiner zu erreichen. Die Lust nach einem gemütlichen Frühstück war mir vergangen. Ich nahm ein paar rasche Schlucke des viel zu heißen Kaffees, überflog die Schlagzeilen und verschwand im Badezimmer. Ich musste duschen und mich anziehen. Der Hund wartete.

Als wir schließlich den Park erreichten, war ich schon wieder etwas besänftigt. Puxi war den ganzen Weg brav neben mir hergetrottet und nur ab und zu stehen geblieben, um zu schnüffeln und alle Bäume, an denen wir vorbeigingen, zu markieren. Am Parkrand prangte ein unübersehbares Schild »Hunde an die Leine«. Ich sah es. Ich las es. Ich hielt mich nicht daran.

Wie oft war ich schon durch diesen Park gegangen. Und immer waren mir Hunde ohne Leine entgegengekommen. Sollte Puxi doch freien Auslauf haben. Er würde schon keine alten Damen anfallen. Was ich nicht bedacht hatte war, dass ein Hund andere Hunde anzieht. Um diese Uhrzeit waren noch wenige Menschen im Park. Ein paar vereinzelte Jogger drehten ihre Runden und schnauften ihren Atem gut sichtbar in den Spätwintermorgen. Ich joggte auch gern, aber in den kalten Wintermonaten hatte ich wenig Lust dazu. Ach, wie freute ich mich auf den Sommer! Eine alte Dame und ihr gleichaltriger Dackel begegneten uns. Die Hunde begrüßten einander kurz. Hatten aber offensichtlich wenig Interesse aneinander. So trottete jeder bald seines Weges.

Doch dann überstürzten sich die Ereignisse: Wie aus dem Nichts tauchte ein zotteliger Riesenhund auf. Und: Er rannte Puxi glatt über den Haufen. Dieser kläffte und drehte sich wie von Sinnen um die eigene Achse. Das Riesenvieh gab seltsame Geräusche von sich. Und warf sich abermals über den Pudel.

Ich schrie auf: »Was ist das für ein Hund? Wem gehört dieses Untier? So nehmen Sie doch Ihr Vieh an die Leine!«

Während mein Blick gebannt auf die balgenden Hunde gerichtet war und ich alle Hoffnung verlor, Puxi lebend unter dem massigen Körper des anderen Hundes hervorziehen zu können, schoben sich zwei lange, gerade Beine in Jeans in mein Blickfeld. Zu diesen Jeans gehörten eine schwarze Daunenjacke, ein Dreitagebart, braune Augen und eine Wollmütze. Und eine gelassene, auffallend tiefe Stimme, die sagte: »Das Vieh heißt Norbert. Und ist ein Bobtail.«

»Das interessiert mich nicht. Tun Sie lieber etwas. Sie sehen doch, dass Ihr Vieh den kleinen Puxi zerfleischt.« Ich machte einen Schritt nach vorne. Vielleicht konnte ich Puxi am Halsband fassen und von dem anderen Hund wegziehen.

»Das würde ich an Ihrer Stelle bleiben lassen.« Die männliche Stimme hatte nichts von ihrer Gelassenheit verloren. »Greifen Sie nie Hunde an, die sich balgen oder spielen.«

»Spielen?!« Hatte dieser Mann keine Augen im Kopf? »Wollen Sie sagen, die beiden spielen?!«

»Wonach sieht es denn aus?«

Wenn ich etwas nicht vertrug, dann war es so ein spöttischer Unterton.

»Sie wissen genau, dass die beiden nicht spielen. Ihr Monster ist eben dabei, dem Pudel den Garaus zu machen. Und Sie stehen herum, unternehmen nichts und klopfen dumme Sprüche …«

Der Mann warf mir einen Blick zu, den ich nicht deuten konnte. Dann stieß er einen schrillen Pfiff aus. Befahl ruhig, aber bestimmt: »Komm, Norbert!«, hob grüßend die Hand und machte sich auf den Weg. Norbert hielt inne, wandte seinen Kopf und trottete friedlich hinter seinem Herrchen her.

Puxi schüttelte sich und kam freudig wedelnd angerannt. Er war völlig unversehrt. Und ich mit meinen Nerven am Ende. Der Mann war ein arroganter Idiot! Und: Nie wieder würde ich mich überreden lassen, die Verantwortung für diesen Hund zu übernehmen!

Erst um vier Uhr am Nachmittag, nach zahlreichen vergeblichen Versuchen, erreichte ich endlich jemanden bei »Roberto«. Die Damenstimme bedauerte: »Nein, beim besten Willen, Signora, es geht nicht. Wir sind morgen Abend bis auf den letzten Platz ausgebucht. Und das schon seit Tagen.«

Na, toll. Ich hatte keine Telefonnummer von Herrn Steuerthal und konnte ihn nicht erreichen. Er würde nach einem Tisch für »Steuerthal« fragen und man würde von keiner Reservierung auf diesen Namen wissen. Toll organisiert, Rosalind Steinberg, du bist ein wahres Talent! Ich war den ganzen Tag aufgeregt. In der Praxis konnte ich mich nur mit großer Mühe und Willenskraft auf meine Patienten konzentrieren. Was sollte ich bloß anziehen? Ich kannte Herrn Steuerthal doch gar nicht. Wie sollte ich da ahnen, welcher Kleiderstil zu ihm passte?

Am nächsten Abend fuhr ich mit der U-Bahn zum vereinbarten Lokal. In der Nähe des »Roberto« hätte ich nur schwer einen Parkplatz bekommen. Dass das keine wirklich gute Idee war, stellte sich bald heraus. Die Bahn war überfüllt. Und ich stand da, die Hand am Haltegriff und spürte, wie mein schwarzes Leinenkleid zusehends verknitterte. Außerdem schwitzte ich unerträglich in meinem Plüschmantel.

»Entschuldigen Sie«, sagte eine weibliche Stimme neben meinem linken Ohr. Ich versuchte, mich in ihre Richtung zu drehen, ohne dem jungen Mann neben mir meinen Ellbogen in die Seite zu rammen. »Sie glauben gar nicht, wie froh ich bin, ein bekanntes Gesicht zu entdecken! Wenn ich zur Siegmundstraße möchte, an welcher Station steige ich da am besten aus?«

Ich blickte in ein volles rundes Gesicht und in blaue Augen, die mir erwartungsvoll entgegenstrahlten. Das ist der Vorteil der Molligen, ging es mir durch den Kopf – ihre Haut bleibt glatt. Die Frau musste mindestens mein Alter haben. Aber keine einzige Falte. Nicht einmal auf der Stirn. Ähnlich wie bei Bea. Sie kam mir bekannt vor, wenn ich auch im Moment beim besten Willen nicht wusste, woher.

Das erfuhr ich umgehend: »Wir haben uns neulich bei EWMD kennen gelernt. Erinnern Sie sich? Ich bin Margarite Meiner.«

»Natürlich erinnere ich mich«, sagte ich, nicht ganz wahrheitsgemäß. »Sie möchten zur Siegmundstraße? Da steigen Sie an der nächsten Haltestelle aus. Dort muss ich ebenfalls raus, denn auch ich muss in die Siegmundstraße.«

Die Bahn hielt, und wir beide drängten uns an den Leuten vorbei durch die Tür.

»Das nenne ich aber einen Zufall!«, Frau Meiner war erfreut. »Und da es bekanntlich keine Zufälle gibt, hat das sicher etwas zu bedeuten. Ich weiß zwar nicht was, aber ich gebe Ihnen sicherheitshalber meine Karte.«

Sie kramte in ihrer großen Tasche und wurde erst fündig, als wir die Rolltreppe hinter uns gelassen hatten und uns bereits die kalte Winterluft auf der Straße entgegenblies. Ich dankte, steckte die Karte ein und ging entschlossen meines Weges.

»Ich bin erst vor einem Jahr in die Stadt gezogen. Der Liebe wegen.« Frau Meiner schlug den Mantelkragen hoch. »Da ist es nicht so leicht, sich in allen Stadtteilen zurechtzufinden. Eine tolle Stadt, natürlich. Wohnen Sie schon lange hier?«

Der Weg zur Siegmundstraße war nicht weit. Durch die Plauderei hatte ich meine Aufregung vor dem Treffen mit Herrn Steuerthal fast völlig vergessen. Und dann standen wir vor dem »Roberto«, und es stellte sich heraus, dass auch Frau Meiner dieses Restaurant als Ziel hatte.

Ich trat ein, ein Schwall warmer Luft empfing mich wohltuend. Ein Mann stand an der Garderobe und wartete. Seine schlanke, nicht allzu große Gestalt in nobles Tuch gekleidet. Er hatte sein markantes Kinn glatt rasiert, die grauen Schläfen gaben ihm etwas Weltmännisches. Sein Lächeln war äußerst attraktiv.

So hatte ich mir Herrn Steuerthal in meinen kühnsten Träumen nicht ausgemalt. So beeindruckend. So elegant. So verdammt gut aussehend. Er sah zur Tür und sein Gesicht begann zu strahlen. Oh Gott, ich dachte, mir würde die Luft wegbleiben. Es war so unwirklich. Es war so schön. Da stand er – mein absoluter Traummann und öffnete seine Arme.

Ich war viel zu befangen, es ihm gleichzutun. Dabei hätte ich so gern den Mut gehabt, mich in diese Arme zu werfen! Wie angewurzelt blieb ich an der Tür stehen, als er mit ausgebreiteten Armen zu mir herüberkam.

»Hallo, meine Schöne«, sagte er, und seine Stimme klang melodiös. Und ... dann legte er den Arm um Margarite Meiner.

Sie winkte mir zum Abschied zu und ließ sich von meinem Traummann lächelnd zum reservierten Tisch bringen. Solche Traummänner reservierten ihre Tische immer zeitgerecht. Und sie bekamen den besten Tisch des Lokals. Nicht so wie ich.

Warum, verdammt noch mal, hatte überhaupt ich es übernommen, den Tisch zu bestellen? Warum nicht Herr Steuerthal? Wo war er überhaupt? Warum stand ich da, und keiner kam, um mich in die Arme zu schließen?

Vom ersten Tisch des Lokals grüßte ein Patientenehepaar zu mir herüber. Ich grüßte verschämt zurück und wäre am liebsten im Erdboden versunken. Sicher hatten sie diese

Szene mitverfolgt. Und fragten sich jetzt, warum ich da stand wie bestellt und nicht abgeholt. Ich war wirklich eine arme, ungeliebte, einsame …

Die Tür wurde aufgestoßen und knallte mir unbarmherzig in den Rücken. Herr Steuerthal war gekommen.

»Oh, entschuldige. Mann, war das ein Verkehr. Dich suche ich, stimmt's? Kann ich einfach ›du‹ zu dir sagen? Stehst du schon lange in der Gegend herum? Hättest dich ruhig hinsetzen können, ich hätte dich gefunden. Die haben hoffentlich eine anständige Pizza in dem Laden. Ich habe einen Mordshunger.«

Also: Erstens war dies ein nobler Italiener. Das Wort »Pizza« war hier nicht gebräuchlich. Zweitens war Herr Steuerthal kein biederer Geschiedener. Drittens war er mindestens zehn Jahre jünger als ich. Und viertens hatte sein Dufflecoat Flecken. Ganz abgesehen davon, dass ich solche Mäntel auch ohne Flecken scheußlich fand.

Wir landeten schließlich bei einem heruntergekommenen Chinesen an der nächsten Ecke. Ich hatte mir nicht die Mühe gemacht, mich nach einem passenderen Lokal umzusehen. Und Herrn Steuerthal »mit Kohldampf« war das Ambiente ohnehin egal. Wie, bitte, war ich auf die idiotische Idee verfallen, auf ein Inserat in der Zeitung zu antworten?

Ich stocherte in meinem süßsauren Schweinefleisch, während Herr Steuerthal versuchte, seine »Acht Schätze« mit Stäbchen zu essen. Was ihm nicht so recht gelingen wollte. Ein Fleischbrocken nach dem anderen landete auf der ohnehin nicht sauberen Tischdecke. Schließlich wurde es ihm zu blöd und er schnappte sich den Löffel aus Porzellan, der für den Reis gedacht war, um das Essen fortan in sich hineinzuschaufeln. Ich redete kaum. Er redete viel.

Und nach zwei Stunden wusste ich alles von Mamsch, bei der er wohnte. Mamsch war seine Mutter. Papsch war schon gestorben (Wer konnte es ihm verübeln?). Christiane, die untreue Ehefrau, hatten Mamsch und er vor zwei Jahren aus dem gemeinsamen Haus hinausgeworfen – dort hatte sie nämlich mit den beiden gewohnt. Nein, geschieden im eigentlichen Sinn waren sie noch nicht. Aber er hatte es nicht so mit dem Behördenkram. Obwohl er selbst bei einer Behörde tätig war. Sachbearbeiter im Verkehrsamt. Denn Verkehr war seine Leidenschaft. In jeder Hinsicht, hahaha. Aber auch auf dem Motorrad. Und natürlich im Wohnmobil. Sein Ein und Alles, seit Christiane das Weite gesucht hatte.

Nein, danke, ich wollte keinen Pflaumenwein.

Zwei Stunden später standen wir wieder auf der Straße.

»War nett mit dir. Richtig prima«, sagte Herr Steuerthal. Alois, wie ich inzwischen wusste. »Das sollten wir unbedingt wiederholen.«

Ich antwortete nichts, sondern reichte ihm, vor Kälte zitternd, die Hand zum Abschied. Wegen diesem unmöglichen Kerl hätte ich meine warme Fellmütze nicht zu Hause lassen brauchen.

»Nichts da«, Alois war entrüstet, »ich bringe dich natürlich nach Hause. Mein Wagen steht gleich in der nächsten Straße.«

Die Aussicht, mit einem warmen Auto nach Hause gefahren zu werden, hatte schon etwas Verlockendes. Alois Steuerthal hin oder her: Ich wollte mich jetzt nicht durch die kalte Nacht zur U-Bahn kämpfen. Herr Steuerthal hatte seine Hand auf meinen Rücken gelegt und schob mich vorwärts.

»Hast du morgen schon etwas vor? Ich treffe mich mit ein paar Kumpels zum Eisstockschießen. Einige von ihnen bringen ihre Mädels mit. Wir treffen uns jeden Donnerstag draußen beim Jägerwirt. Der hat den besten Glühwein weit und breit. Das ist immer ein Riesenspaß, das kannst du mir glauben. Du kannst dir dort einen Eisstock auch ausleihen, wenn du keinen eigenen hast.«

Ja leider, ich hatte schon etwas vor. Was auch immer.

Denn die Aussicht, mit zehn weiteren Steuerthaltypen und ihren »Mädels« in der Kälte Glühwein zu saufen, bis alle stockbetrunken umfielen, erschien mir alles andere als verlockend.

Er hatte nicht zu viel versprochen – sein Fahrzeug stand wirklich ganz in der Nähe. Was für ein großes, weißes, unbeschreibliches – Wohnmobil. Er öffnete die hintere Tür und gab den Blick frei auf ein frisch bereitetes Doppelbett.

»Magst du einen Apfel?« Er drückte mir ein verschrumpeltes Stück Obst in die Hand.

Ich schüttelte fassungslos den Kopf. Wie bei Adam und Eva, ging es mir durch den Kopf. Ein bereitetes Liebesnest in freier Natur. Und Adam reicht Eva den Apfel. Die Assoziation passt nicht ganz? Natürlich passte sie nicht. In keinster Weise. Alois Steuerthal war nicht Adam. Und vor allem: Ich war nicht Eva. Und nicht im Geringsten bereit, mich von ihm in Versuchung führen zu lassen. Rasch öffnete ich die Vordertür, legte den Apfel auf die Ablage und ließ mich auf den Beifahrersitz fallen.

Was auch immer Alois gedacht oder gehofft hatte – er schloss wortlos die Tür zur Doppelbettkabine und wuchtete sich hinters Lenkrad: »Und, wo soll es hingehen?«

Ich nannte ihm Beas Adresse. Von dort konnte ich mein Haus in wenigen Minuten zu Fuß erreichen. Ich hatte keine Lust, in den nächsten Tagen immer wieder nach einem weißen Wohnmobil Ausschau zu halten, um rechtzeitig fliehen zu können. Zu später Stunde war kaum Verkehr auf der Straße. Wir erreichten Beas Wohnhaus in wenigen Minuten.

Alois Steuerthal war überraschend schweigsam.

»Dort drüben, das gelbe Haus.«

Mit gekonntem Schwung fuhr er in die Parklücke direkt vor der Haustür.

»Herzlichen Dank fürs Heimbringen.« Ich griff nach dem Türriegel. Nichts wie raus hier!

»Ein Kuss ist schon drin …« Alois Steuerthal beugte sich hoffnungsfroh mit geschürzten Lippen zu mir hinüber.

»Aber, wirklich nicht!« Mein Ausruf kam aus vollem Herzen. Hatte der Typ denn nicht mitbekommen, dass er mich nicht im Geringsten interessierte? Rasch sprang ich aus dem Wagen.

※ ———— ※ ———— ※

»Er hatte wirklich ein Doppelbett vorbereitet«, Bea konnte sich gar nicht beruhigen, »frisch aufgebettet als fahrendes Liebesnest?« Sie lachte schallend: »Das ist doch einmal etwas anderes. So etwas Originelles habe ich noch nie gehört!«

»Ich habe seine Telefonnummer«, sagte ich düster, »willst du ihn nicht anrufen? Sicher macht es dem guten Alois Steuerthal Spaß, dich in die Geheimnisse seines Wohnmobils einzuführen.« Wider Willen musste ich lachen.

Wir saßen in Beas Küche und schlürften dampfend heißen grünen Tee mit Limettenaroma. Natürlich musste ich ihr den Abend haargenau schildern. Sie amüsierte sich königlich über all das, worüber ich mich gelangweilt hatte. Jetzt, da wir gemeinsam darüber lachten, schien mir alles viel origineller, als es tatsächlich gewesen war. Vor allem mein Vergleich mit Adam und Eva amüsierte Bea über alle Maßen. Sie beschloss, diese Geschichte in ihrem nächsten Roman zu verewigen. »Wenn ich mich je aufraffen sollte, wieder einen zu schreiben.«

»Der Abend hat auch sein Gutes«, sagte ich schließlich nicht unzufrieden, »ich weiß jetzt genau, was ich will. Der Mann, den ich suche, muss älter sein als ich. Um einiges. Und er muss etwas darstellen. Groß gewachsen, graue Schläfen, elegant – so wie der Mann der Frau … wie hieß sie noch, die von Carlas Club? Jemand, der sich zu benehmen weiß, der den besten Tisch in jedem Lokal bekommt und der sein Rindfleisch nicht mit dem Löffel isst. Ich will keinen, der noch bei seiner Mutter wohnt, Wohnmobil fährt und nicht weiß, was er will. Sondern einen mit eigener Villa und eigenem Willen. Einen seriösen, erwachsenen Mann. Einen Mann, der mich nie und nimmer ›sein Mädel‹ nennen würde. So einen suche ich. Und so einen werde ich auch finden. Jawohl.«

Es war ein paar Tage später. Marie war noch am gleichen Tag, an dem ich mit Puxi Gassi gegangen war, der Blinddarm herausgenommen worden. Sie befand sich im Krankenhaus, aber schon auf dem Weg der Besserung. Tim und Sebastian hatten ihren Freund Jordy zu Besuch. Der hatte das neueste Computerspiel mitgebracht, und darum war es im Haus ungewohnt still. Gerade die richtige Atmosphäre, um an meinem Vortrag für Wien weiter zu arbeiten. Und an den Freund von Margarite Meiner zu denken. Diese Augen, diese Stimme! Ich malte mir aus, wie es wohl gewesen wäre, wenn er mit den weit ausgebreiteten Armen auf mich zugegangen wäre. Ich hätte mich an ihn schmiegen und das Sandelholz seines Aftershaves riechen können – solche Männer rochen immer nach Sandelholz. Mein Gott, wie lange hatte ich schon keinen Mann mehr gerochen! Der Angstschweiß meiner männlichen Patienten zählte hier nicht. Ich mochte den Geruch eines Mannes, wenn ich in seinen Armen lag. Ich seufzte: Der Traummann gehörte zu Frau Meiner. Was für ein Glück, dass ich viel zu überrascht gewesen war, ihm im »Roberto« um den Hals zu fallen, als ich gedacht hatte, seine liebevolle Begrüßung gelte mir. Klar, dass so ein gut aussehender Mann bereits vergeben war.

»All you need is love!«, sang mein Handy und holte mich unsanft aus meinen Träumen. Ja, ich hatte mir ein Handy zugelegt. Und Bea hatte diesen originellen Klingelton eingestellt. Ich stand auf und schnappte das Telefon vom Wohnzimmertisch: »Hallo.«

»Hi, hier Carla. Wobei störe ich dich gerade?«

»Bei einem Artikel über Zahnimplantate.« Stimmte ja auch im Großen und Ganzen. Von meinen Träumereien erzählte ich Carla lieber nichts. Sie war 'zu realistisch veranlagt, um meine Träume mit mir weiterzuspinnen. Sie würde sofort Nägel mit Köpfen machen wollen. »Schau dir den Mann doch noch einmal genau an«, hörte ich sie in meinen Gedanken sagen. »Dann kannst du entscheiden, ob du dein Glück bei ihm versuchen willst.« Doch wie sollte ich das anstellen?

»Das könnten wir doch versuchen, oder Roli, was meinst du?«

Was meinte ich wozu? Hatte ich etwa laut gedacht? Oder sprach Carla von etwas ganz anderem, und ich hatte sie in meinen Tagträumen wieder einmal nicht gehört? Meine Mutter, Tante Hildegard und später auch Peter hatten Recht gehabt: Tagträume waren eine verflixt dumme Angewohnheit. Man verpasste dabei ein Stück wirkliches Leben. Und man hörte nur die Hälfte von dem, was andere zu einem sagten. Wenn überhaupt so viel.

»Roli, hallo, bist du noch da? Ich kann dich nicht hören. Am besten, ich komme hinunter«, Carla hatte aufgelegt.

Ich seufzte, schlüpfte in meine Pantoffeln, die ich unter dem Schreibtisch abgestreift hatte, und schlurfte zur Tür, um sie für meine Freundin zu öffnen. Da kam sie auch schon eleganten Schrittes die Treppe herabgeschritten. Natürlich in makellosen Pumps – ob Carla überhaupt Hausschuhe besaß? Ich hatte sie jedenfalls noch nie in welchen gesehen. Sie schwenkte eine Flasche ihres Lieblingsrotweines in der Linken. »Entschuldige die Störung, Roli. Hast du Lust auf ein Gläschen?«

Hatte ich. Ich ließ mich nur zu gern von meinen Vorbereitungen für den Vortrag ablenken. Und von meinen Gedanken an den Mann mit den grauen Schläfen.

Und dann saßen wir in der Küche. Mit zwei Gläsern Wein. Carla schnappte sich einen Apfel aus dem Korb. Sie aß ihn mit Heißhunger.

»Ich weiß nicht, ob du mich gehört hast vorhin am Handy. Ich hatte dir erzählt, dass ich eine Einladung erhalten habe. Für zwei Personen zu einem Buffet. Von dem neuen Luxushotel gleich neben meinem Büro. Die haben derzeit spanische Wochen und servieren mediterrane Köstlichkeiten. Ich weiß zwar nicht, wie ich zu der Ehre einer Einladung komme – wahrscheinlich, weil wir Nachbarn sind. Jedenfalls ist es am nächsten Mittwoch. Und da wir uns mittwochs ohnehin meist zum Lunch treffen, fände ich es eine gute Idee, dorthin zu gehen. Was meinst du?«

Ich nickte: »Da komme ich gern mit. Ein Luxusbuffet lasse ich mir natürlich nicht entgehen. Noch dazu, wenn es gratis ist. Aber was ist mit Konrad? Willst du nicht lieber mit ihm ...?«

»Konrad!« Das klang abfällig. »Der gute Herr Konrad ist etwas seltsam in letzter Zeit. Abgesehen davon, dass er sich ohnehin nicht gern mit mir in der Öffentlichkeit blicken lässt. Noch dazu in der Nähe meines Büros. Wo ihn Kollege Rotter in meiner Begleitung entdecken könnte. Der hätte nichts Besseres zu tun als zwei und zwei zusammenzuzählen und Konrads Frau zu informieren. Die beiden kennen sich seit der Schulzeit und sind dicke Freunde.«

»Was meinst du mit seltsam?«

Sie zuckte mit den Achseln. »Ich sehe ihn in letzter Zeit selten. Wenn ich all die Familienfeste zusammenzähle, an denen er in den vergangenen Wochen unbedingt teilnehmen musste, dann könnte man zur Ansicht kommen, der Mann sei Oberhaupt eines schottischen Clans. So viele Onkel, Tanten, Neffen, Nichten konnten unmöglich runde Geburtstage feiern. Ich nehme an, er hat eine Freundin.«

Oh, oh, das klang nicht gut. Und nicht nach dem passenden Zeitpunkt, sie in meine Träumereien einzuweihen. »Carla, das kann ich mir nicht vorstellen. Wie kommst du denn darauf? Vielleicht hatte er wirklich viele Feste, bei denen er anwesend sein musste ... Vielleicht ...«

Sie hob abwehrend die Hand: »Danke, ganz lieb, Roli. Aber spar dir deine Mühe. Mir geht der gute Konrad nämlich ohnehin seit längerem auf die Nerven. Und ich bin ganz

froh, wenn ich ihn nicht zu oft sehe. Ist dir eigentlich je aufgefallen, wie eingebildet und besserwisserisch er ist?«

Und ob mir das aufgefallen war! Konrad war eine perfekte
Kopie von Oliver, Carlas Exmann. Beide strotzten vor Selbstbewusstsein, und beide hatten den Drang, anderen unge-
fragt die Welt erklären zu müssen. Beide stellten sich gern
selbst in den Mittelpunkt und urteilten über andere mit
triefendem Sarkasmus. Ich hatte immer angenommen, Carla
würde auf solche Männer stehen.

Ich beschloss, ein unbestimmtes »Mmhhh« von mir zu
geben.

»In Wirklichkeit ist es gar nicht nur Konrad, der mir zu
schaffen macht. Es kommt einfach wieder einmal alles zusammen: Konrads Macken, Maries Operation und dann die
ständigen Reibereien mit Rotter ...«

»Ist dein oberster Boss noch nicht zurück aus dem Krankenhaus?«

Ich stellte den Obstkorb in die Mitte. Das versprach ein
längerer Abend zu werden. Und der Heißhunger, mit dem
Carla den Apfel verschlungen hatte, ließ darauf schließen,
dass sie den ganzen Tag noch nicht viel gegessen hatte.

»Der alte Herr ist zurück. Seit zwei Tagen. Zum Glück
hatte er nur einen Kreislaufkollaps erlitten und nicht einen
Schlaganfall, wie sie ursprünglich vermutet hatten. Natürlich muss er sich noch schonen. Darf keine Auslandsreisen
unternehmen und geht jeden Tag bereits am frühen Abend
nach Hause. Besondere Sorgen bereitet mir die Tatsache,
dass ihn die Firma nicht mehr so stark zu interessieren
scheint wie früher. Bubi bekommt immer weiter reichende
Kompetenzen. Das macht das Leben für mich nicht einfacher.«

Carla seufzte, bevor sie mir weitere Details über Bubi,
Rotter und den alten Moosburger erzählte. Das war wohl
wirklich nicht der richtige Abend, ihr von meiner Begeg-
nung mit meinem absoluten Traummann vorzuschwärmen.

VII

Am nächsten Mittwoch hatte ich größte Eile. Eine Patientin mit geschwollener Backe war noch ins Wartezimmer gestürzt, gerade als Schwester Mathilde die Eingangstür zusperren wollte. Also noch einmal hinein in die weißen Klamotten und aufs Röntgenbild warten. Der Zahn war schwarz vor Karies und stand völlig unter Eiter. Da gab es keine andere Wahl: Ich musste ihn ziehen. Zum Glück ging die Extraktion reibungslos vonstatten.

Wieder umziehen – ich nahm mir nicht die Zeit, die Haare neu aufzustecken. Warum trug ich bloß noch immer diese unpraktische Frisur? Peter hatte sie so gern gemocht. Mich erinnerte sie jetzt an meine alte Lehrerin. Ihn hatte sie an seine Mama erinnert. Warum habe ich das eigentlich früher schmeichelhaft gefunden?

»Auf Wiedersehen, Schwester Mathilde.«

Mathilde war ausgebildete Krankenschwester und schon seit Jahren meine rechte Hand. Ich konnte mich wirklich glücklich schätzen, so eine loyale, kompetente und umsichtige Mitarbeiterin zu haben.

Ich stürzte zur U-Bahn. Carla würde sicher schon auf mich warten. Und sie hasste es, wenn man sie warten ließ. Dann war sie unleidlich. Und das konnte ich nicht brauchen. Ich war selbst nicht gerade fröhlich. Was hatte ich lautstark verkündet? Ich suche mir einen Mann! Ha, was für eine tolle Idee! Und wie sollte das gehen, bitte schön? Wenn mir ein Mann nicht aus dem Kopf ging, der fest liiert war? Und von dem ich überdies weder Namen noch Adresse kannte. Und wo fand ich einen anderen? Über ein Zeitungsinserat nicht – das war klar. Bars konnte ich auch vergessen.

Und wo sollte ich sonst einen Mann kennen lernen? Hier in der U-Bahn vielleicht? Ha, lachhaft. Hier beachtete einen sowieso keiner. Jeder hatte genug mit sich selbst zu tun. Was hatte ich neulich in einer Hochglanzillustrierten gelesen: »Sie suchen einen Mann? – Kein Problem! Setzen Sie sich doch einfach in einen Waschsalon, dort tummeln sich die Junggesellen.«

Ach ja? Und, wo bitte gab es einen Waschsalon? Ich kannte nur Wäschereien, in denen man seine Wäsche abgeben konnte. Und ein paar Tage später frisch gebügelt zurückbekam. Außerdem hatte ich starke Zweifel, dass Männer wie der gut aussehende Unbekannte aus dem »Roberto« wirklich im Waschsalon ihre Unterhosen waschen würden. Diese Männer hatten sicher eine Putzfrau. Und eine eigene Waschmaschine. Und was gab es da noch für einen »absolut sicheren« Tipp in den Illustrierten? Ach ja: »Stellen Sie sich samstags ans Tiefkühlregal eines Supermarkts! Beobachten Sie in aller Ruhe die Käufer. Kauft ein Mann eine Familienpackung gefrorenes Gemüse – Finger weg!! Der hat Frau und Kind zu versorgen. Kauft er hingegen eine kleine Packung Sugo für Spaghetti – Bingo! Ein Single!«

Toll! Wirklich ganz einfach. Und was hatte ich von dieser Weisheit? Sollte ich etwa auf so einen Mann zustürzen und fragen: »Süßer, essen wir die Spaghetti bei mir oder bei dir?« Undurchführbar. Zumindest für mich.

Warum sah der Mann dort drüben ständig zu mir herüber? Jetzt lächelte er auch noch. Hatte ich etwa einen Fleck auf der Nase? Blut von meiner letzten Patientin? Das hätte mir ähnlich gesehen. Obwohl: Ich hatte doch noch einen Blick in den Spiegel geworfen, bevor ich gegangen war. Und da war an meinem Aussehen nichts Besonderes zu bemerken gewesen. Am besten war's, den Mann nicht zu beachten. Ich drehte mich um und tat, als würde ich die bunten Fahrtrouten der U-Bahn über dem Ausgang studieren.

Endlich kam meine Haltestelle. Ich sprang aus der Bahn, hetzte die Rolltreppe nach oben, überquerte die stark befahrene Straße und erreichte die Hotellobby zwanzig Minuten nach der vereinbarten Zeit. Carla zu übersehen, war unmöglich. Sie stand am Rande einer größeren Menschenansammlung und blickte strafend auf die Uhr.

»Entschuldige, bitte!«, schnaufte ich und küsste die Luft neben ihren Wangen. »Zuerst musste ich einer Schmerzpatientin einen Zahn ziehen. Und dann kam minutenlang keine U-Bahn.« Ich blickte mich um: »Wo ist jetzt das spanische Buffet, zu dem du eingeladen bist?«

Die Halle war in Rot und Gelb dekoriert. Bilder spanischer Städte und Sehenswürdigkeiten zierten die Wände der Rezeption. Die Kathedrale von Sevilla hing etwas schief.

In diesem Augenblick setzte sich die Menschenmenge in Bewegung. Eine Flügeltür war geöffnet worden und gab den Blick frei auf einen Saal, dessen runde Tische festlich gedeckt waren. Blütenweiße Tischwäsche, glänzende Kristallgläser, poliertes Silberbesteck. Wir suchten uns zwei Plätze an einem Tisch nahe dem Fenster, von dem aus wir den Saal gut überblicken konnten. Er füllte sich zusehends und war bald bis auf den letzten Platz belegt. Für zwei zu spät Kommende brachte ein Kellner noch Extrastühle.

»Wahrlich großzügig«, flüsterte Carla mir zu, als eine adrette Kellnerin Wein in die vorbereiteten Gläser goss. »Das sind gut hundertfünfzig Personen. Ich hatte nicht gedacht, dass das Hotel so viele Leute gratis zu Buffet und Getränken einlädt.«

Sie stand auf, um sich in die Schlange am Buffet anzustellen. Ich beeilte mich, es ihr gleichzutun. Beide hatten wir einen anstrengenden Vormittag hinter uns. Und zumindest ich hatte einen Riesenhunger. Das Buffet war mit Köstlichkeiten überladen. Köche in gestärkten weißen Schürzen und hohen Mützen standen bereit, um die Gäste zu beraten und die Speisen auf den Tellern zu verteilen. Lachs mit Honig-Senf-Sauce, roter und schwarzer Kaviar, Shrimps und feine Pasteten zur Vorspeise. Putengeschnetzeltes zum Hauptgang. Oder Kabeljau in Safransauce. Alles war köstlich.

»Kommt dir das auch spanisch vor?«, flüsterte ich Carla zu.

»Ist ja auch ein spanisches Buffet.«

»Ich weiß. Gerade deshalb kommt es mir spanisch vor. Gerade, weil keines der Gerichte wirklich typisch spanisch ist.«

Carla blickte erstaunt auf ihre Röstkartoffeln. »Wirklich seltsam. Vielleicht habe ich auf der Einladung etwas überlesen. Mir jedenfalls schmeckt es sehr gut.«

Mir schmeckte es auch. Die sechs Männer an unserem Tisch schenkten uns freundliche Blicke, beachteten uns jedoch kaum. Sie waren gut bekannt miteinander und vertieften sich alsbald in eine rege Fachsimpelei, bei der es um das Rammen von extralangen Spundbohlen ging – was immer das auch heißen sollte. In jedem Fall war es etwas Hochtechnisches. Und hatte mit dem U-Bahn-Bau zu tun.

»Typisch für so eine Werbeveranstaltung«, flüsterte Carla und blickte in die Runde, »sie haben fast nur männliche Wesen eingeladen. Die glauben wohl, nur Männer seien potenzielle Kunden für ihren Laden. Gerade so, als könnten sich Frauen so ein teures Hotel nicht leisten.«

Dann wurde es Zeit für den Nachtisch. Während sich Carla vornehm die Lippen mit der Serviette abtupfte und das Dessert aus Kaloriengründen verweigerte, stellte ich mich wieder in die Schlange am Buffet. Was war da nicht alles an Sündhaftem und Leckerem aufgebaut! Kleine Erdbeertörtchen, Pariser Spitze, kleine Stückchen einer Linzertorte, Cremes, Obstsalat … Wieder kein einziges spanisches Gericht.

»Aber, hallo!« Der Mann vor mir hatte sich umgedreht und zwei braune Augen blickten mir lachend entgegen. »Wenn ich gewusst hätte, dass Sie eine Kollegin sind …«

Er war groß, jünger als ich, hatte einen Dreitagebart, und ich wusste beim besten Willen nicht, wo ich ihn schon einmal gesehen hatte. Anscheinend war mir das anzumerken.

»Norbert. Sie erinnern sich?«

»Tut mir Leid, Norbert. Normalerweise habe ich ein gutes Personengedächtnis. Doch im Moment will mir einfach nicht einfallen ...«

Er lachte auf und seine Augen blitzten vor Vergnügen: »Nicht ich heiße Norbert. Ich heiße Gregor Neuhof. Norbert ist mein Hund. Der Bobtail, neulich im Park ...«

Am Liebsten hätte ich mir mit der flachen Hand auf die Stirn geschlagen. Natürlich, Norbert, das Riesenmonster, das Puxi beinahe erdrückt hätte. Und das war sein Herrchen, der unmögliche Mensch mit dem spöttischen Tonfall. Von diesem war allerdings heute nichts zu hören. Nein, er klang gut gelaunt und schien erfreut, mich wieder zu sehen.

»Ja, richtig. Norbert«, ich lachte auch. Was sollte es: Puxi lebte. Und es war nett, mitten unter den vielen fremden Menschen zumindest ein bekanntes Gesicht zu sehen. Na ja, zumindest ein halbwegs bekanntes. Ich wünschte, ich hätte ihn im Park nicht gar so wütend beschimpft.

»Tolles Buffet«, sagte ich, um den Gesprächsfaden wieder aufzunehmen. »Nur: kein einziges spanisches Gericht. Hat Sie das nicht auch gewundert?«

Gregor Neuhof schaute mich überrascht an: »Nein, warum sollte es?«

»Ich dachte, das sei ein spanisches Buffet. Das hat zumindest auf der Einladung gestanden.«

»Ehrlich? Wo haben Sie das gelesen? Ich hätte mir die Unterlagen doch genauer durchlesen sollen.«

»In jedem Fall ist das eine äußerst großzügige Einladung. So viele Köstlichkeiten hatte ich gar nicht erwartet.«

In diesem Punkt gab mir Gregor Neuhof unumwunden Recht: »Ja, tatsächlich großzügig. Allerdings zahlen wir ja wohl genügend Beiträge. Da können die schon einmal im Jahr etwas Ordentliches auftischen.«

»Beiträge?« Oh Gott, vielleicht hätte man beim Eingang zahlen müssen, und Carla und ich hatten die Kasse übersehen. Ich wollte ihn gerade fragen, wo man die Beiträge denn hätte entrichten müssen, als mich ein fester Griff am Handgelenk packte.

»Wir müssen gehen. Sofort!« Carla stand neben mir, das Gesicht bleich, die Wangen mit hektischen roten Flecken übersät. Der Griff war eisern.

»Aber ich wollte doch noch von den Erdbeertörtchen probieren«, entgegnete ich bockig. Schließlich war ich schon fast an der Reihe. Und außerdem hatte ich mich gerade so nett unterhalten.

»Vergiss die Erdbeertörtchen und komm«, zischte sie. »Sie verzeihen.« Ein kurzes Nicken des rötlichen Pagenkopfes ging in die Richtung von Gregor Neuhof.

Mir blieb nichts anderes übrig, als ihm zum Abschied zuzuwinken. Hätten mir Männer mit Dreitagebart je gefallen, so hätte ich gesagt, er sah gut aus. Wie er da stand und uns voller Erstaunen nachsah. Dann zog mich Carla unsanft aus dem Raum in die leere Lobby hinaus.

»Weißt du, was das für ein Buffet war?«, fragte sie und steckte sich eine Zigarette an.

»Das spanische war es nicht«, stellte ich fest.

Carla schüttelte den Kopf. Zuerst schien sie etwas sagen zu wollen – doch dann schwieg sie stumm und wies auf ein paar vereinzelte Tischchen neben der Rezeption. Sie waren zuerst, als die Halle voller Menschen gewesen war, völlig verdeckt gewesen. Über den Tischen hing eine Schnur mit spanischen Fähnchen. Auf jedem der Tischchen gab es eine Platte mit Tapas – den kleinen, typisch spanischen Vorspeisen. Und eine Frau im Flamenco-Kostüm verteilte Sangria aus einem tönernen Krug. Ein paar vereinzelte Gäste saßen auf niedrigen Stühlen. Andere suchten auf den abgegrasten Silberplatten nach den letzten Resten.

»Weißt du, was das ist?«, Carla konnte sich ein fassungsloses Lachen nur mit Mühe verkneifen.

»Unser spanisches Buffet?« Das war mehr eine Feststellung als eine Frage. Jetzt lachte Carla laut heraus, und ich stimmte gern in dieses Lachen ein. Die Situation war ja wirklich einmalig! Sie hakte sich bei mir unter: »Komm, verschwinden wir aus diesem Hotel, bevor unsere Tischgenossen das Restaurant verlassen und uns beide hier stehen sehen. Gehen wir lieber auf einen Kaffee in die Konditorei gegenüber. Ich lade dich ein.«

»Ja, gerne, eine Tasse Kaffee kann ich jetzt wirklich gebrauchen. Aber sag: Wenn diese armseligen Tapas neben der Rezeption das spanische Buffet waren, was war das dann für ein Empfang, an dem wir teilgenommen haben?«

»Gestern und heute findet in diesem Hotel die Jahrestagung der deutschen Ingenieure und Architekten statt. Das hat mir einer unserer Tischnachbarn mitgeteilt. Er hat sehr höflich gefragt, woher wir denn kämen, da er uns noch nie bei den Workshops und Vorträgen gesehen hatte!«

»Ach, darum sagte er, er habe genügend Beiträge bezahlt.«

»Du meinst den feschen Mann, mit dem du dich bei den Erdbeertörtchen unterhalten hast? Du kennst den? Ist er noch zu haben?«

Ich zuckte mit den Schultern: »Keine Ahnung.«

»An dem solltest du dranbleiben. Der sah sehr nett aus.«

Nein danke, der war nichts für mich. Zu jung. Zu salopp. Zu unrasiert. Und dann erzählte ich ihr von meinem Treffen mit ihrer Clubkollegin Frau Meiner und dem Traummann im »Roberto«. Ich zog die Visitenkarte aus der Tasche, die mir Frau Meiner zugesteckt hatte. Und die ich in der Zwischenzeit etwa tausendmal gelesen hatte.

»Margarite Meiner ist noch relativ neu in meinem Verein. Ich habe bisher kaum mehr als drei Worte mit ihr gewechselt«, sagte Carla. »Würde ich sie besser kennen, hätte ich gern angerufen und sie nach diesem Traummann gefragt. Aber so würde das doch einen seltsamen Eindruck machen. Weißt du was: Am besten ist, du rufst sie an und vereinbarst einen Termin zur Typberatung. Dann kannst du ganz nebenbei Näheres über diesen Traumtypen herausfinden. Am besten du machst das sofort. Wozu hast du denn jetzt ein Handy?«

Es war, wie ich es vorausgesehen hatte: Carla machte Nägel mit Köpfen. Als ich das Café verließ, hatte ich bereits einen Termin bei Frau Meiner in der Tasche.

»Das nennt man zwei Fliegen mit einer Klappe schlagen«, Carla blies den Zigarettenrauch in Ringen in die Luft. »Die Chance auf den Traummann. Und wenn's mit dem nichts wird, dann hast du zumindest ein flottes Aussehen.«

Na ja, ich hatte wenig Hoffnung. Was den Traummann betraf – gar keine. Der war vergeben und daher zu vergessen. Und was mein flottes Aussehen betraf – wenig. Ich hatte schließlich mein ganzes Leben lang noch nie flott ausgesehen. Wie sollte ich mit zweiundvierzig damit beginnen können? Aber eine neue Frisur – das wäre schon etwas Verlockendes!

VIII

Frau Meiners Studio lag über einer Geschäftspassage in bester Lage der Innenstadt. Praktischerweise waren dort sowohl ein Friseur als auch ein Brillenfachgeschäft angesiedelt. Und, wie ich bald erfahren sollte, hatten sich auch die vielen Boutiquen der Gegend längst daran gewöhnt, dass Margarite Meiner mit ihren – vorwiegend weiblichen – Kunden dort auftauchte. Frau Meiners Räume waren alle in Weiß gehalten. Was heißt »gehalten« – sie waren durchgestylt. Designersofa auf Designerteppich. Designerstühle vor einer weiten, offenen Glasfront mit herrlichem Blick auf einen begrünten Altstadtplatz. Alles war sehr hell und luftig. Weit ausladende Topfpflanzen in verschiedenen Grüntönen unterstrichen die frische Atmosphäre.

»Genug Tageslicht, das ich wichtig!« Frau Meiner lächelte freundlich, als sie mir einen bequemen weißen Stuhl zurechtrückte. »Das finde ich aber schön, dass Sie zu mir gekommen sind! Als wir auf der Straße nebeneinander gingen, war es natürlich dunkel. Aber ich habe mir damals schon gedacht: Was für eine schöne Frau! Was für ein ebenmäßiges Gesicht. Schade, dass diese Frau ihre Schönheit nicht zeigt. Ich bin gleich wieder zurück. Ich hole nur schnell die Tücher. Darf ich Ihnen gleich etwas zu trinken mitbringen? Wie wäre es mit einer Tasse Kaffee?«

Leicht benommen bat ich um ein Glas Mineralwasser. Mit wenig Kohlensäure. Ich konnte es gar nicht wahrhaben, dass sie von mir gesprochen hatte. Im Zusammenhang mit mir waren schon viele Eigenschaftswörter gefallen. »Schön« war sicher noch nie dabei gewesen.

Frau Meiner breitete vor mir eine bunte Palette an Farben aus. Sie hatte mich sofort in ihren Bann gezogen. Und darum vergaß ich bereits in den ersten Minuten unseres Beisammenseins völlig den wahren Grund meiner Anwesenheit. Ich hatte doch eigentlich nur herausfinden wollen, wer der unheimlich gut aussehende Mann war, der Frau Meiner im »Roberto« so freudestrahlend begrüßt hatte. Und ob sie noch mit diesem Mann zusammen war. Oder ob die klitzekleine, zumindest theoretische Chance bestand, ihn für mich zu gewinnen. Doch darüber erfuhr ich erst einige Zeit später etwas.

Denn zuerst kamen bunte Tücher, die mir Frau Meiner unters Gesicht hielt. Meine Haare hatte sie gänzlich unter einer weißen Haube versteckt, wie sie auch Chirurgen tragen. Meine Brille lag auf dem weißen Abstelltisch. Sie war das absolut falsche Modell für mich, das wusste ich inzwischen.

»Eine Brille ist ein Schmuckstück. Sie dient dazu, die Feinheiten eines Gesichts zu unterstreichen. Das Gesicht für den Betrachter interessanter erscheinen zu lassen«, hatte Frau Meiner erklärt und den Kopf geschüttelt, als sie mir die Brille abnahm. »Eine alltagstaugliche Brille hat in den Hintergrund zu treten. Das heißt aber nicht, sie hat so unscheinbar und mausgrau zu sein wie Ihr Gestell. Das Ihr Gesicht unnötig blass und fad erscheinen lässt. Und das noch dazu nicht formschön mit den Augenbrauen abschließt.«

Wie sollte ich je wieder diese Brille tragen können nach diesem vernichtenden Urteil? Mein Ausflug zu Frau Meiner würde mich teurer zu stehen kommen, als ich angenommen hatte. Und doch begann mir der Nachmittag Spaß zu machen.

Von vier Tüchern in unterschiedlichen Rottönen, die sie mir nacheinander unter das Gesicht gehalten hatte, sollte ich instinktiv jenes auswählen, das meine Augen am meisten zum Strahlen brachte. Ich hatte keine Brille auf. Also rückte ich nah genug an den Spiegel heran, um mich klar zu erkennen und das Strahlen meiner Augen zu beobachten.

Die Auswahl war nicht schwer, und Frau Meiner war mit meiner Wahl zufrieden. Bei der Auswahl der vier grünen Tücher vertraute ich dem sachkundigen Blick meiner Beraterin. Das richtige Blau erkannte ich sofort. Überraschenderweise stand mir ein bestimmtes Graubraun besser als Schwarz. Nach einer Stunde hatten wir alle »meine« Farben herausgefunden. Frau Meiner überreichte mir meinen Farbenpass, der mir in Zukunft bei meinen Einkäufen gute Dienste leisten sollte: Ich war ein »Sommer«.

Carla hatte bereits eine Farbberatung hinter sich: Sie war ein »Herbst«.

»Worin unterscheidet sich der Sommer vom Herbst?«

»Die Farben des Herbstes sind dunkel. Der Sommer liebt zarte Farben«, Frau Meiner hob die passenden Tücher in die Höhe: »Sie sind leicht und wirken ein wenig ›überpudert‹. Dieses Hellblau zum Beispiel. Das zarte Flieder oder Blaugrün. Sie finden auf Ihrer Farbpalette blaugrundige, zarte, gedeckte Farben – Himbeerrot, Malvenrot, Bordeauxrot, Mint und Wollweiß.«

Das bedeutete: kein Schwarz. Das bedeutete statt des gelblichen Beige, das ich bisher getragen hatte, ein Graubraun. Das bedeutete, wenn ich es mir recht überlegte, drei Viertel des Kleiderschrankinhaltes gehörte in die Altkleidersammlung, oder ich schenkte sie Schwester Mathilde für ihre Schwiegermutter. Die alte Dame hatte meine Größe und freute sich immer über meine abgelegten Sachen. Bisher war mir das nicht seltsam vorgekommen, dass eine Siebzigjährige in meinen Sachen dem Alter entsprechend gekleidet war. Noch dazu eine Siebzigjährige, die nicht zur Generation der Junggebliebenen gehörte! Das würde sich jetzt ändern! Und zwar schnell! Ich würde mir eine Garderobe zulegen, die Schwester Mathildes Schwiegermutter nie und nimmer anrühren würde. Ich musste lächeln – was für eine absurde, aber doch hoch erfreuliche Vorstellung.

Am Ende des Nachmittags hatte ich beim Optiker in der Geschäftspassage eine neue Brille bestellt. Eine schlichte, eckige Fassung in eben jenem Braun, das mir so gut stand und das die Farbe meiner Augen unterstrich. Dieses Braun war auch die wirkliche Farbe meiner Haare – nur ein paar Nuancen heller. Das hatte ich fast schon vergessen: In den letzten Jahren hatte ich stets versucht, meine lange Mähne mit einem Rotton aufzupeppen. Völlig falsch, wie mir nun erklärt wurde. Sommertypen wie ich brauchen einen Aschton im Haar. Keinen so starken Aschton wie Wintertypen, aber immerhin. Wer kam schon auf die Idee, seinen Haaren freiwillig eine Farbe zu geben, die »aschig« hieß? Nun bekam ich meinen Aschton – beim Friseur im Erdgeschoss. Und ich musste sagen: Es sah toll aus. Vor allem zu meinem neuen, kinnlangen Stufenschnitt. Meine langen Haare waren ab. Was für ein neues Gefühl am Kopf! Kein langes Föhnen mehr am Morgen. Kein Aufstecken mit seit vielen Jahren geübten Griffen. Mein Kopf fühlte sich leicht an und beschwingt. Bereit für ein neues Abenteuer! Natürlich war ich auch bereit, Frau Meiner in den angrenzenden Jeansshop zu folgen.

Apropos Abenteuer: höchste Zeit, an meine eigentliche Mission zu denken: »Sie sagten, Sie seien der Liebe wegen in die Stadt gekommen«, begann ich völlig aus dem Zusammenhang gerissen. Ich war gerade dabei, in eine enge Jeans zu schlüpfen, der ersten seit – ich weiß nicht wie vielen Jahren. Frau Meiner hatte mir dazu ein himbeerrotes und ein rauchblaues T-Shirt in die Kabine gereicht. Nun wartete sie geduldig hinter dem Vorhang. »Hat es sich gelohnt?«

Das war wohl ziemlich direkt. Hoffentlich nahm sie mir meine Frage nicht übel. Und hoffentlich sagte sie: »Nein, leider. Es war doch nicht die große Liebe. Wir haben uns getrennt.«

»Und ob es sich gelohnt hat«, sagte sie stattdessen und lachte. Ihr strahlendes Gesicht erschien durch den Spalt im Vorhang. »Wolfram ist der perfekte Partner für mich. Der Mann, nach dem ich immer gesucht habe. Das klingt jetzt kitschig, nicht wahr? Aber es stimmt. Er ist mein Seelenverwandter. Ich habe mir nach dem Desaster meiner ersten Ehe fest vorgenommen, nie wieder zu heiraten. Doch stellen Sie sich vor, bei Wolfram bin ich schwach geworden! Es weiß noch niemand: Aber wir werden im Herbst vor den Traualtar treten.«

Ich konnte nur hoffen, nicht allzu entsetzt geblickt zu haben. Und beeilte mich, ein »Herzlichen Glückwunsch« zu murmeln. Was hatte ich denn erwartet? Warum sollte dieser absolute Traumtyp ausgerechnet auf mich gewartet haben?

»Steht Ihnen toll, das rote T-Shirt«, unterbrach Margarite Meiner meine Gedanken, deren Inhalt sie zum Glück nicht kannte. »Sie sehen gleich viel jünger und frischer aus. Aber schlüpfen Sie zur Sicherheit auch noch in das blaue. Vielleicht ist es ja noch besser.«

Schließlich nahm ich beide T-Shirts und die Jeans und eine Jeansjacke obendrauf. Die ideale Kombination für das Frühjahr. War das bereits ein Frustkauf? Wolfram war also weg, vergeben, so gut wie verheiratet: Mist, Mist, Mist!

»Wenn Sie möchten, komme ich in den nächsten Tagen bei Ihnen vorbei und helfe Ihnen, Ihren Kleiderschrank zu entrümpeln«, schlug Frau Meiner vor. Es war längst dunkel geworden, als wir in ihr Studio zurückkehrten. Die Idee fand ich großartig. Ich selbst hätte mit Sicherheit nicht das Herz gehabt, all die Kleider, Kostüme, Blazer und Jacken wegzugeben, auch wenn sie mir nicht standen. Allerdings: In den letzten Jahren hatte ich mir nur das Notwendigste zum Anziehen geleistet. Meine Kinder, meine Arbeit, meine Erinnerungen an Peter waren mir wichtiger gewesen als ein Aussehen nach der neusten Mode. Es wurde höchste Zeit, dass wieder frischer Wind in meine Klamotten kam. Wir vereinbarten einen Termin für Mittwoch in zwei Wochen. Kleiderschrank entrümpeln und eine neue Garderobe planen, das war das richtige Programm für einen freien Nachmittag.

Nun ließ es mir doch keine Ruhe: »Wie haben Sie Ihren Wolfram kennen gelernt?«

Meine Beraterin hatte mir schon die Hand zum Abschied gereicht. Wir hatten einen lustigen Tag miteinander verbracht. Ich dachte, ich könne mir auch eine weitere offene Frage erlauben. Außerdem interessierte es mich brennend. In welchen Lokalen trieben sich solche Traummänner wie Wolfram herum?

Frau Meiner schien ein klein wenig verlegen: »Sie werden lachen, wir lernten uns durch das Internet kennen. Ich stellte eines Abends – mehr so aus Spaß und Neugierde – meinen Steckbrief auf eine Singleseite. Ich hegte keine großen Erwartungen. Doch am nächsten Tag hatte ich vierundzwanzig Zuschriften. Und am übernächsten noch einmal zwölf. Da war Wolfram noch nicht dabei – aber ich habe höchst interessante Leute kennen gelernt. Manfred zum Beispiel, einen Banker. Mit dem bin ich heute noch gut befreundet. Und Wolfram mag ihn auch. Als ich merkte, dass bei den sechsunddreißig Männern noch nicht der Richtige dabei war, habe ich einen neuen Versuch gestartet. Und wieder kamen zahlreiche Zuschriften. Eine davon war von Wolfram. Man darf nur nicht aufgeben.«

»Solche Männer gibt es im Internet?«

»Ja, natürlich. Heutzutage haben doch die meisten Menschen im Lande schon einen Internetanschluss. Und viele wollen ausprobieren, was das Netz so alles kann. Ich sage Ihnen: Es wird die Zeit kommen, da lernen sich die meisten Leute übers Internet kennen. Glauben Sie mir ruhig – Sie werden noch an meine Worte denken«, fügte sie hinzu, als sie meinen ungläubigen Blick bemerkte. »Wie heißt es so schön? Der erste Eindruck zählt. Ein junges Mädchen mit langen, schlanken Beinen geht an einen Badesee. Oder in eine Disco. Eine Frau in unserem Alter überzeugt durch Humor und Esprit. Und wo sollte beides besser zum Tragen kommen als durch das geschriebene Wort?«

»Ja, aber«, warf ich ein, »im Internet treiben sich doch jede Menge Scharlatane und Lügner herum, Perverse ...«

»Nicht mehr als im wirklichen Leben auch.«

Diese Antwort hatte etwas für sich.

»Aber die Anonymität. Man weiß doch nie, wer wirklich am anderen Ende sitzt. Da können sich Zwölfjährige einen Spaß erlauben und sich für sexy und fünfundzwanzig ausgeben. Und sechzigjährige Männer schreiben, sie seien dreißig. Oder verheiratete Männer, die nur ein schnelles Abenteuer suchen, geben vor, sie seien auf der Suche nach einer Partnerin ...« Ich merkte, wie ich mich ereiferte.

»Scharlatane, Lügner und Männer, die auf einen One-Night-Stand aus sind, erkennen Sie schnell. Denken Sie, diesen Leuten macht es Spaß, sich mit Ihnen auf einen intensiven E-Mail-Austausch einzulassen? Die geben sofort auf, wenn Sie nicht nach der zweiten E-Mail bereit sind, Ihre Telefonnummer herauszurücken. Nein, nein, im Gegenteil: Die Anonymität hat viel Gutes. Niemand weiß, wer Sie sind. Jeder kennt nur Ihren »Nickname«. Durch die E-Mails erfährt man viel voneinander. Lernt sich in kürzerer Zeit besser kennen, als man dies im direkten Kontakt je könnte. Hat man eine Zeit lang hin- und hergeschrieben und Lust auf mehr bekommen, wird man telefonieren. Telefonieren ist unbedingt notwendig. Die Stimme sagt viel aus. Wie spricht er? Wie lacht er? Was hat er zu sagen? Da bekommt man einen noch viel intensiveren Eindruck. Ich hatte mir übrigens extra ein Handy für diese Anrufe zugelegt. War sehr praktisch.« Frau Meiner ließ ein fröhliches Lachen ertönen. »Mit manchen habe ich stundenlang telefoniert, bevor wir uns trafen. Einer machte mir dabei sogar eine Liebeserklärung. Als wir uns dann allerdings wirklich gegenüberstanden, hatten wir uns plötzlich nichts mehr zu sagen. So kann es natürlich auch kommen: Schließlich schafft man sich durch die E-Mails und die Telefonate in seinem Kopf ein Bild von der anderen Person. Und die Realität muss natürlich mit diesem Bild nicht mithalten. Bei

Wolfram hat die Realität die Erwartungen allerdings absolut übertroffen.«

Ich dachte an meinen Abend mit Alois Steuerthal. Wenn ich mit dem Mann zuerst E-Mails ausgetauscht hätte, ich bin sicher, ich hätte ihn nie getroffen. Und ich hätte mir dadurch einen langweiligen, peinlichen Abend erspart. Und Bea einen Lachanfall.

»Vor dem Treffen kann man noch digitale Fotos austauschen, wenn man möchte – auch das hilft, böse Überraschungen zu ersparen. Und dann auf zum ersten Treffen. Da hat man meist das Gefühl der Vertrautheit. Als würde man einem alten Bekannten gegenübersitzen, den man schon lange kennt. Ja, ja, die Partnersuche im Internet war eine spannende Zeit. So froh ich bin, dass ich jetzt Wolfram gefunden habe – diese Zeit möchte ich nicht missen.«

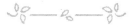

Also, ich weiß nicht: mit wildfremden Männern E-Mails austauschen? Sich kennen lernen über das Internet? Das war doch eher etwas für Frau Meiner. Die war offen für Neues, lustig, extrovertiert. Für mich, Peters Witwe, für mich, Huberts Schwiegertochter, für mich, die gute alte, verträumte Roli, war das nichts. So viel stand fest.

IX

»Tim, Sebastian, seid ihr zu Hause? Könnt ihr mir sagen, wie man ein anonymes Postfach im Internet einrichtet?«

War ich nicht ein Musterbeispiel an Konsequenz? Ich hatte kaum die Haustür hinter mir geschlossen, als mich der unbändige Drang befiel, mich sofort ans Werk zu machen. Wenn Frau Meiner ihren Wolfram über das Internet gefunden hatte, warum sollte mir nicht Ähnliches gelingen? Ich stellte meine Einkaufstüten auf den Stuhl neben der Kommode und warf einen raschen Blick in den Spiegel. Nicht schlecht. Ungewohnt. Aber gut. Der neue Haarschnitt umschmeichelte mein Gesicht. Wenn jetzt noch die neue Brille dazukam …

In diesem Augenblick wurde Carlas Wohnungstür geöffnet, und ich hörte, wie Oliver Martens sich von seiner Tochter verabschiedete. Dann kam er in raschem Tempo die Treppe heruntergesprungen. Den Schlüssel seines englischen Sportwagens lässig um den rechten Zeigefinger kreisend. Als er mich sah, blieb er wie angewurzelt stehen und blickte mir mit erstauntem Gesicht entgegen: »Sieh an: Frau Dr. Steinberg. Du hast dich aber verändert. Was soll das wohl bedeuten? Gehst du auf Männerfang, Rosalind?«

Ich habe Olivers ironischen Tonfall noch nie leiden können. Er hatte mich immer eingeschüchtert. Wie oft hatte ich mich verflucht, nicht rechtzeitig die passende Entgegnung parat gehabt zu haben.

»Freu dich nicht zu früh, Oliver. Dich fange ich ganz bestimmt nicht. Du bist absolut nicht mein Typ.« Hatte ich das eben gesagt? Oliver verstummte erstaunt.

Carlas Kopf erschien im Türspalt: »Roli geht auf Männerfang? Was meinst du damit, Oliver?« Ihre Augen weiteten sich sichtlich, als sie mich sah: »Was ist denn mit dir passiert? Du siehst toll aus! Die Haarfarbe kenne ich: Die hast du schon zu Beginn unseres Studiums getragen. Die steht dir wirklich gut. Und ich hätte gedacht, du wärst zu Frau Meiner gegangen, nur um die Adresse zu erfahren.« Sie blinzelte mir zu.

Inzwischen waren auch meine Söhne aus der Küche gestürmt: »Was für eine Adresse?«, erkundigte sich Tim und wandte sich dann mir zu: »Was gibt's zum Abendessen, Mam? Kann Jordy mitessen? Er schläft heute bei uns. Das ist dir doch recht, Mam?«

Von Carla kam ein empörtes Schnaufen: »Tim«, sagte sie streng, »deine Mutter hat eine neue Frisur.«

Ich musste grinsen. Carla konnte mit so viel männlicher Ignoranz nichts anfangen. Tim nahm mich genau in Augenschein: »Au ja, stimmt. Siehst fast so aus wie Meg Ryan. Geht das klar mit Jordy?«

Mein Sohn verglich mich mit Meg Ryan? Der Heldin aus »Harry und Sally«, einem Film, den ich mindestens dreimal gesehen hatte? Und da sollte ich seinem besten Freund ein Abendessen und ein Nachtlager verweigern? Ich warf einen raschen Blick in den Spiegel. Na, vielleicht hatte er gar nicht so Unrecht …

»Alles klar«, sagte ich, worauf Tim mir zuwinkte und in der Küche verschwand. Sebastian, der sich schweigend im Hintergrund gehalten hatte, grinste mir zu, bevor er seinem Bruder folgte: »Die Jeans steht dir gut, Mam.« Dann fiel die Küchentür hinter ihm zu.

»Da hat er allerdings Recht«, meldete sich Beas vergnügte Stimme von der Haustür her. »Roli, du siehst großartig aus! Endlich!« Sie hob ihre Hände dramatisch in die Höhe. »Endlich ist es irgendjemandem gelungen, dich so zu verändern. Ich habe mir ja immer gedacht, dass mehr in dir steckt, als du gezeigt hast. So einen knackigen Hintern hätte ich dir allerdings nicht zugetraut.« Bea grinste frech.

Ich grinste zurück. So viele Komplimente an einem Tag.

»Sieh mal an, die gute Beatrix«, begrüßte Oliver sie in seinem arrogantesten Tonfall, »jetzt wird es endgültig Zeit, dass ich das Weite suche.«

Wir hielten ihn nicht auf.

Bea schenkte seinen bösen Worten keine Beachtung. Die Abneigung zwischen ihr und Carlas Exmann beruhte auf Gegenseitigkeit. Sie warf ihren schwarzen Mantel über den Kleiderhaken und richtete ihre blauen Seidenschals – rauchblau, eisblau, preußischblau, kobaltblau. Was Frau Meiner zu dieser Farbkombination gesagt hätte? Welcher Farbtyp war wohl Bea? Frühling? Sommer? Herbst? Winter? Oder alle Jahreszeiten auf einmal? Sie kam zu mir herüber, um mich genau in Augenschein zu nehmen.

»Nun sag schon: Wie heißt er? Welcher Mann hat dich dazu gebracht, endlich aus deiner Graue-Maus-Verkleidung zu schlüpfen? Wo hast du ihn kennen gelernt? Wer ist er, was hat er, was kann er?«

Ich musste lachen: »Bea, du klingst wie meine Mutter.«

»Das war auch meine Absicht«, meine Freundin war unverbesserlich.

»Er ist kein ›Er‹, sondern eine ›Sie‹. Und diese ›Sie‹ heißt Frau Meiner und ist Farb- und Stilberaterin. Du kennst sie, Bea. Sie hat mit uns am Tisch gesessen, an dem Abend, an dem du in meinem Club den Vortrag gehalten hast«, klärte Carla sie auf. »Roli ist eigentlich nur zu ihr gegangen, um Näheres über eine bestimmte Person zu erfahren. Zumindest hatte ich das so verstanden. Margarite ist es dennoch gelungen, Roli ein neues Outfit zu verpassen. Die Frau versteht ihr Handwerk! Allerdings: Mich interessiert natürlich brennend, was Roli sonst noch erfahren hat.« Carla wandte sich wieder mir zu: »Roli, versprich, dass du uns das haargenau erzählst. Aber nicht gleich. Bitte wartet auf mich, ich bringe noch rasch Marie zu Bett. Dann komme ich zu euch hinunter. Ich sterbe vor Neugierde.«

So kam es, dass wir eine halbe Stunde später in meinem gemütlichen Wohnzimmer saßen und ich meinen Freundinnen den Tag bei Frau Meiner schilderte. Sie trösteten mich darüber hinweg, dass Wolfram nun endgültig vergeben war.

Bea legte kurz ihre Hand auf mein Knie: »Wie heißt es so schön? Männer sind wie Toiletten. Entweder besetzt oder beschissen! Wollt ihr auch noch ein Glas Wein?« Sie schwenkte einladend die Flasche.

Carla war entsetzt: »Also wirklich, Bea. Woher hast du nur immer solche Sprüche? So etwas sagt man doch nicht.«

»Wir sind ein anständiges Haus«, ich lachte frech.

Carla warf mir ein Kissen an den Kopf. Dann ließ sie sich von Bea das Glas noch einmal füllen.

»Ich habe übrigens vor, es Frau Meiner nachzumachen«, begann ich. Und wusste schon, dass meine Idee, das Internet für meine Männersuche zu Hilfe zu nehmen, geteilten Anklang finden würde.

»Wirst du jetzt auch Farbberaterin?« Bea lachte. Ihr war der Wein wohl schon zu Kopf gestiegen.

»Ja sicher. Hast du Lust, meine Praxis zu übernehmen?«

Bea fuchtelte mit ihren Händen vor meinem Gesicht: »Also, mit Sicherheit nicht! Ich bewundere dich grenzenlos, wie du fremden Menschen im Mund herumstocherst. Also, ich könnte das nicht …«

»Ich stochere nicht!«, berichtigte ich sie und tat entrüsteter, als ich war.

»Könntet ihr wohl bitte zur Sache kommen?«, forderte Carla streng. »Was willst du Margarite Meiner nachmachen, Roli? Sag nicht, du spielst mit dem Gedanken, ebenfalls im Internet ein Inserat aufzugeben.«

Na, hatte ich es nicht gewusst!?

»Das ist doch eine Superidee!« Natürlich war Bea begeistert.

Wie war ich bloß an zwei so unterschiedliche Freundinnen geraten? Allerdings: Ich hatte nicht die geringste Lust, diese Diskussion noch einmal zu führen. Sie würde ähnlich verlaufen wie die Diskussion vor ein paar Wochen wegen meines Zeitungsinserates. Ich hatte die Entscheidung bereits getroffen. Wenn Frau Meiner ihren Wolfram über das Internet gefunden hatte, dann war das für mich Beweis genug, dass sich auf diesem Wege Traummänner finden ließen. Ich hatte keine Lust, mich durch Carlas Bedenken in meiner wohligen Gewissheit erschüttern zu lassen. Und überdies: Es gab noch ein ganz anderes Thema, zu dem ich mir seit Tagen Gedanken machte.

»Bevor ihr einen sinnlosen Streit vom Zaun brecht«, unterbrach ich Bea, die soeben zu einem ausgiebigen Redeschwall hatte ansetzen wollen, »habe ich eine ganz andere Frage, die mir viel wichtiger ist: Was passiert beim ersten Sex?«

Carla, die eben ihr Rotweinglas zu den Lippen führen wollte, stellte es mit einem Ruck nieder. Ihr Blick war fassungslos. »Deine Söhne sind sechzehn, Roli, und sie hängen den ganzen Tag mit ihren Freunden herum. Männlichen Freunden, soweit ich das überblicken kann. Worüber machst du dir Sorgen?«

»Tim und Sebastian haben sehr wohl auch eine ganze Anzahl weiblicher Freunde«, entgegnete ich in einem schärferen Tonfall, als ich das vorgehabt hatte. »Doch hier geht es nicht um die beiden. Es geht um mich.«

»Dein erstes Mal ist mindestens siebzehn Jahre her. Rein rechnerisch gesehen. Wenn man deine Söhne betrachtet, meine ich. Doch ich kann mir vorstellen, dass es mehr als zwanzig Jahre her ist. Warum möchtest du jetzt dein erstes Mal besprechen?« Es war offensichtlich, dass Carla nur Bahnhof verstand.

»Ich meine nicht mein allererstes Mal«, ich war unwillig über so viel mangelndes Einfühlungsvermögen, »sondern über mein erstes Mal nach langer Zeit. Peter ist fast drei Jahre tot, mein Sexleben ist es auch. Und jetzt habe ich keine Ahnung, wie ich mich verhalten soll, wenn es so weit kommt. Wer weiß, vielleicht lerne ich bald jemanden kennen, und dann stellt sich diese Frage. Wie gehe ich dann am besten damit um?«

Frau Meiners Wolfram erschien vor meinem geistigen Auge. Sein wohlgeschnittenes, faszinierendes Gesicht. Seine elegante Erscheinung. Ich überlegte, wie es wäre, diesen Mann zu umarmen. Mmh, ja, ein prickelndes Gefühl. Allerdings war ich auch unsicher. Wusste ich, was er von mir erwartet? Sicher hatte er Affären mit vielen aufregenden Frauen. Und dann kam ich, die blasse Roli. Völlig aus der Übung. Mit Schwangerschaftsstreifen am Bauch. Es konnte doch nicht sein, dass nur ich mir diese Frage stellte. Waren andere Frauen wirklich um so vieles selbstbewusster? Von Carla war erwartungsgemäß keine Antwort zu erwarten. Ich hatte ein Thema angeschnitten, das ihr peinlich war. Also saß sie da und betrachtete die Bilder neben Huberts Lehnstuhl. Und hoffte sichtlich darauf, dass Bea etwas Geeignetes einfiel, das sie von der Pflicht enthob, mir antworten zu müssen. Ich musste innerlich grinsen.

Bea enttäuschte sie nicht. »Sex ist wie Rad fahren«, vergnügt goss sie sich noch etwas Rotwein in ihr Glas, »das verlernt man nicht. Ich war auch einmal fast ein Jahr ohne Freund, wenn ihr euch erinnert. Das war kurz bevor ich meinen Richie traf. Und doch konnte ich in meiner ersten Nacht mit ihm nahtlos an meine Erfahrungen von früher anschließen.« Sie grinste. »Kein Grund, dir Sorgen zu machen, Roli. Außerdem weiß jeder, der sich mit einer Frau über vierzig einlässt, dass wir nicht mehr taufrisch sind. Und im Übrigen, falls du nicht vorhast, dich mit einem Fünfundzwanzigjährigen zu vergnügen, dann wird auch der Mann neben dir allerlei Schrammen und körperliche Defekte aufweisen. Das ist nun einmal des Lebens Lauf.«

Die Diskussion wurde jäh unterbrochen, als meine Söhne das Zimmer betraten. »Du hast keine Zeit zum Kochen, stimmt's, Mam? Wir haben beschlossen, den Pizza-Service anzurufen.«

Was für eine gute Idee! Ich bat Tim, eine Pizza mit Salami zu bestellen. Bea entschied sich für Thunfisch mit Zwiebeln.

Carla schüttelte den Kopf: »Konrad will heute Abend noch einmal kurz vorbeikommen. Es wird Zeit, dass ich mich etwas zurechtmache. Also Roli, vergeude keine unnötigen Gedanken. Danke für den Wein.« Sie winkte uns zu und verließ mein Wohnzimmer.

Aus der Küche vernahm ich, wie Tim mit dem Pizza-Service sprach. Ich weiß, es ist lächerlich, und doch freute ich mich darüber. War es nicht ein Beweis dafür, dass ich meine Kinder zu selbstständigen Menschen erzogen hatte? Ich bezweifelte allerdings, dass Jordys Mutter das ebenso sah. Sie hielt an Schulen Vorträge über zeitgemäße biologische Ernährung. Ich nahm nicht an, dass Nahrung vom Pizza-Service in diese Kategorie fiel.

Bea hatte in der Zwischenzeit meinen Laptop eingeschaltet. »Komm, lass uns die Wartezeit überbrücken. Wie möchtest du dein Inserat formulieren?«

»Mein Inserat formulieren?« Ich hatte mir vorgenommen, heute Abend in aller Ruhe über einige Singleseiten zu surfen. Vielleicht dem einen oder anderen, der dort inseriert hatte, zu schreiben. Um nichts in aller Welt wäre ich auf den Gedanken gekommen, selbst ein Inserat zu formulieren. Ich sagte es Bea.

»Aber warum denn nicht? Wenn du das Inserat selbst schreibst, dann kannst du die Geschicke lenken.«

»Zuerst brauche ich ein anonymes Postfach. Ich werde die Jungs bitten, mir morgen eins einzurichten.« Ich hoffte, damit Zeit zu gewinnen.

»Warum willst du bis morgen warten? Dazu brauchst du doch nicht die Hilfe deiner Söhne. Das machen wir mit links.«

Und so kam es, dass ich eine gute Stunde später als »Gularo« im Internet auftauchte. Der Nickname klang vielleicht etwas seltsam, aber er war der erste, bei dem der Computer nicht warnend mit roter Schrift verkündete: »Dieser Name wurde bereits von einem anderen Teilnehmer gewählt.«

»Wie willst du heißen?«, hatte mich Bea gefragt.

Rosalind, Roli, Linda schieden von vornherein aus. Einen zweiten Vornamen hatte ich nicht, und einen anderen weiblichen Namen zu wählen, kam mir seltsam vor. »Sonnenblume« hätte mir gefallen. War natürlich schon längst vergeben. Der Computer riet mir, mein Alter dranzuhängen. Aber »Sonnenblume42«? Nein, das gefiel mir absolut nicht. Ähnlich erging es mir mit Erdbeere, mit Sommersonne, mit Sommerwiese, mit Sommerwind. Ich freute mich wirklich schon auf den Sommer, das war unschwer zu erkennen. Die nassen, kalten, trüben Tage hingen mir längst zum Hals heraus. Doch was auch immer ich mit »Sommer« versuchte, bei jedem Wort verweigerte der Computer sein Einverständnis.

Bea ließ sich nicht beirren. »Wohin reist du am liebsten?«

Doch auch damit hatten wir kein Glück. Vienna, Roma, Venezia, Toskana, alles Namen, die schon vergeben waren.

»Was isst du am liebsten?«

»Ich kann mich doch nicht ›Tafelspitz‹ nennen«, entgegnete ich entrüstet, »oder ›Saltimbocca alla Romana‹.«

Bea lachte laut auf. »Oder wie gefällt dir ›Schweinefleisch süßsauer‹? Ich bin sicher, diesen Namen hat noch niemand registriert.« Mir kam dieser Name nur absurd vor.

Bea brachte er jedoch auf eine Idee: »Ich hab's: Wir nennen dich hiermit ›Gularo‹!« Sie war sichtlich zufrieden mit ihrer Entscheidung. Und der Computer hatte zum ersten Mal nichts dagegen einzuwenden.

»Gularo?«, wiederholte ich. »Das klingt nicht übel. Allerdings: Das heißt doch nichts.«

»Und ob das etwas heißt!« In Beas Augen blitzte der Schalk. »Wenn du es wirklich wissen willst: ›Gularo‹ heißt ›Schweinefleisch süßsauer‹ auf Chinesisch. Zumindest hat es für mich so geklungen, als ich letztes Jahr mit Richie in Shanghai war. Es ist eines der wenigen Wörter, die ich mir gemerkt habe. Nur ein anderes weiß ich noch: ›Nihao!‹, das heißt ›Guten Tag!‹.«

»Wunderbar.« Meine Begeisterung hielt sich in Grenzen. Aber ich gab mich geschlagen. Und so kam es, dass ich mir den wunderschönsten Nickname ausgemalt hatte und als »Schweinefleisch süßsauer« endete. Zum Glück würde niemand je die wahre Bedeutung dieses Wortes erraten. Wem anders als Bea hätte so ein Nickname einfallen können?

In diesem Augenblick läutete es an der Tür, und der Pizzamann brachte seine dampfend heißen Pakete. Bea folgte mir in die Küche. Ich nahm die Teller aus dem Schrank, und Bea verteilte darauf die heißen Fladen. Bald saßen wir einmütig kauend an meinem Küchentisch. Die Jungen hatten sich in Tims Zimmer verzogen. Ich weiß, ich weiß, ein gemeinsames Abendessen ist gut für die Entwicklung von Kindern und Jugendlichen. Aber an diesem Abend hatten die drei etwas besonders Wichtiges für Charlys Überraschungsparty zu besprechen. Ich hätte nicht den Kopf gehabt, ihren Plänen zu folgen. Mein Kopf war bei Wolfram. Und bei Gularo. Da musste die Entwicklung meiner Söhne ausnahmsweise einmal zurückstehen.

Bea hatte den Laptop zum Küchentisch geschleppt und war unter die Tischplatte gekrochen, um den Stecker in die Steckdose zu schieben. »Also«, sie tauchte mit hochrotem Gesicht wieder auf, »was soll in deinem Inserat stehen?«

»Ach, sind wir jetzt wieder bei meinem Inserat?« Ich tat, als sei ich vollauf mit meiner Pizza beschäftigt.

»Nun sag mal, Roli, was sind denn so deine Stärken? Wir müssen dich ins rechte Licht rücken. Damit möglichst viele anbeißen.« Bea schnappte sich den Block, auf dem ich immer meine Einkaufslisten schrieb. In der rechten Hand hielt sie den Kugelschreiber, um meine Worte niederzuschreiben. In der linken ein großes Stück Pizza. Der geschmolzene Käse tropfte auf den Teller.

Meine Stärken? Was waren meine Stärken? Wer konnte schon aus dem Stehgreif seine Stärken aufzählen?

»Ich weiß nicht, ob es gut ist, mit meinen Stärken zu beginnen«, sagte ich, weil mir nichts einfiel.

Bea hob eine Augenbraue: »Nein? Gut. Womit willst du dann beginnen? Mit deinen Schwächen vielleicht? Oder soll ich schreiben: ›Frau, die ihre Stärken nicht kennt, sucht einen Mann, der diese herausfindet‹?«

»Gute Idee!« Ich lachte.

Doch Bea war im Augenblick nicht nach Scherzen zumute. »Fangen wir es von der anderen Seite an: Wie stellst du dir deinen Traummann vor?«

»Größer als ich«, das wusste ich wie aus der Pistole geschossen. »Gut aussehend, mit grau meliertem Haar – oder nein, schreib lieber: mit grauen Schläfen. Intelligenz ist mir wichtig und Lebenserfahrung.« Ich bemühte mich, Frau Meiners Wolfram möglichst genau zu beschreiben. »Und er muss älter sein als ich. Unbedingt. Gut situiert natürlich. Und gebildet. Ein Mann, der weiß, was er will. Na, das ist doch schon recht brauchbar, oder?«

Bea schüttelte den Kopf. »Mit dieser Beschreibung kannst du gleich Hubert nehmen«, sagte sie trocken.

Ich hatte mich in meinen Gedanken gerade wieder einmal in den Anblick von Wolfram verliebt. Und landete nun ziemlich unsanft auf dem Boden der Tatsachen: »Hubert?!« Hatte ich wirklich Hubert beschrieben, meinen Schwiegervater? Dann musste ich in meinen Ausführungen wohl doch etwas genauer werden.

»Was muss er können? Was muss er mögen?« Bea hatte den Stift noch immer in ihrer Rechten. Sie hatte bisher noch nichts aufgeschrieben.

»Können? Mögen? Mich soll er mögen. Und gesellschaftliche Ereignisse. Reisen?« Ich war mir plötzlich nicht sicher.

»So kommen wir nicht weiter.« Bea verzog unwillig das Gesicht und schloss mit einem Klick die Internetseite, nicht ohne sofort eine neue Homepageadresse einzugeben.

»Was heißt: Nicht weiterkommen?« Enttäuscht nahm ich den nächsten Schluck Rotwein. »Ich hab doch noch nie im

Leben so ein Inserat formuliert. Und ich kann mich nicht anpreisen. Wenn du also aufgeben willst ...«

»Nichts wird aufgegeben«, Bea wies auf den Bildschirm. Dieser war in der Zwischenzeit rosa und weinrot eingefärbt und rote Herzchen schwirrten umher.

»Was ist denn das, um Gottes willen?«

»Eine andere Singleseite. Hier brauchst du kein Inserat zu formulieren. Hier kannst du einen Fragebogen zu deinen Vorlieben und Interessen ausfüllen. Das ist sicher leichter.«

Ich konnte es nicht fassen: »Bea, woher kennst du bloß all diese Internetseiten? Sag mal, meine Liebe, betrügst du deinen Mann?« Diesen Verdacht hatte ich nicht wirklich.

Und Bea schüttelte auch schon grinsend ihr karottenrotes Haupt: »Ach wo. Kein Bedarf. Die Adressen habe ich von einer Hausfrau aus meiner Volkshochschulrunde. Sie hat kürzlich ein höchst interessantes Buch gelesen. Ich weiß sogar noch, wie es hieß, nämlich: ›Vom Internet ins Ehebett‹. Klingt witzig, oder? So, jetzt müssen wir dich anmelden.«

Und das tat sie dann auch.

Zum Glück war auch hier noch keine andere auf die Idee gekommen sich »süßsaueres Schweinefleisch« zu nennen, und so war ich als »Gularo« willkommen. Bea begann, den Fragebogen auszufüllen, ohne mich lange zu fragen. Gut, an »weiblich, zweiundvierzig, schlank, einsdreiundsiebzig groß« war nichts auszusetzen.

»Meine Haare sind nicht rötlich, sondern dunkles Aschblond«, korrigierte ich und schüttelte meine neue Frisur.

Bea klickte auf »dunkelblond«. »Aschblond klingt nicht verlockend«, befand sie. Ich hatte keine Lust zu streiten.

»Wie alt soll er sein?«

»Mindestens fünfzig.« Wenn ich eines wusste, dann das. Ein junger Bursche Marke Steuerthal kam mir nicht ins Haus.

Natürlich hatte Bea daran etwas auszusetzen und klickte beinhart auf »Mindestalter: vierzig«. »Wir wollen ja den Kreis der infrage Kommenden nicht unnötig einschränken, nicht wahr? Und Leute, die sich erwachsen benehmen, gibt's auch bei Vierzigjährigen.«

Bei »Größe: über einsfünfundsiebzig, Haarfarbe: egal«, waren wir uns einig. Die grauen Schläfen, die ich mir wünschte, würden sich bei meiner Zielgruppe automatisch einstellen.

Bea stellte mir die Fragen. Ich antwortete, sie tippte ein und ergänzte eigenmächtig.

»Liebster Filmstar?«

»Antony Hopkins. Der hat in ›Zorro‹ den Schönling Banderas glatt an die Wand gespielt.«

Sie tippte und ergänzte: »Johnny Depp«.

»Lieber nicht«, wandte ich ein, »dann denken die, ich will einen jungen Piraten.«

»Was ist denn dein Lieblingsfilm?«, fragte sie, scheinbar ohne auf diesen Einwand einzugehen.

»Don Juan de Marco.«

»Eben. Und das sicher nicht wegen Marlon Brando. Obwohl der großartig gespielt hat«, erklärte Bea nüchtern und ließ Johnny Depp stehen.

»Lieblingsmusik?«

»Verdi, Vivaldi.«

»Verdi, Vivaldi, R.E.M., Herbert Grönemeyer«, tippte Bea.

»Das macht einen völlig falschen Eindruck.« Nun war ich schon der Verzweiflung nahe. Ein Mann wie Wolfram würde sich bei diesen Angaben nie melden.

»Wer hat sich denn stundenlang die Beine in den Leib gestanden, um Karten fürs letzte R.E.M.-Konzert zu ergattern?«, kam auch schon die nüchterne Gegenfrage.

»Hobbys?«

»Theater, Reisen, Lesen, Kochen«, sagte ich. Das würde Wolfram sicher gefallen.

»Theater, Reisen, Lesen, Joggen, Inlineskaten, Flohmärkte, Kabarett«, tippte Bea, und Wolfram rückte in noch weitere Ferne.

»Wie soll dein Traummann sein? Und komm mir jetzt ja nicht wieder mit einer Beschreibung, die mich an Hubert erinnert«, sie schüttelte sich, als würde es sie gruseln.

An »gut situiert, intelligent, humorvoll, gebildet« hatte sie schließlich nichts auszusetzen. Und setzte noch »warmherzig und optimistisch« hinzu. Einverstanden.

»Was suchst du: Heirat, Partnerschaft, Affäre, Seitensprung, E-Mailbekanntschaft?«

Diese Frage war rein rhetorisch, denn Bea hatte bereits »Heirat« und »Partnerschaft« angeklickt. »Was erwartest du von einem Mann?«

»Dass er weiß, was er will. Und dass er mir Geborgenheit schenkt.«

»... und dass wir zusammen lachen können«, ergänzte die Unverbesserliche. »Was du liebst, wollen die wissen.«

»Meine Kinder.« Natürlich kamen die an erster Stelle. »Meine Freundinnen, gute Gespräche, die Toskana, die Sonne im Frühling und warmen Sommerregen.«

»... und guten Sex«, ergänzte Bea und schlug vor, die Kinder wegzulassen, denn dass ich Kinder hatte, würde »Er« früh genug erfahren. Diesmal blieb ich hart: Die Kinder blieben drin, der Sex kam raus. Denn das mit dem Sex würde »Er« wirklich früh genug erfahren.

Ein Klick und der Fragebogen war abgeschickt. Bea seufzte befriedigt und schenkte sich den letzten Rest des Rotweins in ihr Glas. »Na, dann schauen wir mal. Ich kann mir nicht denken, dass es morgen schon viele Zuschriften gibt. Aber in den nächsten Tagen wird deine E-Mailbox überquellen.«

Mir wurde ganz bang bei diesem Gedanken.

X

Natürlich hatte ich vorgehabt, sofort am nächsten Morgen in meine E-Mailbox zu schauen. Doch mein Wecker hatte sich gerade diesen Morgen ausgesucht, um seinen Geist aufzugeben. Oder hatte ich bloß am Abend vergessen, ihn zu stellen? Als ich trunken vom Wein und vor allem von der bangen Vorfreude darauf, was ich mit meiner Einschaltung auf der Singleseite vielleicht ausgelöst hatte, glaubte, kein Auge zumachen zu können. Und dann doch rasch eingeschlafen war? Jedenfalls verschlief ich am nächsten Tag. Gegen halb acht stand Sebastian an meinem Fußende. Ich schreckte auf, hastete ins Badezimmer, zog mich an und nippte im Vorbeigehen an einer Tasse abgekühlten Kaffees, den Frau Holzinger für mich bereitgestellt hatte. An einen Blick ins Internet war nicht zu denken.

In der Praxis war die Hölle los. Ich hatte es zwar noch geschafft, ganze fünf Minuten vor Beginn zu erscheinen. Doch natürlich war ich die Letzte der Kollegen. Interessanterweise hatten sich alle beim Empfang versammelt und betrachteten nun die Eingangshalle, als sähen sie sie zum ersten Mal.

»Ist etwas passiert?« Ich war noch etwas atemlos, denn ich hatte zwei Stufen auf einmal genommen. Unsere Praxis war in einem sehr gepflegten, eleganten Altbau untergebracht. Einen Lift gab es hier nicht.

»Frau Petermann hat gekündigt«, hörte ich mehrstimmig.

»Schon?« Na toll, die Sekretärin am Empfang hatte erst seit zwei Monaten bei uns gearbeitet. Gerade hatten wir sie so weit eingeschult, dass wir dachten, sie könnte ihre Arbeit selbstständig erledigen, da verließ sie uns. Wie ihre

Vorgängerin. An unserem Betriebsklima konnte es nicht liegen. Wir gingen sehr freundschaftlich und wertschätzend miteinander um. Unsere langjährige Empfangsdame Frau Burghart war mehr als zwanzig Jahre für unsere Praxis tätig gewesen, bevor sie in den wohlverdienten Ruhestand getreten war. Seit ihrem Weggang hatte die Empfangsdame dreimal gewechselt. Und dies auch erst, seit wir die Praxis im letzten Jahr vollständig umgebaut und renoviert hatten. Das war schon sehr seltsam.

»Gab es einen besonderen Anlass? Hat sie gesagt, warum sie uns verlässt?«

»Sie hat am Telefon gemeint«, meldete sich Frank Spörer zu Wort, »sie habe sich nicht wohl gefühlt. Eine andere Stelle habe sie noch nicht – aber sie sei zuversichtlich, dass sie bald wieder etwas Geeignetes fände.«

»Was heißt denn hier ›nicht wohl gefühlt‹?« Kollege Tröger betonte jedes einzelne Wort. »Bei uns geht's eben nicht immer ruhig und gemächlich zu. Wenn die Frau nicht belastbar ist, dann ist es besser, wir sind sie los.«

»Es bleibt uns nichts anderes übrig, wir müssen wieder ein Inserat in die Zeitung setzen und eine neue Kraft suchen«, Frank ging nicht näher auf die Worte von Kollegen Tröger ein. »Wer von euch wird das diesmal übernehmen?«

Betretenes Schweigen. Ich betrachtete interessiert den Holzfußboden.

»Das erledige ich«, meldete sich meine Kollegin Ina zu Wort. Ich hätte sie umarmen können. Ich war dazu absolut nicht geeignet – ich hatte kein Talent, Inserate zu formulieren.

Der Tag verging so hektisch, wie er begonnen hatte. Nervöse, überreizte Patienten, schreiende Kinder. Ein Vertreter für Zahnprodukte stellte mir seine neuesten Waren vor, dazwischen klingelte ständig das Telefon. Die Uni-Klinik Wien fragte nach dem Konzept für meinen Vortrag – ich möge es doch vorab an den Professor senden. Mein Konzept? Das hatte ich noch nicht fertig. Schließlich war noch einige Zeit bis zum Kongress. Ich hatte vorgehabt, mir einen gemütlichen Abend zu Hause zu machen. Mit den Jungs zu quatschen, gemeinsam zu Abend zu essen. Und natürlich: über meine Mailbox herzufallen. Und die drei bis vier E-Mails zu lesen, die in der Zwischenzeit wohl hereingeflattert waren. Doch es half nichts: Ich musste die Gemütlichkeit verkürzen. Mich zwar, wie geplant, hinter meinen Laptop klemmen – aber um dort vor allem meinem Konzept den letzten Schliff zu geben. Denn den Herrn Professor wollte und konnte ich nicht warten lassen.

Wie gut, dass es die Holzi gab. Da brauchte ich mich um das Zubereiten des Abendessens nicht zu kümmern.

Als ich am Abend todmüde die Haustür aufsperrte, tat mir nicht nur der Rücken weh. Auch meine Beine waren schwer. Wie freute ich mich auf den Sommer! Ich würde wieder joggen gehen und schwimmen. Im Winter war ich viel zu untätig gewesen. Das rächte mein Körper mit Unbeweglichkeit. Ich war nach dem langen Arbeitstag froh, die Schuhe abstreifen zu können. In diesem Augenblick wäre ich am liebsten sofort unter eine heiße Dusche gegangen und dann ab ins Bett.

Die Küchentür wurde aufgestoßen, und Tim kam im Eilschritt auf den Flur. Gefolgt von seinem Bruder: »Hi, Mam. Wir gehen joggen.«

»Hast du nicht Lust mitzukommen?«

Hatte ich schon gesagt, dass ich meine Jungs liebe? Immer wieder rührte mich die Selbstverständlichkeit, mit der sie mich in ihre Unternehmungen einbezogen. Wenn ich da an meinen Bruder Heinrich und meine Mutter dachte. Allein die Idee, dass er Mutter so eine Frage gestellt hätte –

undenkbar. Es war stets unter seiner Würde gewesen, mit den Frauen seines Haushalts, Mutter und Schwester, öffentlich gesehen zu werden. Abgesehen davon, dass meine Mutter schon damals schnell außer Atem kam. Zu viele Zigaretten. Zu wenig Bewegung. Keine Kondition.

»Na, was ist? Wenn du dich beeilst, dann warten wir auf dich!« Tims ungeduldige Stimme riss mich aus meinen Erinnerungen.

»Ist es nicht zu kalt draußen? Wir haben Winter.«

»Mam, wir haben längst Frühling. Und es hat den ganzen Tag die Sonne geschienen.«

Ja, wenn das so war. Das hatte ich gar nicht mitbekommen. Wenn ich meinen langen Tag in der Praxis hatte, merkte ich kaum, welches Wetter wir hatten.

Und so kam es, dass ich kurze Zeit später mit meinen Söhnen durch den Park trabte. Wir waren ein gutes Team, eingespielt nach vielen Jahren gemeinsamen Laufens. Als die Jungen noch kleiner waren, hatte ich mein Tempo dem ihren angepasst. Jetzt hatten die beiden schon seit Jahren eine bessere Kondition als ich. Wenn sie das Tempo verstärkten, dann lief ich meist allein. Doch heute blieben sie in meiner Nähe. Ich merkte, wie gut mir die frische Luft tat. Und wie der Sauerstoff langsam wieder Leben in meinen müden Körper zurückbrachte. Es war wirklich schon recht milde geworden. Die Tage, an denen sich mein Atem in der Abendluft abgezeichnet hatte, waren vorbei. Ich sollte viel öfter mit den Jungs joggen gehen. Es tat mir so gut. Und wenn die letzten Reste des Rollsplitts wieder von Gehsteigen und Wegen verschwanden, dann würde ich auch meine Inlineskates wieder aus dem Keller holen. Darauf freute ich mich. Es war jedes Jahr das Zeichen dafür, dass wir den Winter endgültig besiegt hatten und der warmen Jahreszeit entgegensteuerten.

Von einem der Seitenwege kam ein Hund auf uns zugelaufen. Natürlich ohne Leine. Wozu stellten die Behörden
eigentlich Verbotsschilder auf? Dieses Tier war freundlich.
Sein Schwanz wedelte freudig. Sein graues Zottelfell war mir
vage bekannt. Und die tiefe Stimme auch, die gleich darauf
ertönte: »Norbert, hierher!«

Nun wurde auch der einsame Jogger sichtbar, der in
flottem Tempo direkt auf uns zugelaufen kam. Er hatte
eine warme Wollmütze bis über beide Ohren gezogen.
Doch das Grinsen kannte ich sofort. Gregor Neuhof, der
Architekt.

»Oh, hallo!«, rief er erfreut, als er mich sah. Er drosselte
sein Tempo und schloss sich unserer kleinen Gruppe an.
Norbert lief wedelnd neben uns her.

»Guten Abend.« Ich merkte, dass ich schnell ins Schnaufen kam, wenn ich sprach. Und beschloss, langsamer zu
werden. Schließlich sollte man sich ja während des Laufens
unterhalten können, wie Experten empfahlen. Wenn ich
auch nicht genau wusste, worüber ich mit ihm sprechen
sollte.

»Ist es nicht schön, dass es wieder wärmer geworden ist?
Wenn's zu kalt ist, macht's keinen richtigen Spaß.« Herr
Neuhof nahm mir die Worte aus dem Mund.

Tim warf ihm einen skeptischen Blick zu: »Kennen wir
dich?«

Gregor Neuhof schien diese forsche Frage nicht zu stören:
»Nein. Ich bin Gregor. Mein Hund Norbert kennt euren
Pudel.«

»Aha.« Diese Erklärung schien den Jungs auszureichen.
»Ich bin Tim. Das ist Sebastian. Und Mam kennst du ja
schon, wie es scheint. Läufst du oft hier im Park?«

Die drei schienen nicht zu merken, dass ich langsamer geworden war, und liefen bald, in ein fröhliches Gespräch vertieft, vor mir her. Sie waren alle drei etwa gleich groß. Alle
über einen Meter achtzig. Meine Söhne waren recht groß
für ihr Alter. Von hinten konnte man den Altersunterschied

nicht erkennen. Sie hatten alle trendige Sportkleidung an und liefen fast im Gleichschritt. Ich merkte, wie es meine Söhne genossen, sich mit einem erwachsenen Mann zu unterhalten. Noch nie war mir so stark bewusst, wie sehr meine Partnerwahl sich auch auf meine Jungs auswirken würde, wie in diesem Augenblick. Von einem Mann wie Gregor Neuhof wären sie sicher begeistert. Aber den Gefallen konnte ich ihnen nicht tun. Für mich kam kein Mann in Frage, der jünger war als ich. Ich brauchte etwas Älteres, Gesetzteres, einen Gentleman alter Schule. Dennoch, obwohl ich das wusste: Gregor Neuhof hatte einen sexy Hintern, das musste ich ihm lassen. Norbert kam zu mir und stupste mich sanft. Ich tätschelte seinen Kopf und hatte auf einmal keine Angst mehr vor ihm. Einmütig trabten wir den dreien nach.

Als wir nach einer knappen Stunde wieder vor unserer Haustür standen, verabschiedete sich Gregor Neuhof mit einem kurzen Winken. Norbert schien zu überlegen, ob er nicht doch bei uns bleiben sollte. Entschloss sich aber dann – nach einem kurzen Pfiff seines Herrchens –, diesem zu folgen.

»Netter Kerl«, sagte Tim, als ich die Haustür aufschloss.

»Coole Schuhe«, sagte Sebastian, was bedeutete, dass er die Ansicht seines Bruders teilte.

Ich ging unter die Dusche. Bald darauf saßen wir drei einträchtig in der Küche bei heißem Tee und den Resten des Mittagessens. Sebastian erzählte von der Schule. Tim vom Turnunterricht. Die einzigen Schulstunden, die ihn wirklich interessierten. Eine verpatzte Torchance beim Fußballspiel bereitete ihm größeres Kopfzerbrechen als eine schlechte Note in Mathematik. Und dann zogen sie von dannen, um im Fernsehen die Verleihung irgendwelcher MTV Awards anzusehen.

Endlich Zeit, mich an meinen Laptop zu setzen. Ich stellte eine Tasse grünen Tee auf meinen Schreibtisch und startete den Computer. Wie von selbst loggte ich mich ins Internet ein. Ich weiß, ich hatte mir eisern vorgenommen: »Erst die Arbeit, dann das Vergnügen.« So hatte es mir Mutter stets gepredigt. Und ihre Schwester, Tante Hildegard, die uns immer zu den Feiertagen besuchte (heimsuchte?), ebenfalls.

Doch siehe da: Meine Mutter hatte keine Macht mehr über mich. Und Tante Hildegard auch nicht. Natürlich siegte die Neugierde. Der Professor wurde zur Seite geschoben, die E-Mailbox geöffnet. Sechsunddreißig Zuschriften!

Das konnte doch nicht sein! Hier musste ein Irrtum vorliegen. Um Himmels willen, welche Lawine hatte ich denn da losgetreten?? Ich musste unbedingt Bea zu Hilfe rufen.

»Na, endlich!«, waren ihre ersten Worte, als sie am Telefon meine Stimme vernahm. »Seit Stunden sitze ich auf glühenden Kohlen! Wo warst du denn die ganze Zeit? Wie viele Typen haben sich gemeldet?«

»Sechsunddreißig«, sagte ich mit einer Mischung aus Überforderung und Triumph. »Ich bin eben erst dazu gekommen, mich an den Computer zu setzen. Ich habe die Zuschriften noch gar nicht angesehen. Das wollte ich mit dir gemeinsam machen. Ich dachte, dich würde interessieren, was die Leute so schreiben.«

»Worauf du Gift nehmen kannst«, ertönte es vom anderen Ende der Leitung. »Ich kann hier allerdings nicht weg. Richie hat die Elektriker bestellt, und er ist nicht zu Hause. Die Männer sollten schon seit geschlagenen zwei Stunden da sein. Doch noch fehlt jede Spur. Aber über das Telefon geht's ja auch: Also, lies vor!«

Das musste sie mir nicht zweimal sagen. Ich öffnete die erste Zuschrift: »Werte Dame«, las ich, »ich erlaube mir, Ihnen auf Ihre Zeilen zu antworten. Mein einsames Herz sehnt sich nach Liebe und etwas Freude in meinem dunklen Dasein ...«

Um Himmels willen, was war denn das für einer?

»Frauen haben mich bisher immer enttäuscht. Doch vielleicht sind ja gerade Sie die löbliche Ausnahme, auf die meine gepeinigte Seele mit Inbrunst wartet.«

»Aber sicher nicht!«, unterbrach mich Bea kategorisch. Und sie hatte Recht. Ich klickte auf Nummer zwei.

»Muss ich eigentlich allen antworten?« Ich dachte mit schlechtem Gewissen an mein Referat.

»Du kannst ja einen Standardtext entwerfen und an alle schicken, die dich nicht interessieren. Das ist fairer, als sich nicht zu melden.«

Eine gute Idee! Allerdings würde ich nicht allen schreiben, wie sich gleich darauf herausstellte, denn: »Hi, du geile Maus. Auch ich bin wild auf eine heiße Nacht. Meine Frau fährt zur Fortbildung nächstes Wochenende. Hast du Zeit?«, hatte keine Fairness verdient. Der fand mit einem simplen Klick auf »Löschen« sein Ende in der Versenkung.

Bea kicherte.

»Bitte lassen Sie sich nicht davon abschrecken, dass ich erst zweiundzwanzig bin. Doch ich stehe auf ältere Frauen. Schon in meiner Jugend konnte ich mit den Freundinnen meiner Mutter mehr anfangen als mit den Mädchen meines Alters. Ich möchte lernen, Erfahrungen sammeln ...«

»Klingt verlockend.« Bea schien die Idee zu gefallen, einem jungen Mann beim Sammeln von Erfahrungen zu helfen. Mir allerdings nicht. Wenn ich jemandem die Welt erklären wollte, dann konnte ich das bei meinen Söhnen tun. Und als ältere Geliebte einen jungen Mann in die Tiefen der sexuellen Freuden einzuführen – nein, in dieser Rolle sah ich mich wahrlich nicht. Also, der Nächste, bitte.

»Ich bin Horst, fünfundsechzig, Beamter im Ruhestand. Auch ich reise gern und lade Sie, liebe Unbekannte, ein, mit mir und meinem Wohnmobil die Welt zu erkunden. Wenn Sie auch noch gern kochen ...«

»Löschen«, rief Bea.

»Aber warum?«, fragte ich. Mehr, um sie zu provozieren, als aus Lust, den Mann wirklich kennen zu lernen. Hätte ich ein Wohnmobil haben wollen, hätte ich Herrn Steuerthal nehmen können.

»Viel zu alt für dich«, erklärte sie kategorisch, »außerdem sucht der eine Köchin.«

»Hi, Unbekannte, nett dich kennen zu lernen. Ich bin Bobby, fünfundvierzig, Student der Wirtschaftsuni, mit vielen Interessen ...«

Bea lachte, ich löschte. Ich hatte keine Lust, einem Fünfundvierzigjährigen sein Studium zu finanzieren. Laut und deutlich bimmelte Beas Haustürglocke.

»Oh, verflixt. Das ist der Elektriker. Du musst allein weiterlesen, Roli. Und dass du mir ja einen genauen Bericht darüber gibst. Ich melde mich später noch mal.«

Eineinhalb Stunden und drei Tassen Tee später hatte ich einen besseren, aber doch noch recht wirren Überblick über die E-Mails von sechsunddreißig partnersuchenden Männern. Ich hatte zwölf davon sofort gelöscht. Aber: Die Mehrzahl der Schreiber war nett, manche waren witzig, manche rührten mich in ihrem festen Wunsch, die Einsamkeit zu besiegen. In meinem Kopf war bisher der Gedanke, Männer könnten einsam sein und sich nach Liebe sehnen, nur ganz im Hintergrund vorgekommen. Obwohl, bei genauem Überlegen war dies nicht wirklich eine Überraschung. Auch für Männer in meinem Alter war es nicht leicht, eine passende Partnerin zu finden. Außer sie lief ihm an seinem Arbeitsplatz über den Weg. Kein Wunder, dass manche einsam waren und auch sehr unter dieser Einsamkeit litten. Dennoch: Ich wollte keinen Mann, der mein Mitleid erregte. Die kamen auf den Stapel »Standardabsage«. Dazu auch all die, die bereits ihre Telefonnummer geschickt hatten und einen Anruf erwarteten. Dann fielen die zu jungen (unter vierzig) und die zu alten (über fünfundfünfzig) von der Auswahlliste.

»Auswahlliste«, ich musste grinsen. Wann hatte eine Frau je so viel Auswahl gehabt? Also, ich sicherlich noch nie. Nicht einmal, als ich siebzehn war. Nein, da schon gar nicht. Ich verfügte jetzt sicher über mehr Ausstrahlung und Charme als damals. Vom Selbstbewusstsein ganz zu schweigen!

Und natürlich bekamen alle »in Trennung Lebenden« oder »unglücklich Gebundenen« eine Absage. Ich hatte nicht vor, Carlas Schicksal zu teilen. Ich brauchte keinen Konrad, der kam und ging, wann es ihm passte. Und mich, sehnsüchtig wartend vor dem Telefon, gefühlsmäßig verhungern ließ. Schließlich blieben immer noch zwölf Männer übrig. Vor meinem geistigen Auge erschien das Bild von Herrn Professor Meierhofer. Ich hatte sein Gesicht auf dem Prospekt des letztjährigen Kongresses gesehen. Ein ernster Mann mit schütterem Haar und einer randlosen Brille. Er hatte starr in die Kamera geschaut, als man diese Aufnahme von ihm machte. Allerdings nicht so streng und ungehalten, wie er nun in meinem Kopf auftauchte. Er schien auf die Uhr zu schauen und mahnend auf das Zifferblatt zu klopfen, wie Carla das gern tat. Es war höchste Zeit, sich dem fachlichen Thema zu widmen. Die zwölf Männer mussten warten.

XI

»Roli, hast du manchmal das Gefühl, ich hätte einen Verfolgungswahn?«

Es war wieder einmal Sonntag. Das gemeinsame Frühstück war beendet. Das schmutzige Geschirr stand noch auf dem Tisch, und ich war gerade dabei, die Teller zusammenzustellen. Hubert war mit Marie und Puxi zu einem Spaziergang aufgebrochen. Keine Rede mehr davon, dass die kleine Pudeldame kein »richtiger« Hund war. Sie hatte ebenso schnell das Herz meines Schwiegervaters erobert wie meines. Meine Jungs hatten sich wieder einmal zu Jordy verdrückt und würden erst zum Abendessen nach Hause kommen.

Es war mir schon aufgefallen, dass Carla ungewohnt schweigsam war. Sie arbeitete viel in letzter Zeit, war kaum zu Hause. Oft war es erst gegen Mitternacht, dass ich ihren blauen Flitzer vor unserem Haus vorfahren hörte. Sie konnte nur froh sein, dass sich Frau Holzinger und Tony stets mit der Kinderbetreuung abwechselten. Ihr Verhältnis zu Konrad schien auch merklich abgekühlt. Zumindest hatte ich seit Tagen seine Limousine nicht mehr vor unserem Haus stehen sehen.

»Verfolgungswahn?«, wiederholte ich und überlegte. »Nein, das wäre mir noch nicht aufgefallen. Du hast jede Menge Macken, meine Liebe, aber dass Verfolgungswahn dazugehören würde, das wäre mir neu.«

Die letzten Worte waren eigentlich scherzhaft gemeint, doch Carla war offensichtlich nicht zum Scherzen zu Mute. Sie war blass und rauchte und starrte durch mich hindurch.

Ich ließ die Teller stehen und setzte mich zu ihr. »Ist etwas mit dir und Konrad?«, fragte ich. Ich hatte noch gut eines unserer letzten Gespräche in Erinnerung.

Carla fuhr aus ihren Gedanken auf. »Konrad.«, das klang abfällig, »Konrad kann mich mal.«

Oh, oh, oh, was war denn das für eine ungewohnt undamenhafte Ausdrucksweise? Da lag einiges im Argen.

»Ich habe Schluss gemacht. Vorigen Dienstag.«

Aha. Und das erfuhr ich erst heute? Und auch nur deshalb, weil ich danach gefragt hatte? Wann hatte ich Carla das letzte Mal gesehen? Den letzten Sonntag hatte sie im Büro verbracht. Ein wichtiges Geschäft vorbereitet, das sie in dieser Woche unter Dach und Fach bringen wollte.

»Geht es dir sehr nahe?« Ich goss ihr noch eine Tasse Kaffee aus der Thermoskanne ein.

Mit einer fahrigen Bewegung strich sie sich die Haare aus dem Gesicht. Sie müsste dringend zum Friseur. An ihrem Haaransatz zeigte ein deutlicher grauer Streifen, dass der rotblonde Pagenkopf in den letzten Jahren nur mehr mithilfe von Chemie seine leuchtende Farbe bewahrt hatte. Was um Himmels willen war mit meiner Freundin los? In der Firma müsste doch längst wieder alles im Lot sein.

»Nein, Roli, es geht mir nicht nahe. Es war höchste Zeit, dass ich einen Schlussstrich zog. Das war ich mir und meiner Selbstachtung schuldig. Was war ich denn für Konrad? Ein netter Zeitvertreib. Eine willkommene Abwechslung von seiner drallen, vollbusigen Frau Gemahlin. Dazu bin ich mir auf die Dauer zu schade. Die Beziehung mit Konrad hatte keine Zukunft. Außerdem hab ich im Moment ganz andere Probleme.«

»Sprichst du von deiner Firma? Geben Rotter und der Juniorchef noch immer keine Ruhe?«

»Die Italiener haben den Vertrag nicht unterschrieben.«

»Meinst du das Geschäft, das du diese Woche abschließen wolltest? Wegen dem du letzten Sonntag im Büro warst?«

»Ja, und viele Überstunden davor und nachher auch. Am Freitag sollte eine Delegation dieser Firma anreisen. Der Geschäftsführer hatte sich angekündigt und der Leiter der Einkaufsabteilung. Wir wollten in einer kleinen Zeremonie die Verträge unterschreiben. Alles war vereinbart, jedes noch so kleine Detail abgesprochen. Unsere Rechtsabteilung hatte einen Vertrag entworfen. Der italienische Anwalt hatte sein O.K. gegeben. Nie und nimmer hätte ich gedacht, dass da noch etwas dazwischen kommen könnte. Und dann erreichte mich plötzlich am Donnerstagabend eine lapidare E-Mail: Sie hätten es sich anders überlegt und die Flüge storniert. Sie würden die Verträge nicht unterzeichnen. Ich bin noch immer wie vor den Kopf geschlagen.«

»Kennst du denn den Grund für ihre Absage?«

Carla schüttelte den Kopf: »Das ist es ja, was mich so wahnsinnig macht. Ich habe keine Ahnung. Wir hatten mit derselben Firma letztes Jahr ein ähnliches Geschäft abgewickelt. Ohne irgendwelche Probleme. Wir haben pünktlich geliefert. Sie haben pünktlich bezahlt. Ich habe damals einen guten Gewinn gemacht. Moosburger hat mich hoch gelobt. Du weißt ja, dass ich am Gewinn meiner Geschäfte beteiligt bin. Und daher ist meine Prämie für das letzte Jahr, auch Dank dieses Auftrags, sehr erfreulich ausgefallen.« Sie seufzte, schüttelte abermals den Kopf und nahm die nächste Zigarette aus der Packung.

»Sag einmal, wie viele Zigaretten rauchst du eigentlich so am Tag?«

Carla machte eine wegwerfende Handbewegung: »Was weiß ich. Dreißig oder vierzig. Derzeit vielleicht auch etwas mehr. Das interessiert doch niemanden. Es geht hier um meine Existenz, verstehst du denn nicht, Roli? Ich habe ein großes Geschäft für unsere Firma in den Sand gesetzt und weiß beim besten Willen nicht, warum. Der alte Moosburger war nicht gerade erfreut, das kannst du mir glauben. Noch dazu, da das bereits mein zweites Geschäft binnen kürzester Zeit ist, das auf unerklärliche Weise scheitert.

Noch so ein Flop und ich bin weg vom Fenster. Da geht's jetzt nicht nur um die Leitung des Verkaufs. Da geht's um meinen Job. Ich sehe F. J. schon förmlich vor mir, wie er sich genussvoll die Hände reibt. Die Frau Konkurrentin hat sich durch ihre Unfähigkeit selbst ins Out geschossen, wie Oliver sagen würde. Und Bubi wird sagen, er habe es schon immer gewusst ...«

»Kannst du nicht mit den Italienern reden?«

»Was denkst du denn, was ich schon versucht habe?«, entgegnete Carla unwillig. »Die Geschäftsleitung ließ sich verleugnen. Da nützten all meine Anrufversuche nichts. Schließlich sagte man mir, beide Herren seien die nächste Woche auf Geschäftsreise. Mit dem Einkäufer, der für dieses Geschäft zuständig war, habe ich bereits gesprochen. Die Angelegenheit war ihm fürchterlich peinlich, das war deutlich zu erkennen. Aber er konnte weder die Gründe nennen, noch lag es in seiner Macht, anders zu entscheiden. Wenn ich doch bloß nicht so fest darauf vertraut hätte ...«
Sie seufzte wieder. »Mein großer Fehler war, dass ich bereits den Auftrag an unsere Produktionsabteilung gegeben habe, die Maschinen herzustellen. Ich war mir so sicher gewesen, dass der Vertrag unterschrieben würde. Wir hatten vor, in diesem Vertrag sehr knappe Lieferfristen zu vereinbaren. Ich wollte es unbedingt schaffen, sie einzuhalten. Und je früher wir mit der Produktion begannen, desto besser würde es sein. Allerdings ohne Vertrag war meine Entscheidung natürlich ein Riesenfehler.«

»Und das heißt?« Mir war die Reichweite nicht ganz klar.

»Das heißt, jetzt haben wir einen großen Posten halb fertiger Maschinen in der Halle stehen und keinen Käufer dafür. Natürlich werde ich einen neuen Abnehmer finden. Es handelt sich um Standardausführungen. Nicht auszudenken, was gewesen wäre, wenn die Maschinen Sonderanfertigungen gewesen wären, die nur diese italienische Firma hätte brauchen können. Dann wäre ich jetzt erledigt. Doch auch, wenn ich einen neuen Käufer finden werde: Es wird einige Zeit dauern. Und wenn es sich in der Branche erst einmal herumspricht, dass wir auf so einer großen Menge von halb fertigen Maschinen sitzen geblieben sind, dann rattern die Preise in den Keller. Und ich schlittere ganz anständig in die Verlustzone.«

Sie stand auf und begann nun ihrerseits mit dem Geschirrabräumen. »Aber was soll's, ich kann's jetzt nicht mehr ändern. Das nächste Mal werde ich besser aufpassen. Und nicht blind auf ein mündlich gegebenes Versprechen vertrauen, das ich vor Gericht nicht beweisen kann.«

War ich froh, dass ich mich nicht mit rechtlichen Themen herumschlagen musste!

»Ich habe neben dem Abverkauf dieser Maschinen noch drei, vier kleinere Geschäfte in Aussicht. Und in den nächsten Monaten soll ein Riesengeschäft mit einem englischen Verarbeitungsbetrieb abgeschlossen werden. Wenn das gut über die Bühne geht, dann ist wieder ein satter Gewinn möglich. Also heißt es: Ärmel hochkrempeln und volle Kraft voraus!«

Sie trug die Tassen in die Küche. Ich beeilte mich, ihr mit den Tellern zu folgen.

»Was hat Bea gestern gesagt: Du hast bereits die ersten Zuschriften aus dem Internet bekommen? Sie sagte, es hätten sich mehr als dreißig Männer auf das Inserat gemeldet. Das ist ja Wahnsinn! Damit hätte ich nie gerechnet.« Sie wandte sich mir zu. Ihr Gesicht war nun schon etwas rosiger. Anscheinend hatte es ihr gut getan, mit mir über ihre beruflichen Probleme zu sprechen. Auch wenn ich ihr überhaupt nicht helfen konnte.

Ich öffnete meinen Laptop. »Ich auch nicht. Am nächsten Tag waren es noch einmal elf. Und immer noch kommen vereinzelte E-Mails dazu.«

Heute war Carla weit davon entfernt, ihre feine Nase zu rümpfen. »Kann ich ein paar der Zuschriften lesen?«, fragte sie zu meiner Verwunderung.

Ich öffnete meine Mailbox. »Also, ich habe bisher zwanzig Männern geantwortet. Jochen, Markus, »der Winnetou« und »Taucher44« sind übrig geblieben. Die vier erschienen mir besonders sympathisch. Wir haben bereits einige E-Mails ausgetauscht. Es ist sehr spannend, hier zu sitzen und Briefe von fremden Männern zu lesen, Gedanken auszutauschen ...«

Die Haustür wurde aufgerissen und unsanft wieder ins Schloss befördert. Ein lautes, zweistimmiges »Ma-am!« schallte durch den Flur. »Wo bist du?«

»Na, wo werde ich wohl sein?«, fragte ich, als sich die Küchentür öffnete und zwei aufgeregte Gesichter erschienen.

»Mam, Jordy geht mit seinem Vater in die Autoausstellung, die gestern eröffnet wurde. Sie nehmen uns mit. Du hast doch nichts dagegen, oder?«

Hatte ich natürlich nicht. Ich war immer froh, wenn meine Jungen eine sinnvolle Sonntagsbeschäftigung fanden und nicht den ganzen Nachmittag vor einem Computerspiel verbrachten. Außerdem konnte ich dann in Ruhe meine E-Mails lesen und beantworten.

»Schau dich ruhig ein wenig um«, sagte ich zu Carla. Und schob die beiden Söhne wieder aus der Küche.

»Hast du etwas Geld für uns?« Tim setzte seinen »Lieber-kleiner-Junge«-Blick auf.

»Ihr habt Taschengeld.« Ich versuchte zumindest, streng und konsequent zu bleiben. »Ist davon nichts mehr übrig?«

»Aber Mam, das ist doch eine außerordentliche Ausgabe. Mit der konnten wir doch wirklich nicht rechnen ...«

Zwanzig Minuten und ein kurzes Gespräch mit Jordys Vater später, der an der Haustür geklingelt hatte, um die Jungen abzuholen, kam ich in die Küche zurück. Just in dem Augenblick, als Hubert und Marie von ihrem Hundespaziergang heimkehrten. Carla stand auf, um sich ihrer Tochter zu widmen, die mit strahlenden Augen und roten Wangen im Türrahmen stand. Puxi war nicht mehr apricotfarben, sondern mittelbraun. Sie hatte sich im aufgeweichten Frühlingsboden gewälzt und stank fürchterlich. Ihre Pfoten hinterließen matschige Tapser auf meinem frisch gewischten Küchenboden.

»Raus!«, befahl ich rigoros. Alles, was recht war. So weit ging meine neu entdeckte Hundeliebe nun auch wieder nicht.

»Dem Bernhard würde ich an deiner Stelle schreiben«, sagte Carla über die Schulter hinweg, »der klingt ausgesprochen nett. Tschüss, meine Liebe, schönen Nachmittag. Und lasse manchmal die Schultern kreisen, das hilft gegen Verspannungen im Nacken vom langen Schreiben.«

Sie grinste anzüglich und schritt von dannen. Tochter und Hund im Schlepptau.

Ich setzte mich an meinen Laptop und las einige E-Mails. Und schrieb auch welche: an Jochen, an Markus, an »den Winnetou«, an »Taucher44« und … an Bernhard.

Von: gularo@yahoo.com
An: bernhardb@…com
Betrifft: Danke für deine Zuschrift

Hallo Bernhard,

vielen Dank für deine E-Mail. Du bist Computerfachmann, hast du mir geschrieben. Nun, das ist nicht gerade meine Spezialität. Ich bin froh, dass ich meinen Laptop so weit beherrsche, um meine Vorträge und Briefe zu schreiben. Bei Amazon Bücher zu bestellen. Und natürlich um E-Mails zu verschicken.

Das Internet ist wirklich eine aufregende Angelegenheit: Da sitze ich nun und schreibe einem Wildfremden. Ist es nicht spannend, sich auf diesem Wege kennen zu lernen? Im Normalfall beginnt ein Kennenlernen mit dem ersten Eindruck. Und der erste Eindruck besteht aus dem Gesicht, dem Haar, aus der gesamten Erscheinung. Doch hier entsteht der erste Eindruck aus dem geschriebenen Wort. Man erfährt einiges voneinander, ohne sein Gegenüber zu sehen. Ich muss sagen, ich finde das aufregend. Dir gefällt England besonders? Ich war letztes Jahr mit meiner Freundin dort. Wir sind eine Woche durch den Süden des Landes gefahren. Ich finde die Freundlichkeit der Engländer sehr anziehend und natürlich ihren teilweise absurden Humor. Meine Freundin liebt das Land ganz besonders, und sie ist bereits häufig dort gewesen. Mich zieht es eher in den Süden. Ich liebe Italien, besonders die Toskana. Vielleicht auch, weil es dort wärmer ist. Und es seltener regnet.

Da ich deinen Beruf kenne, möchte ich dir natürlich auch meinen nicht vorenthalten: Ich bin Zahnärztin und arbeite in einer großen Praxis. Den Beruf habe ich gewählt, weil ich gern mit Menschen zu tun habe. Und mir präzises Arbeiten Spaß macht. Zum Ausgleich gehe ich gern joggen. Oder inlineskaten. Darum freue ich mich jetzt schon auf die warme Jahreszeit. Was machst du gern in deiner Freizeit? Bist du ein sportlicher Typ? Und was gibt es sonst noch von dir zu erzählen, was ich unbedingt wissen sollte?

Ich setzte einen ☺ hinter diesen Satz, verabschiedete mich und schickte die E-Mail ab.

XII

»Entschuldigung, ich weiß, ich bin spät dran!« Margarite Meiner stand mit freudestrahlendem Gesicht vor meiner Haustür. »Aber der heutige Vormittag war einfach ein Wahnsinn.«

Ich lächelte zurück und trat beiseite, um sie eintreten zu lassen. Es war Mittwochnachmittag. Die Entrümpelungsaktion konnte stattfinden.

»Ich organisiere eine große Modenschau für einen japanischen Modeschöpfer. Bei den Salzburger Festspielen. In diesem Sommer. Das ist die große Chance für mich! Was denken Sie, was es dort für einen Presserummel gibt? Fernsehanstalten aus aller Welt werden erwartet. Als Models laufen ausschließlich prominente Frauen: Schauspielerinnen, Sängerinnen, Politikergattinnen, Sie wissen schon. Und da muss ich natürlich zuerst die Damen treffen, um ihren Farbtyp zu bestimmen. Denn die Kleider sollen ja typgerecht passen. Nur dann kommen sie perfekt zur Geltung.« Sie hängte ihren Mantel an die Garderobe und folgte mir die Treppe hinauf zu meinem Schlafzimmer. Ohne dabei ihren Redeschwall zu unterbrechen. »Manche der Damen sind überraschend nett. Gar nicht so zickig, wie sie im Fernsehen rüberkommen. Aber andere wiederum ...« Sie rollte vielsagend die Augen.

Ich öffnete meinen Kleiderschrank, und Frau Meiner war schlagartig ruhig und konzentriert. Sie ergriff das erste Kleid. Ein beiges Ensemble mit Top, Rock und Jäckchen. Ich wusste, es entsprach nicht im Geringsten der aktuellen Mode. Solche breiten Schulterpolster trug niemand mehr. Aber Peter hatte ich so gut darin gefallen. Also hatte ich es aufgehoben. Und in manchen nostalgischen Momenten trug ich es auch noch heute. Es war sofort klar, dass ich mir in Zukunft für meine nostalgischen Momente etwas anderes zum Anziehen würde suchen müssen. Denn die Teile fanden keine Gnade vor dem strengen Auge meiner Beraterin.

»Ist Ihnen noch nie aufgefallen, dass Sie in dem Ding aussehen wie eine Wasserleiche?« Sie schüttelte fassungslos den Kopf.

Wir verbrachten einen höchst vergnüglichen Nachmittag. Frau Meiner wurde zu Margarite. Ich wurde zu einer Frau mit einem halb leeren Kleiderschrank. Die andere Hälfte des Inhalts wanderte in große schwarze Säcke, die Margarite vorsorglich mitgebracht hatte.

»Diese Säcke habe ich immer in meiner Handtasche. Ich fülle sie und bringe sie sofort zur Altkleidersammlung. So ist ein guter Zweck erfüllt. Und ich stelle sicher, dass es sich meine Kundinnen nicht doch noch anders überlegen und das alte Zeug in den Schrank zurückhängen. Manchen kostet es eine große Überwindung, Vertrautes aufzugeben.«

Ich probierte unter fachkundiger Anleitung alle meine Garderobenteile. Margarite fand überraschende neue Kombinationsmöglichkeiten. Dann kamen meine Schuhe an die Reihe. Und ich breitete meine Handtaschen vor ihr aus. Dass ich so wenige Tücher besaß, wunderte sie. Doch Tücher zu tragen, war nicht meine große Leidenschaft. Das überließ ich Bea.

Dazwischen bereitete ich uns Kaffee zu. Wir plauderten und lachten. Und ich erfuhr viel aus der Welt der Prominenten und Reichen. Margarite nannte zwar keine Namen. Diskretion war ihr oberstes Gebot. Dennoch glaubte ich bei der einen oder anderen Erzählung zu ahnen, um wen es sich handeln könnte.

Ganz sicher war ich bei ihrem Bericht über die Frau eines Bankdirektors. Die Dame war Mitte vierzig und bekam soeben ihr zweites Kind. Ihre ältere Tochter war acht. Margarite war vergangene Woche losgezogen, um mit der werdenden Mutter passende Umstandskleidung einzukaufen. Die werdende Mutter war niemand anderes als Konrads Frau. Da gab es keinen Zweifel. Sie hatte es also geschafft, sich mit ihrem Kinderwunsch durchzusetzen. Kein Wunder, dass Carla ihre Beziehung mit Konrad endgültig beendet hatte. Das war wohl das Tüpfelchen auf dem i gewesen, das ihr zeigte, sie würde immer nur die zweite Geige spielen. Jetzt hatte Konrads Frau ihren Mann wieder für sich allein. Es stellte sich allerdings die Frage, für wie lange.

Natürlich berichtete ich Margarite auch über meine Versuche, im Internet einen passenden Mann zu finden. Schließlich hatte mich ja das Gespräch mit ihr dazu bewogen.

»Das finde ich aber ganz toll, Roli«, sie war sofort begeistert, »und, was hast du schon für Erfahrungen gesammelt? Waren viele unmögliche Zuschriften dabei? Am besten ist, du löschst sie gleich und lässt dir davon den Spaß nicht verderben.«

»Du meinst den, der mich gefragt hat, ob ich ein Bauchnabelpiercing möchte?«, fragte ich lachend, glücklich, über meine ersten Kontakte berichten zu können, »oder den Mann, der als Ungezieferjäger durch die deutschen Supermärkte reist, um dort Mäuse und Kakerlaken zu vernichten? Er hat mir versprochen, meine Küche zu desinfizieren, kostenlos.«

»Pfui Teufel, in den Supermärkten gibt es Ungeziefer? Das ist ja ekelhaft. Ich bin froh, dass ich nicht alles weiß, was dort vor sich geht. Aber abgesehen davon, es ist schon spannend, wen man im Netz so trifft, nicht wahr? Stell dir vor, bei mir hatte sich ein katholischer Geistlicher gemeldet. Er war ganz hin- und hergerissen zwischen seinem Gelübde und der Sehnsucht, einer Frau näher zu kommen.«

»Sachen gibt es.« Hubert wäre fassungslos, wüsste er davon. »Ich bin schon sehr gespannt, was ich mit meinen E-Mail-Männern alles erleben werde.«

Die nächsten Wochen bis zu meiner Abreise nach Wien vergingen wie im Flug. Ich hatte meine neue Brille abgeholt. Am ersten Tag war ich stets zusammengezuckt, wenn ich mich im Spiegel oder in einem Schaufenster gesehen hatte. Die neue Fassung war noch ungewohnt. Doch bald war ich richtig stolz darauf. Mein Gesicht wirkte mit einem Mal viel frischer, lebendiger. Das mochte natürlich auch darauf zurückzuführen sein, dass ich einen weiteren ausgiebigen Einkaufsbummel genossen hatte. Zum ersten Mal trug ich einen rauchblauen Blazer. Für meine neue himbeerrote Regenjacke war es derzeit viel zu sonnig. Aber bald würde ich sie zum ersten Mal tragen können. Auch meine T-Shirts waren nun wesentlich farbenfroher. Und mit den Farben kam auch mehr Schwung in meinen Alltag. Vielleicht lag es aber auch gar nicht so sehr an meinen neuen Farben. Vielleicht lag es auch daran, dass ich mich verliebt hatte.

»Verliebt?«, Carla zog skeptisch eine ihrer wohlgezupften Augenbrauen in die Höhe. »Was soll das heißen, verliebt? Hast du diesen Bernhard schon einmal getroffen?«

Ich schüttelte den Kopf.

»Also, das versteh ich jetzt aber auch nicht: Wie kannst du dich in ihn verliebt haben, wenn du ihn noch nie gesehen hast?« Bea zog die Stirn kraus.

Wir drei hatten uns zum Mittagessen bei unserem Lieblingschinesen getroffen. Es war Mittwoch. Am Samstag würde ich in meinen Zug nach Wien steigen. Das Wochenende wollte ich nutzen, um mir die Stadt anzuschauen. Ich war zwar einmal mit Peter dort gewesen, aber das war mindestens zehn Jahre her. Und meine Erinnerung schon sehr verblasst. Ich konnte mich noch an das Riesenrad im Prater erinnern. Es hatte große, rote Kabinen …

»Woran denkst du denn jetzt schon wieder?« Bea fuchtelte mit der Handfläche vor meinen Augen: »Hallo, hier spielt die Musik! Du wolltest uns von deinen E-Mail-Abenteuern berichten. Und vor allem von dem Zauberwesen, das dich durchs weltweite Netz umgarnt hat.«

»Ich habe die letzten Tage mit mehreren Männern korrespondiert. Ihr könnt euch gar nicht vorstellen, wie spannend es ist, auf diese Weise Männer näher kennen zu lernen. Da war ein Typ, der sich ›der Winnetou‹ nannte. Ich bin bis zum Schluss nicht draufgekommen, warum er sich diesen Namen gab. Der hat mir immer witzige Bilder geschickt und Figuren, die auf meinem Bildschirm auf und ab liefen. Als er erfuhr, dass ich vom Sternzeichen her Schütze bin, da hat er mir einen kleinen pausbäckigen Engel geschickt, der mit Pfeil und Bogen bewaffnet über meinen Bildschirm fliegt.«

Carlas Begeisterung hielt sich sichtlich in Grenzen. »Und was ist mit dem lustigen Knaben geschehen? Was soll das heißen, bis zum Schluss?«

»Er war verheiratet. Das hat sich erst nach mehreren Wochen herausgestellt, in denen wir uns jeden Tag geschrieben hatten. Es tat mir zwar wirklich Leid um ihn, denn auf den Fotos, die er mir schickte, sah er höchst attraktiv aus. Braun gebrannt, mit dichten dunklen Locken. Eine Pfeife im Mundwinkel. Aber da kann man nichts machen. Ich hab's mir geschworen: keine Vergeudung meiner Zeit und Gefühle mit einem Verheirateten.«

»Das kann ich verstehen. Doch was hilft ein Schwur? Ich habe meinen Schwur schon vor zwei Jahren gebrochen. Wenn der Blitz einschlägt, dann helfen alle Schwüre nichts …«, sagte Carla in bitterem Tonfall. Sie nahm einen tiefen Zug aus ihrer Zigarette.

Die freundliche chinesische Kellnerin eilte herbei, um unsere Schüsselchen abzuräumen und Carla einen Aschenbecher heranzurücken. Diese bedankte sich mit einem fahrigen Lächeln. Ich beobachtete meine Freundin und stellte wieder einmal fest, wie blass sie war.

»Wie ist denn dein Geschäft mit den Italienern ausgegangen?«, fragte ich sie. »Haben sie sich wieder gemeldet?« Vielleicht hatte sie in der Zwischenzeit den Grund erfahren können, warum ihre Geschäftspartner so kurzfristig und überraschend das Geschäft nicht abgeschlossen haben.

Carlas Blick verdüsterte sich noch mehr: »Nein, niemand hat sich gemeldet. Absolute Funkstille. Rotter hat die Maschinen verkauft. Zwei Tage, nachdem das Geschäft mit den Italienern geplatzt war. Er hat zwar nicht denselben guten Preis erzielen können, aber immerhin hat er einen satten Gewinn erwirtschaftet. Der kommt natürlich nun ihm und seiner Prämienrechnung zugute. Doch das ist nicht das einzig Ärgerliche. Ich habe gesehen, dass der alte Moosburger ihm anerkennend auf die Schulter geklopft hat. Und der Bubi war natürlich auch ganz entzückt. Und ich stand da und war die unfähige Dumme. Rotters Blick hättet ihr sehen sollen. Triumph pur!«

»Irgendwann kommt der Tag und du haust ihm eins in die Fresse«, sagte Bea. Carla war nicht wirklich getröstet.

»Wollen die Damen noch einen Nachtisch?«, fragte die freundliche Chinesin. Die Damen wollten nicht.

»Zurück zu diesem Bernhard«, forderte Bea streng, »und mach schnell. In einer halben Stunde beginnt mein Kurs.«

»Ich hatte ursprünglich gar nicht vorgehabt, an Bernhard zu schreiben. Es war Carlas Idee. Ich kann dir gar nicht genug dafür danken, Carla, du hattest einen guten Riecher.« Ich lächelte zu meiner Freundin hinüber. »Wir mailen jetzt schon gute zwei Wochen miteinander. Jeden Tag mindestens einmal. Ihr könnt euch gar nicht vorstellen, was für ein schönes Gefühl es ist, wenn man jeden Tag ein Stück näher zusammenrückt.«

»Worüber schreibt ihr denn so?«, wollte Bea wissen.

Ja, worüber? »Über Gott und die Welt. Wir haben uns über Politik unterhalten. Und natürlich über Theater. Bernhard ist auch ein begeisterter Theaterbesucher. Und er liebt England. Carla, ich habe ihm erzählt, dass wir beide letztes Jahr Urlaub im Süden der Insel gemacht haben.«

»Und das reicht aus, um dich zu verlieben?« Beas Gesicht war die reinste Skepsis.

»Wir haben uns auch unsere Vergangenheit erzählt. Bernhard ist seit vier Jahren geschieden. Und hat keine Kinder. Er lebt allein. Irgendwo am Rande der Stadt. Und wir haben uns auch schon unsere Pläne für die Zukunft anvertraut.«

»Das ist ja alles gut und schön. Aber habt ihr euch wenigstens schon Fotos geschickt? Weißt du ungefähr, wie er aussieht?«

»Wir haben uns beschrieben. Bernhard ist ungefähr einen Meter achtzig groß. Und mittelblond. Warum ist dir das Aussehen denn so wichtig? Gibt's denn nicht Wichtigeres?«

In meinem Kopf hatte Bernhard längst Wolframs Gesicht. Aber das erzählte ich meinen Freundinnen nicht. Ob Margarite Meiner wohl etwas dagegen hätte, dass ich das Gesicht ihres Liebsten quasi mit einem Klick kopiert und in Bernhards Erscheinung eingefügt habe?

»Wann wollt ihr euch treffen?« Natürlich, Carla. Wieder dabei, Nägel mit Köpfen zu machen.

»Das weiß ich noch nicht. Noch hat Bernhard keine Anstalten gemacht, mich zu fragen.«

»Und das kommt dir nicht seltsam vor? Will er eine rein platonische E-Mail-Freundschaft? Vielleicht ist auch er verheiratet und hat nicht genug Mumm oder zu viel Anstand, seine Frau zu betrügen? Vielleicht schreibt er aus dem Gefängnis oder aus der geschlossenen Anstalt der Psychiatrie und kann dich deshalb nicht treffen.«

»Oder aus dem Kloster«, ergänzte Bea grinsend.

»Nein, es kommt mir nicht verdächtig vor«, setzte ich mich zur Wehr, »ich möchte erst jemanden durch das E-Mailen kennen lernen, bevor ich ihn treffe. Ein Abend mit einem unbekannten Mann hat mir gereicht.«

»Was macht denn dein Bernhard beruflich?«

Dein Bernhard. Mein Bernhard. Das klang gut. Da bekam ich ein warmes Gefühl im Herzen. Ähnlich wie es mir erging, wenn ich abends nach Hause kam und mein erster Weg mich zum Laptop führte, um zu sehen, ob er mir geschrieben hatte. Ich wurde nie enttäuscht. Jeden Abend befand sich eine lange E-Mail in meiner Mailbox.

»Er ist Computerspezialist. Ihm gehört eine Firma, die sich auf Virenschutzprogramme spezialisiert hat.«

»Da hat er ja allerhand zu tun.«

»Das hat er sicherlich. Und sein Laden läuft gut. Virenschutz ist etwas, das man in den nächsten Jahren noch verstärkt brauchen wird. Ein Beruf mit Zukunft, das steht fest.«

»Da spricht Rolis Sicherheitsdenken.« Beas Stimme klang spöttisch. Doch sie hatte Recht. Natürlich war es mir wichtig, dass mein Partner einen sicheren Job hatte. Ein fixes Einkommen auch in Krisenzeiten. Wir hatten zu Hause nur Geld für das Nötigste gehabt, und auch das war manchmal knapp gewesen. Ich wollte nie wieder überlegen müssen, ob genug Geld für Winterstiefel da war. Gut, ich verdiente mittlerweile selbst eigenes Geld. Genug, um meinen Söhnen und mir ein sorgenfreies Leben zu ermöglichen. Von einem Mann erwartete ich allerdings auch, dass er für sich selbst sorgen konnte. Und im Ernstfall als Ernährer der Familie einsprang.

»Vielleicht könnt ihr ja mal telefonieren«, schlug Carla vor, während sie der Kellnerin ein Zeichen gab, dass wir bezahlen wollten. Ja, das könnten wir. Ich nahm mir vor, Bernhard zu fragen, ob er meine Telefonnummer haben wollte. Oder war es besser, wenn der Vorschlag vom Mann kam? Männer sind Jäger – ich hatte Tante Hildegard noch genau im Ohr. Aber galten Tante Hildegards Weisheiten auch für das Internet?

XIII

Von: bernhardb@...com
An: gularo@yahoo.com
Betrifft: Eine lange Nacht mit Viren

Liebe Rosalind,
herzlichen Dank für das Schaf, das du mir gemailt hast. Es läuft, während ich dieses E-Mail schreibe, kreuz und quer über den Bildschirm und gibt seltsame Geräusche von sich. Es bringt mich zum Lachen, und ich stelle mir vor, wie wir uns einmal persönlich gegenübersitzen werden und gemeinsam lachen *träum*.

Ich finde es schön, wie viel ich jetzt schon von dir weiß. Und natürlich sind Äußerlichkeiten völlig nebensächlich. Und doch: Es würde mich brennend interessieren, wie du aussiehst. Hast du nicht doch ein Foto eingescannt, das du mir schicken könntest?

Heute war ein harter Tag in der Firma. Du hast sicher schon von der neusten Virenattacke gelesen, die aus den USA zu uns herübergeschwemmt wurde. Wir hatten alle Hände voll zu tun. Meine Mitarbeiter kamen mit den Kundenbesuchen nicht nach. So bin auch ich den ganzen Tag unterwegs gewesen und habe alle Kunden im Landkreis von Viren befreit. Wann fährst du nach Wien? Ich hoffe, du findest dort bald ein Internetcafé. Denn ich möchte keinen einzigen Tag mehr ohne deine E-Mails sein. Bernadette hat von einem Internetcafé im ersten Bezirk gesprochen, das sehr nett sein soll. Ich versuche, die Adresse herauszufinden, o.k.?

So, jetzt muss ich mich ans Programmieren machen. Bin ja heute den ganzen Tag nicht dazu gekommen. Das wird eine

lange Nacht. Ich hoffe, du hast einen netten Abend. Jetzt, da
du deinen Vortrag fertig vorbereitet hast, hast du ja vielleicht
ein paar Minuten Zeit, um an mich zu denken. Vielleicht auch
von mir zu träumen? Schön, dass wir uns gefunden haben.

Fühl dich geküsst.

Bernhard

Von: gularo@yahoo.com
An: bernhardb@...com
Betrifft: Warum es noch kein Foto gibt

Lieber Bernhard,

danke für deine liebe E-Mail und deinen Kuss. Beides ist
gut angekommen. Ja, ich finde es auch schön, dass wir uns
gefunden haben. Die Tage sind viel spannender und wärmer, seit ich mich jeden Tag auf deine E-Mails freuen kann.

Heute Mittag war ich mit meinen Freundinnen essen.
Bea und Carla – ich habe dir schon von ihnen erzählt. Sie
finden es seltsam, dass wir uns noch nicht gesehen haben
und nicht wissen, wie wir aussehen. Es ist gar nicht so
leicht, dir ein Bild von mir zu schicken, denn ich habe erst
kürzlich mein Aussehen und mein Outfit total verändert.
Und wenn ich dir jetzt eines der alten Bilder schicken
würde, dann bekämst du einen völlig falschen Eindruck.
Ich trage die Haare jetzt kürzer (kinnlang) und habe auch
meinen Kleiderschrank umgekrempelt. Von meinem neuen
Aussehen habe ich leider noch kein Foto. Ich werde heute
Abend meine Söhne bitten, einige Aufnahmen zu machen.
Und wenn mir eine gefällt, dann schicke ich sie dir – ver-
sprochen.

Also: Geduld mein Lieber, bis ich von Wien zurück-
komme.

Ob ich dir von dort ab und zu eine E-Mail schicken
werde? Wer weiß? Vielleicht bin ich von all den tollen und
gut aussehenden Kollegen so abgelenkt, dass ich gar nicht

mehr an einen gewissen Bernhard denke? ;-) Zurzeit denke
ich nämlich ziemlich viel an diesen gewissen Bernhard.
Und das ist schön. Ganz liebe Grüße, und träum schön!
Rosalind
P.S. Wer ist Bernadette?

Von: bernhardb@...com
An: gularo@yahoo.com
Betrifft: Das längst fällige Geständnis

Noch einmal: Liebe Rosalind,
    neben mir stapelt sich die Arbeit. Ich sollte so vieles tun,
doch ich kann mich beim besten Willen nicht konzentrieren.
Ich bin dir eine Erklärung schuldig, ich weiß. Und diese will
ich dir sofort geben, denn du hast Anspruch darauf. Also:
Bernadette ist die Frau, mit der ich seit zwei Jahren zusammen bin. Falsch ausgedrückt: Denn zusammen sind wir viel
seltener. Berna ist Flugbegleiterin. Sie düst durch die Welt-
geschichte. Manchmal innerhalb Europas. Meistens jedoch
nach Fernost. Oft ist sie mehr als eine Woche durchgehend
unterwegs. Dafür war das Wiedersehen früher immer umso
intensiver. Und wir haben ihre freien Tage genossen. Ihre
häufige Abwesenheit hat mich lange Zeit nicht gestört. Im
Gegenteil, ich hatte so viel in der Firma zu tun, da wurden
die Arbeitstage oft lang. Und ich hätte ein schlechtes Gewissen meiner Partnerin gegenüber gehabt, wenn ich bis Mitternacht arbeitete und sie wartete zu Hause mit dem warmen
Essen. Oder mit dem Wunsch, gemeinsam etwas zu unternehmen. In letzter Zeit ist jedoch so manches anders geworden. Bei Bernas Zwischenstopps in den letzten Monaten haben wir uns nur angeschnauzt. Kein zärtliches Wort, kein
gemeinsames Lachen. Es schien, als wäre nichts von dem
übrig, was unsere Partnerschaft ausmachte. Beruflich ist es
bei mir auch anders als noch vor einem halben Jahr. Ich
habe eine zusätzliche Mitarbeiterin eingestellt, die mich sehr

entlastet. Wenn wir nicht gerade mit so einer intensiven Virenattacke konfrontiert sind wie eben jetzt, dann kann ich um achtzehn Uhr Schluss machen. Und habe dann Zeit für eine Partnerin und gemeinsame Unternehmungen. Doch Bernadette ist nicht da. Einmal in der Woche treffe ich meine Freunde zum Sport. Sie haben längst Familie. Und keine Zeit, mit mir auch noch die anderen Abende zu verbringen. Geschweige denn die Wochenenden. Allein ins Theater oder Konzert zu gehen, ist nur der halbe Genuss. Und da kam ich eines einsamen Abends auf die Idee, mich in der Singlebörse umzusehen. Ich hatte nicht wirklich geglaubt, auf diesem Weg neue Bekanntschaften zu machen. Doch dann fand ich dich. Unsere E-Mails machen mir sehr viel Freude. Es war nicht gelogen, als ich dir schrieb, dass ich jeden Tag voll Sehnsucht auf eine Nachricht von Gularo warte. (Was bedeutet eigentlich dein Nickname?) Ich habe dich durch das E-Mailen richtig lieb gewonnen. Ich stelle mir vor, wie du sprichst, wie du lachst …

Ich habe viel nachgedacht in letzter Zeit. Und bin zu dem Entschluss gekommen, dass Bernadette nicht die richtige Frau für mich ist. Das hat nichts mit dir zu tun, Rosalind – oder höchstens: ein ganz klein wenig ;-). Ich möchte nicht, dass du dich unter Druck gesetzt fühlst. Oder denkst, du hättest eine Beziehung gestört. Das hast du nicht. Ich hoffe, mein Geständnis erschüttert dich nicht zu sehr. Bernadette ist nächstes Wochenende wieder im Lande. Da werde ich ihr alles erklären und die Beziehung beenden. Kannst du mir verzeihen, Rosalind? Wenn du gerade online bist, bitte schicke mir eine kurze E-Mail. Damit ich beruhigt weiterarbeiten kann. Ich mag dich wirklich.

Bernhard

Von: gularo@yahoo.com
An: bernhardb@…com
Betrifft: Adieu

Hallo Bernhard,

ich bin völlig vor den Kopf gestoßen. Hättest du mir das alles nicht früher schreiben können? Bevor ich dir so viel über mich und mein Leben anvertraut habe? Bevor ich so viele Gefühle in dich investiert habe? Ich tausche keine E-Mails mit gebundenen Männern. Auch wenn sie mir vorgaukeln, sich trennen zu wollen. Adieu, mach's gut, Grüße an Bernadette.

Rosalind

P.S. Du warst wohl auch nur ein Virus in meinem Leben.

Von: bernhardb@... com
An: gularo@yahoo.com
Betrifft: Ehrlich währt am kürzesten

Das habe ich nun davon: Ich wollte ehrlich zu dir sein, Rosalind. Dir nichts vormachen. Dir sagen, dass ich noch in einer Beziehung stecke, aber dabei bin, sie zu beenden. Das war ein Fehler, wie ich jetzt merke. Ich hätte dir genauso gut sagen können, ich sei ein freier Mann. Mich mit dir treffen und so tun, als gäbe es Bernadette nicht. Doch das wollte ich nicht. Hast du dich nicht gewundert, dass ich dich nie um ein Treffen gebeten habe? Ich wollte fair zu dir sein. Zuerst mein Leben und meine Situation mit Berna klären. Dich nicht treffen, bevor ich nicht frei für dich war. Wäre es dir lieber gewesen, ich hätte dich belogen? Mein Geständnis kam spät, ich weiß. Doch ich habe dir nie die Unwahrheit gesagt.

Du fährst jetzt nach Wien. Und ich führe in der Zwischenzeit mit Bernadette ein klärendes Gespräch. Und dann melde ich mich wieder. Bitte sei mir nicht böse – aber so schnell gebe ich dich nicht auf.

Ganz ganz liebe Küsse

Bernhard

Ich schaltete den Laptop ab.

XIV

»Er hat eine Freundin!«

Zuerst hatte ich versucht, den Schock, den ich durch Bernhards E-Mail erlitten hatte, in stiller Einsamkeit zu verdauen.
Ich war eine gescheite Frau Anfang vierzig. Kein hilfloses,
zurückgewiesenes, liebesbedürftiges Schulmädchen. Doch
genauso fühlte ich mich. Verletzt. Traurig. Elend. Zum Heulen. Kurze Zeit später klopfte ich an Carlas Wohnungstür. Sie
öffnete mir im Bademantel. Im Gesicht eine grünlich schim-
mernde Feuchtigkeitsmaske. In der Hand eine Tasse damp-
fenden Kräutertee. Kein Zweifel: Meine Freundin war gerade
dabei, ins Bett zu gehen. Doch so schnell wurde sie mich
nicht los. Sie bat mich ins Wohnzimmer. Ich lümmelte mich
auf die harte, zartgelbe Designercouch und erzählte ihr von
Bernhards E-Mails.

Carlas Gesicht zeigte nicht einen Funken Überraschung:
»Das habe ich mir gleich gedacht«, stellte sie nüchtern fest,
»ein Kerl, der dich nicht nach den ersten E-Mails treffen will,
der hat etwas zu verbergen. Und was soll ein Kerl denn schon
anders zu verbergen haben als eine Ehefrau?«

»Bernhard ist nicht verheiratet. Er hat eine Freundin.«

Carla zuckte mit den Schultern: »Na, wenn schon. Vergeben
ist vergeben.«

»Er will sich von seiner Freundin trennen.« Vielleicht
machte ich mir ja wirklich unnötig Sorgen. Vielleicht hatte
Bernhard die Wahrheit gesagt: Ich fuhr nach Wien, und wenn
ich zurückkam, dann war er ein freier Mann.

»Ha«, Carla lachte düster auf, »das glaubst du doch selbst
nicht!«

Ich wäre so gerne bereit gewesen, es zu glauben.

»Was denkst du, wie oft mir Konrad versichert hat, er
stünde kurz davor, sich von seiner Frau zu trennen? Morgen
würde er mit ihr reden oder übermorgen. Immer wieder kam
etwas dazwischen. Einmal war die Schwiegermutter krank,
und er konnte seiner Frau nicht noch weiteren Kummer bereiten. Ein anderes Mal hatte seine Tochter schlechte Schulnoten
und sollte nicht durch eine Trennung der Eltern den Aufstieg
in die nächste Klasse vergeigen. Dann war der Hund tagelang
entlaufen – ein ganz schlechter Zeitpunkt, nun auch noch
wegzurennen.«

»Und nun ist die Gute schwanger«, ergänzte ich, ohne wirklich nachzudenken.

Carla wurde mit einem Schlag kreidebleich: »Konrads Frau
ist waaas?« Ihr Blick war ungläubig.

»Konrads Frau ist schwanger. Sag bloß, das hast du nicht gewusst?« Es war mir furchtbar unangenehm, so unsensibel mit
der Tür ins Haus gefallen zu sein. Andererseits: Ich war so sicher davon ausgegangen, Carla wüsste längst Bescheid.

»Woher hätte ich denn das wissen sollen?«, fuhr sie mich an.
»Konrad hat kein Wort darüber verloren. Und Cordula, seine
Frau, habe ich seit einer Ewigkeit nicht mehr zu Gesicht bekommen. Früher sind wir uns im Konzerthaus ab und zu über
den Weg gelaufen. Wie du weißt, haben die beiden zur selben
Zeit Abonnementkarten wie Bea und ich. Wie habe ich es gehasst, so zu tun, als kenne ich Konrad nicht. Er schaute stets
durch mich hindurch, als wäre ich Luft. Dieser Trottel.« Carla
musste schon sehr aufgebracht sein, wenn sie so ein Wort über
ihre Lippen brachte. »In letzter Zeit war Konrad mit seiner Mutter in den Konzerten gewesen. Seine Frau war wohl währenddessen bei der Schwangerschaftsgymnastik oder beim Kotzen.«

Noch so ein undamenhaftes Wort aus Carlas Mund. Daher
wunderte es mich nicht mehr, dass sie ihren Kräutertee beiseite schob und aufstand, um die Hausbar zu öffnen. »Hast du
auch das Bedürfnis nach einem Grappa?«

Pfui Teufel. Grappa mochte ich nicht. Und auch sonst stand
mir nicht der Sinn nach Alkohol. »Hast du auch einen Wil-

liams?« Hatte ich das gesagt? Na, vielleicht würde es mir ja helfen, meinen Kummer mit Bernhard zu vergessen.

»So ein Mistkerl!«, Carla fluchte und goss den Schnaps in ein passendes Kristallglas. »Seine Frau bekommt ein Baby. Und was macht er? Er kommt heimlich zu mir und erzählt mir was weiß ich für Lügengeschichten. Gestern, gestern erst wieder, ist er um etwa neun Uhr abends aufgetaucht. Er war müde, abgespannt. Und es stand ihm der Sinn nach Entspannung.«

»Du meinst, ihr habt miteinander geschlafen? Ich dachte, es sei ohnehin aus mit euch beiden.«

»Ist es auch. Ich dachte allerdings, unsere Trennung sei vorübergehend. Es ist ja nicht das erste Mal, dass ich ihm den Stuhl vor die Tür gestellt habe. Aber in der Vergangenheit war es ihm immer wieder gelungen, mich umzustimmen. Er kann so charmant sein, dieser Mistkerl. Wenn er will, findet er exakt das richtige Wort zur richtigen Zeit. Und im Bett ist er ein Könner, das muss man ihm lassen.«

»Und gestern?«, fragte ich schnell, um den verklärten Blick aus ihrem Gesicht zu vertreiben.

»Gestern habe ich ihm den Nacken massiert und ein schönes Glas Wein serviert. Das war alles, Roli, ungelogen. Er wolle, dass wir Freunde bleiben, hatte er erklärt. Und dabei seinen treuherzigsten Blick aufgesetzt. Und dann gleich einen lüsternen nachgeschickt. Seine Hand, die meinen Oberarm gestreichelt hatte, war dabei scheinbar beiläufig auf meinen Busen gerutscht.«

Sie machte eine Handbewegung, als wollte sie jetzt diese Hand verscheuchen: »Ha, Freunde bleiben! Ich denke ja nicht daran. Diesem feinen Herrn habe ich nichts mehr zu sagen. Oder, besser: Ich sag ihm einmal noch die Meinung. Laut und deutlich, und dann habe ich ihm nichts mehr zu sagen.«

Auch wenn mein Kummer nichts gegen den Kummer war, den Carla soeben verspüren musste, so tat es doch weh, mich in meinem E-Mail-Partner getäuscht zu haben. Und dann saßen wir also bald beide auf dem breiten Sofa und schimpften auf Konrad. Und auf Bernhard. Und auf Rotter. Und auf Bubi. Und auf die Welt im Allgemeinen und die Männer im Besonderen.

XV

Der Zug nach Wien fuhr in den Bahnhof ein. Mein Platz war in einem Großraumwagen reserviert worden. Es war einer dieser modernen Wagen, in dem alle Leute so sitzen, als wären sie in einem Flugzeug. Und kaum Platz haben für ihre Beine. Ich mochte die alten Abteile lieber. Wo man sich gegenüber saß. Und die Beine hochlegen konnte, wenn niemand sonst anwesend war. An Beinehochlegen war aber ohnehin nicht zu denken, denn der Zug war brechend voll. Anscheinend zog es viele Leute an diesem Junimorgen nach Österreich. Der Platz neben mir war noch frei. Doch das gelbe Reservierungsschild zeigte, dass eine weitere Person vorhatte, nach Wien zu reisen. Ich hatte sicherheitshalber meinen Diskman mitgebracht, um vor unliebsamen Gesprächen geschützt zu sein. Er lag vor mir auf dem kleinen Klapptischchen. Im Notfall konnte ich mir die Ohren zustöpseln und R.E.M. hören. Obwohl ich eigentlich vorhatte, meine Unterlagen noch einmal durchzugehen. Am Dienstag, also bereits in drei Tagen, würde ich meinen Vortrag halten. Langsam bekam ich ein seltsam aufgeregtes Gefühl in der Magengegend.

Der Zug fuhr an. Mein Nachbar war noch nicht erschienen. Und noch immer wälzte sich eine lange Reihe von Reisenden durch den engen Gang auf der Suche nach freien Plätzen. Ich schloss die Augen und sofort erschien Wolframs Bild vor mir. Wolframs Gesicht, das Bernhards Sätze sprach, um genau zu sein. Ich konnte gar nicht anders, ich musste lächeln. Bernhard hatte mir so nette E-Mails geschrieben, gestern noch und heute Morgen. Ich hatte sie unbeantwortet gelassen. Auch wenn es mir schwer fiel. Sollte er ruhig noch einige Tage zappeln. Wenn ich denke, wie sehr ich mich schon auf unser erstes Treffen gefreut hatte! Endlich schien ich meinem Ziel ganz nah zu sein: »Mr. Right« wartete an der nächsten Straßenecke. Ich brauchte nur noch hinzugehen und ihn mir zu schnappen! Und dann dieser brutale Rückschlag. Es war zum Aus-der-Haut-Fahren. Ich hatte mir mein Leben mit Bernhard schon in allen Details ausgemalt. In meinen Träumen hatten wir bereits die ganze Welt bereist. Wir hatten dieselben Wertvorstellungen und ähnliche Interessen. Wir wollten beide beruflich bald etwas kürzer treten und das Leben genießen. Und jetzt gehörte dieser Mann nicht mir, sondern irgendeiner Bernadette, die durch die Welt flog und ihn gar nicht so richtig zu schätzen wusste! Ach, es war so ungerecht! Mit einem Ruck richtete ich mich auf: Was half es mir denn, in Selbstmitleid zu versinken? Gar nichts. Natürlich würde ich Bernhard treffen, wenn ich wieder zu Hause war! Wer sagte denn, dass ich diese Bernadette nicht mit einem Streich abservieren konnte?

»Hi, das ist aber eine nette Überraschung! Neue Frisur?«

Gregor Neuhof wuchtete seine Reisetasche ins Gepäckfach über meinem Sitz. Dann ließ er sich auf den Platz neben mir fallen und stopfte einen Berg Zeitschriften in das Netz am Vordersitz.

»Oh, hallo«, begrüßte ich ihn und wusste nicht, ob ich mich freuen sollte. Sicher, eine nette Plauderei würde die lange Fahrzeit verkürzen. Allerdings: Was sprach man mit einem Mann, den man so gut wie gar nicht kannte und der mit Sicherheit ein ganzes Stück jünger war als man selbst? Vorsichtshalber rückte ich meinen Diskman näher.

»Heute ohne Norbert?«, fragte ich, um irgendetwas zu sagen. Er hatte meine neue Frisur bemerkt, das war erstaunlich, wenn man bedachte, dass wir uns erst dreimal gesehen hatten. Ich freute mich natürlich darüber, wusste aber nicht, wie ich auf seine Feststellung reagieren sollte.

»Norbert ist bei meiner Frau«, hörte ich Gregor Neuhof antworten.

»Jemand zugestiegen?«, brüllte gleichzeitig der Schaffner, der sich direkt neben uns aufgestellt hatte. »Die Fahrkarten bitte!«

»Dort lasse ich ihn immer, wenn ich verreise. Es hat keinen Sinn, den Hund durch die Lande zu schleppen. Hier im Zug hat er ohnehin nirgends Platz. Und in Wien kann ich ihn nicht brauchen«, Gregor Neuhof kramte in der Tasche seines Sakkos nach seinem Fahrschein.

Bei seiner Frau. So so, aha. Gregor Neuhof war verheiratet. Natürlich. Das war ja nicht anders zu erwarten gewesen. Anscheinend waren alle guten Männer vergeben. Ich ärgerte mich, dass ich mich bei Gregor Neuhof darüber ärgerte. Denn an diesem Mann hatte ich doch gar kein Interesse! Meine Gefühle waren oft so verworren, dass nicht einmal ich ihnen folgen konnte.

Herr Neuhof hatte in der Zwischenzeit ebenfalls die gelben Hinweiszettel über unseren Köpfen studiert: »Sie fahren auch nach Wien!«, stellte er fest, und es klang erfreut, »das nenne ich einen Zufall. Was treibt Sie in diese schöne Stadt? Machen Sie Urlaub?«

Ich schüttelte den Kopf: »Nein, ich fahre zu einem internationalen Kongress der Zahnärzte.«

Er grinste breit, bevor er die Stirn in verwunderte Falten legte: »Und was machen Sie auf diesem Kongress? Begleiten Sie Ihren Mann?«

»Mein Mann ist tot«, es klang schärfer als beabsichtigt, »außerdem war er Rechtsanwalt. Es soll auch Frauen geben, die zu Kongressen fahren, Herr Neuhof. Ich zum Beispiel. Ich bin Zahnärztin.«

»Sie sind Architektin. Oder Bauingenieurin«, korrigierte er mich. Ich war nur in den ersten Sekunden verwundert. Dann fiel mir sofort die peinliche Geschichte wieder ein. Als Carla und ich über das reich gedeckte Buffet hergefallen waren. Ohne eingeladen zu sein. Und ohne zu zahlen. Ich erzählte ihm, was passiert war, und er amüsierte sich königlich.

»Ach, jetzt verstehe ich. Darum waren Sie damals so rasch verschwunden. Ich konnte mir keinen Reim darauf machen. Es beruhigt mich zu wissen, dass nicht ich der Grund für Ihre Flucht war. Ich hatte schon gefürchtet, Ihre Kollegin hätte mich für einen Unhold gehalten. Schließlich hatten wir beide uns recht nett unterhalten. Und da kam sie ohne Vorwarnung hergestürmt, packte Ihren Arm und schleifte Sie unbarmherzig aus dem Saal.«

Ich lachte: Von dieser Warte aus hatte ich das Geschehen noch nicht betrachtet. »Das war keine Kollegin, sondern meine Freundin. Carla.«

»Aha, Carla. Und wie heißen Sie?«

Er hatte mir beim Buffet seinen Namen gesagt – doch ich war nicht mehr dazu gekommen. Höchste Zeit mich vorzustellen: »Ich heiße Rosalind. Rosalind Steinberg.«

»Rosalind«, er wiederholte den Namen, als wolle er den Klang auf sich wirken lassen. »Rosalind. Ein schöner Name. Er hat so etwas Verträumtes, ein wenig Altmodisches. Und da ich mir nicht vorstellen kann, dass du altmodisch bist, werde ich dich Rosi nennen. Rosi passt zu dir, finde ich. Ich bin Greg.«

»Ich weiß, Herr Neuhof«, sagte ich bewusst formell. Der Mann hatte Nerven. Wie kam er dazu, meinen Namen als altmodisch zu bezeichnen? Natürlich war Rosalind ein altmodischer Name. Aber so etwas sagt man doch nicht!

»Macht's dir was aus, mich Greg zu nennen?«, er grinste fröhlich. »Herr Neuhof klingt so dienstlich. Und ich habe jetzt Ferien, zwei ganze Tage lang. Bevor am Montag die Arbeit wieder losgeht. Und wir können uns auch gleich duzen. Wir werden jetzt vier Tage zusammen sein, da bleibt das ohnehin nicht aus. Also warum nicht sofort damit anfangen?«

Ich hatte nichts dagegen, ihn zu duzen. Ich fand ihn amüsant. Ungewöhnlich, aber amüsant. Und so offen und geradeheraus – da war wirklich kein Platz für formelle Distanz. Wolfram war der Typ, mit dem man länger per Sie war. Zumindest der Wolfram, den ich an Margarites Seite kennen gelernt hatte. Im Internet hingegen war das Duzen üblich. Bernhard war sofort per Du gewesen.

»Du hast also doch etwas dagegen?«, Greg war verwundert. Er hatte mein Schweigen falsch interpretiert.

Ich beeilte mich, diesen Eindruck zu berichtigen: »Nein, ach woher denn! Allerdings: Was heißt, wir sind vier Tage zusammen?«

»Ich fahre zu demselben Kongress.«

»Aber du bist doch wirklich Architekt, oder?«

»Bin ich. Dennoch hat man mich zu eurem Kongress eingeladen. Man war durch meine Veröffentlichungen in den Medien auf mich aufmerksam geworden. Ich schreibe Artikel zum Thema Feng Shui in allen Lebensbereichen. Und ich habe auch bereits zwei Bücher darüber veröffentlicht. Am Montag halte ich daher einen Vortrag über Feng Shui in Zahnarztpraxen.«

Über Feng Shui hatte ich natürlich schon einiges gehört. Aber das war nicht genug, um mir wirklich ein Bild davon machen zu können.

»Und du«, erkundigte sich mein Sitznachbar, »bist du nur Teilnehmerin oder gibst du auch etwas zum Besten?«

Ich nannte den Titel meines Referats, und er verzog anerkennend das Gesicht. »Das klingt beeindruckend. Ich habe ja zum Glück noch alle Zähne«, er ließ eine makellose, perfekt gepflegte Zahnreihe aufblitzen, »aber wenn's einmal soweit sein sollte, kann ich mir Implantate auch besser vorstellen als ein Gebiss im Wasserglas. Bleibst du nur bis zum Ende des Kongresses am Mittwoch, oder hängst du noch ein paar Tage dran, um Wien und seine wunderschöne Umgebung zu erkunden?«

»Nein, ich bleibe nur bis Mittwoch. Zum Erkunden muss dieses Wochenende ausreichen. Ich weiß, das ist viel zu kurz für eine Stadt, die so viel zu bieten hat. Aber ich muss zurück – ich möchte meine Söhne nicht zu lange allein lassen. Außerdem warten meine Patienten. Und du?«

»Ich bleibe sogar noch ganze vierzehn weitere Tage in Österreich. Allerdings leider nicht zum Sightseeing. Ich bin beruflich unterwegs. Im Raum Wien habe ich eine ganze Anzahl von Kunden, die mir ihre Häuser zeigen wollen. Einer davon, ein Industrieller, hat eine Riesenvilla in Niederösterreich. Er hat enorme Summen investiert – trotzdem fühlt er sich dort nicht wohl. Er hat schon überlegt, das nagelneue

Haus völlig umbauen zu lassen. Ich denke, das wird gar nicht nötig sein. Wenn man weiß wie, kann man auch mit einfachen Mitteln erreichen, dass das persönliche Wohlbefinden und damit auch die Lebensqualität steigt.«

»Indem man ein Poster von einem Wasserfall auf die Küchentür hängt?«, warf ich ein. Diesen Ratschlag hatte ich erst neulich in einer Frauenzeitschrift gelesen. »Und indem man den Klodeckel zuklappt, damit der Reichtum im Haus bleibt.« Ich wusste, meine Stimme klang spöttisch. Aber ich fand diese Ratschläge absurd. Und Bea, der ich sie vorgelesen hatte, war in lautes Lachen ausgebrochen. Obwohl sie durchaus einen Hang zur Esoterik hatte. Viel mehr als ich. Oder gar Carla.

Greg schien mir meinen Spott nicht übel zu nehmen: »Oh, eine Expertin!«, rief er gut gelaunt. Um dann sachlich festzustellen: »Aus dem Zusammenhang gerissen ergibt vieles keinen Sinn, oder, Rosi? Und so ist es auch hier. Fest steht jedoch, dass die Menschen seit Jahrhunderten gewisse Grundregeln kennen, die Harmonie in der Umgebung herstellen und erhalten helfen. In China ist Feng Shui eine Jahrtausende alte Wissenschaft, unmittelbare und mittelbare Lebensräume harmonisch zu gestalten. Von dort kommt ja auch der Name: Feng Shui. Weißt du, was der Name übersetzt bedeutet?«

Natürlich wusste ich das. Ich hatte ja nicht umsonst diesen seltsamen Artikel gelesen: »Wind und Wasser«, antwortete ich, wie aus der Pistole geschossen.

Gregs Gesicht verzog sich zu einem Lächeln: »Ja, stimmt genau. Du weißt ja tatsächlich Bescheid.« Das schien ihn zu freuen. »Weißt du auch, dass die Grundregeln des Feng Shui, unter anderem Namen natürlich, überall auf der Welt zu finden sind? Im letzten Jahrhundert ist vieles vergessen worden – es wird Zeit, dass wir es neu entdecken und uns zunutze machen.«

Was er sagte, klang einleuchtend. Und ganz anders, als ich gelesen hatte. Viel weniger nach Hokuspokus.

Dann blickten wir einige Zeit schweigend aus dem Fenster. Es war ein sonniger Tag, kaum ein Wölkchen stand am Himmel. Ich konnte nur hoffen, dass es so blieb. Es war viel schöner, eine Stadt bei Sonnenschein kennen zu lernen. Außerdem hatte ich meine himbeerrote Regenjacke zu Hause gelassen.

»Und«, unterbrach Gregor meine Gedanken, »was hast du denn sonst vor in den nächsten Tagen?«

Ich wandte ihm das Gesicht zu und zuckte mit den Schultern: »Ich muss gestehen, dass ich nicht einmal dazu gekommen bin, einen Reiseführer zu studieren. Ich hatte mir so fest vorgenommen, mich im Internet schlau zu machen. Doch es kam einfach nie der richtige Abend, mich gemütlich vor den Laptop zu setzen.«

»Und wenn, dann habe ich lieber E-Mails gelesen. Oder an Bernhard geschrieben«, fügte ich in Gedanken dazu.

Laut sagte ich: »Ich weiß gar nicht, was Wien Anfang Juni so zu bieten hat. Natürlich möchte ich in ein Museum. Vielleicht auch eine Stadtrundfahrt mitmachen. Und ganz wichtig: Ich will ins Café Sacher, um ein Stück der berühmten Torte zu essen. Ich habe einen Kollegen in der Praxis, der regelmäßig in Österreich Urlaub macht. Und der hat mir erklärt, ein Wienbesuch ohne im Sacher gewesen zu sein, ist kein Wienbesuch. Warst du schon einmal dort?«

Gregor schüttelte den Kopf: »Ich war zwar schon viermal in Wien, ins Sacher habe ich es noch nie geschafft. Aber ich begleite dich gern. Wie wär's denn gleich heute? Oder hast du für heute ein anderes Programm?«

»Ein Programm habe ich keines. Ich wollte durch die Stadt bummeln, vielleicht den Stephansdom besichtigen. Und dann wollte ich noch für die nächsten Tage einen Park auskundschaften: Ich habe nämlich meine Laufschuhe mit im Gepäck. Und meinen Bikini, sollte es im Hotel einen Pool geben. Stell dir vor, nicht einmal das weiß ich. Ja, ich weiß nicht einmal, wo sich das Hotel genau befindet.«

Es stellte sich schnell heraus, dass Greg genauere Vorstellungen von seinem Aufenthalt hatte. Und vieles abseits der Touristenpfade sehen wollte. Vor allem architektonisch interessante Bauwerke.

Und da wir uns ja schon über einen gemeinsamen Kaffee-
hausbesuch geeinigt hatten, dauerte es auch nicht lange und
wir schmiedeten umfassendere Pläne für unseren gemeinsamen
Aufenthalt in Österreichs Hauptstadt. Gregor hatte Recht gehabt, wir würden die nächsten vier Tage beisammen sein. Das
wurde ein zunehmend schöneres Gefühl. Ich hatte noch selten
einen so gescheiten Mann getroffen, mit dem ich mich so ungezwungen unterhalten konnte. Peter und ich hatten weniger
miteinander gesprochen. Es war vielmehr so, dass er sprach
und ich mich darauf beschränkte, ihm zuzuhören. Der Um-
gang mit Greg war anders. Wahrscheinlich auch deshalb, weil
ich von Anfang an wusste, dass er nicht der »Richtige« war.

Warum war das so, dass man sich mit Menschen, die als
»Mr. Right« in Frage kamen, nie so ungezwungen unterhalten
konnte? Stets war man bemüht, einen möglichst guten Eindruck zu machen. Hübsch auszusehen, geheimnisvoll zu lächeln und Speisen mit Mohn oder Petersilie zu vermeiden, um
ja keine dunklen Brösel zwischen die Schneidezähne zu bekommen. Denn dies nahm jedem Lächeln die Erotik. Säße ich
hier mit Wolfram, dann würde ich viel mehr darauf achten,
dass ich aufrecht saß und keinesfalls die Beine übereinander
schlug. Und ich hätte Panik, ob der Lippenstift, den ich vor
meiner Abreise achtlos aufgetragen hatte, nicht doch rote
Ränder auf meinen Schneidezähnen hinterlassen hatte. Mit
Greg war mir das alles egal. Ich lehnte bequem in meinem
Sitz, ich lachte schallend, und hätte ich Lippenstift auf den
Zähnen, dann würde er mich wohl darauf aufmerksam machen. Und ich würde ihn wegwischen. So einfach war das mit
»Mr. Wrong«. Und richtig gemütlich. So kurzweilig hatte ich
mir meine Reise nicht vorgestellt.

Dann erzählte Greg von seinen Reisen in alle Erdteile. Er
war in China gewesen und auch in Südamerika. Und er hatte
eine Zeit lang bei den Aborigenes, den Ureinwohnern Austra-
liens, gelebt. Dabei hatte er die Architektur alter Kulturen studiert. Und umfangreiches Wissen zu den verschiedenen Le-
bensweisen sammeln können. Dabei hatte er zu seiner

Überraschung festgestellt, dass es etwas gab, was alle Kulturen vereinte: das Streben nach Harmonie. Und diese Erkenntnis hat ihn zu Feng Shui gebracht. Ich spürte, dass ihm diese Wissenschaft wirklich ein Anliegen war. Nichts Aufgesetztes, das er nur deshalb in sein Programm aufgenommen hatte, weil es modern war. Gregor Neuhof schien überhaupt ein Mann zu sein, der genau wusste, was er wollte. Und jetzt wollte er etwas zu trinken.

»Was hältst du davon, wenn wir den Speisewagen suchen, Rosi? Es sind noch gute zwei Stunden bis Wien.«

Hintereinander kämpften wir uns durch die Abteile. Wir hatten Glück: Es war ein wirklicher Speisewagen, nicht eines dieser modernen Stehbuffets. Und wir fanden obendrein einen freien, weiß gedeckten Tisch für uns allein.

»Die Herrschaften wünschen?«, fragte der Kellner.

Man merkte es, wir näherten uns der ehemaligen Kaiserstadt.

Der Lautsprecher knarrte: »Meine Damen und Herren. Wir erreichen in Kürze Linz-Hauptbahnhof!« Die Stimme krächzte. Dann knarrte es wieder.

»Warst du schon einmal in Linz?«, fragte mein Gegenüber und rührte Zucker in seinen Kaffee. Ich schüttelte den Kopf.

»Da solltest du unbedingt einmal hinfahren«, sagte er zu meinem Erstaunen, »die Stadt ist ein Geheimtipp. Die haben dort ein ganz tolles Museum, das ›Lentos‹. Es wurde für seine Architektur in der internationalen Fachpresse gewürdigt. Ich hab mir das Haus natürlich sofort angesehen. Es liegt direkt an der Donau und hat eine transparente Glashülle, die in der Nacht abwechselnd in den verschiedensten Farben beleuchtet wird. Ein absoluter Wahnsinn.« Seine Hände beschrieben die kantigen Umrisse des Gebäudes. Es lag so viel Begeisterung in seiner Stimme, dass mir warm ums Herz wurde. Ich mochte es, wenn sich Menschen für etwas begeistern konnten. Wenn sie ihrer Freude Ausdruck verliehen – das fand ich mitreißend. Das war umso vieles schöner als eine Unterhaltung mit Leuten, die sich über alle Dinge erhaben fühlten oder an nichts wirklich Interesse zeigten. Dieser Greg gefiel mir immer besser. Es hätte mir große Freude bereitet, wenn wir Freunde werden könnten. Natürlich fiel mir in diesem Augenblick einer meiner Lieblingsfilme ein. Wie sagte dort Harry zu Sally: »Männer und Frauen können nie Freunde werden. Der Sex wird ihnen immer im Weg stehen.« Das war natürlich ausgemachter Blödsinn.

»Und jeden September findet dort die Ars Electronica statt«, hörte ich Greg weiter erzählen. »Hast du davon wirklich noch nichts gehört? Es geht um Computer-Animationen und moderne Medien. Mit einem multimedialen Open-Air-Konzert, der ›Klangwolke‹, die durch den gesamten Park an der Donau schallt. Großartig. Ich werde im September sicher wieder dort sein – komm doch einfach mit!«

Ich musste lachen. Wie spontan er mich in seine Pläne einbezog. Ich konnte mir gut vorstellen, dass es da jemanden gab, der von dieser Idee ganz und gar nicht begeistert war. Ich beschloss, Frau Neuhof zu verdrängen und mir ihren Mann für die nächsten vier Tage auszuleihen. In allen Ehren natürlich. Rein freundschaftlich.

Obwohl: Ich sah zu Greg hinüber. Er lehnte in seinem Sessel und blickte auf die Landschaft, die in schnellem Tempo an unseren Fenstern vorbeizog. Das Lächeln der Begeisterung war noch nicht von seinen Lippen verschwunden. Er hatte sehr schöne Lippen, nicht schmal und verkniffen. Aber auch nicht mädchenhaft prall. Richtige Männerlippen. Den Dreitagebart hatte er für die Reise abrasiert. Ich überlegte, wie es wohl wäre, diesen Mann zu küssen. Seine Lippen auf meinen zu spüren. Seine Hände würden mich an sich ziehen. Er hatte schmale, schöne, gepflegte Hände. Wie wäre es wohl, in seinen Armen zu liegen? Ihn zu fühlen. Seinen Geruch einzuatmen. Er roch gut. Das wusste ich. Ich hatte nicht umsonst stundenlang neben ihm in den engen Zugsitzen gesessen. Mir ist Geruch etwas sehr Wichtiges. Ganz besonders bei einem Mann.

Da wandte er mir sein Gesicht zu. Ein überraschter Ausdruck trat in seine Augen. Und dann erschien ein kleines, kaum merkliches Lächeln auf seinen Lippen. Er konnte doch unmöglich ahnen, was ich eben gedacht hatte! Ich spürte, wie ich rot wurde, und hielt es für an der Zeit, mich in meiner großen Tasche zu verkriechen. Ich hob sie auf meinen Schoß, senkte mein Gesicht und tat, als ob ich nach Taschentüchern suchte. Was war das für ein Blick! Er ging mir durch und durch. Und brachte längst vergessen geglaubte Saiten in mir zum Klingen.

Knappe zwei Stunden später waren wir in Wien. Das Hotel, in dem ich wohnen sollte, war im Prospekt des Kongresses empfohlen worden. Darum hatte unsere Sekretärin dort für mich das Zimmer reserviert. Wenig überraschend war Gregs Sekretärin derselben Empfehlung gefolgt.

»Es gibt keine Zufälle«, hörte ich Margarite Meiner sagen.

Da wir beide den Weg nicht kannten, nahmen wir ein Taxi. Der Empfangschef begrüßte uns herzlich und legte uns die Anmeldeformulare bereit: »Für die Herrschaften sind zwei Einbettzimmer reserviert worden«, sagte er mit Blick auf seinen Computer, »möchten Sie vielleicht ein Doppelzimmer stattdessen? Wir sind zwar so gut wie ausgebucht, aber ich könnte da noch etwas arrangieren.«

Greg grinste kurz und frech zu mir herüber und sagte dann in sachlichem Tonfall: »Nein, vielen Dank. Die beiden Einzelzimmer haben schon ihre Richtigkeit.«

Wäre ich nicht ohnehin schon verlegen gewesen, dieses Grinsen hätte mich verlegen gemacht. Wie schaffte es dieser Kerl bloß? Wir wollten doch beide nicht wirklich etwas voneinander. Sicher war seine Frau mindestens zehn Jahre jünger als ich.

»So, bitte sehr«, der Empfangschef überreichte uns die Schlüsselkarten, »Nummer 354 und 356. Dritter Stock. Die Zimmer liegen nebeneinander. Beide mit einem herrlichen Blick auf den Park.«

Sehr aufmerksam, dieser Herr. Er winkte dem Pagen, der sich um unser Gepäck kümmerte. Ich schritt an Gregs Seite zum Lift. Es war zwei Uhr nachmittags. Die Sonne schien. Es war ein warmer, strahlender Frühsommertag.

»Wie lange wirst du brauchen?«, fragte Greg, als wir vor unseren Türen standen. »Reichen fünfzehn Minuten? Dann hole ich dich ab.«

»Um was zu tun?«

»Ich denke, wir machen unsere erste Erkundungstour durch die Innenstadt. Du wolltest doch ins Sacher, nicht wahr? Am besten wir gehen zu Fuß. Wenn mich meine Orientierung nicht trügt, dann sind wir gar nicht weit weg vom Stephansdom. Aber ich kann für nichts garantieren. Also ziehst du dir besser bequeme Schuhe an.«

Ich stimmte zu und betrat fröhlich und beschwingt mein Zimmer. Laute Musik dudelte aus dem Fernseher. »Guten Tag, Frau Bonnewind« stand auf dem Bildschirm als Willkommensgruß. Ich war nicht Frau Bonnewind. Der eifrige Portier hatte wohl umdisponiert und mir ein anderes Zimmer gegeben, als ursprünglich geplant gewesen war. Damit ich neben Greg wohnen konnte. Wahrscheinlich dachte er, wir beide hätten etwas miteinander. Und wollten das aber nicht zugeben. Manchmal verließ auch die erfahrensten Hotelangestellten ihr sechster Sinn.

Ich machte mich frisch, hängte meine Röcke und Blazer in den Kleiderschrank und schlüpfte in die flachen Mokassins. So würde ich auch die weitesten Wege an diesem Nachmittag gut überstehen. Peter hatte stets darauf bestanden, dass ich Stöckelschuhe trug, wenn ich ihn begleitete. Es erschien ihm damenhafter. Da hatte er sicher Recht. Außerdem fand er es sexy, wenn ich in hohen Schuhen neben ihm stolzierte. Er fand, flache Schuhe und Baumwollunterwäsche seien die unerotischsten Erfindungen der Menschheit. Zumindest an flache Schuhe hatte ich mich inzwischen gewöhnt. Gut, dass ich Greg nicht zu gefallen brauchte. Meine Füße dankten ihm schon jetzt.

XVI

Und dann zogen wir los. Greg hatte sein Sakko mit einem dunkelblauen Polo-Shirt vertauscht. Seine langen Beine steckten weiterhin in Jeans. An den Füßen trug er die Sneakers der angesagtesten Marke. Um die hätte ihn Sebastian glühend beneidet. Während es Tim egal war, was er an den Füßen trug, solange er damit Fußball spielen und im Garten graben konnte, hatte sein Bruder einen Schuhtick. Wollte man ihm eine Freude machen, gab's nichts Besseres, als mit ihm in ein Schuhgeschäft zu gehen. Und da sollte noch einer sagen, nur Frauen seien versessen auf Schuhe.

Auch ich trug nun meine Jeans. Dazu ein himbeerrotes T-Shirt mit kurzen Ärmeln. Und ich hatte einen Lippenstift in der gleichen Farbe aufgelegt. Ohne Margarites sanften Druck hätte ich mich nie dazu durchgerungen, einen Stift in dieser auffallenden Farbe zu kaufen. Doch ein Blick in den Badezimmerspiegel überzeugte mich, dass er mir außerordentlich gut stand. Er gab meinem Gesicht etwas Frisches, Lebendiges. Ich hatte mich wirklich gemausert in den letzten Wochen, alle Achtung!

»Alle Achtung«, sagte auch Greg, als ich ihm die Tür öffnete, »du siehst toll aus! Und nun komm, meine Schöne, lass uns die Welt erobern!«

»Meine Schöne«, so hatte Wolfram Margarite genannt. Damals im »Roberto«. Ich versuchte mir vorzustellen, wie das wäre, jetzt mit Wolfram in Wien zu sein. Es gelang mir nicht. Zum Glück konnte Greg meine Gedanken nicht lesen. Wie selbstverständlich reichte er mir die Hand. Ich zögerte nicht lange. Und dann schlenderten wir Hand in Hand durch die Straßen. Wenn wir uns in den Schaufenstern der

Geschäfte spiegelten, gaben wir ein recht gut aussehendes Paar ab. Danke an Margarite. Ohne ihren Einfluss hätte ich mich wohl wie Gregs Mutter gefühlt. Und danke an die unbekannte Frau Neuhof, dass sie mir ihren Mann lieh. Auch wenn sie es nicht wusste. Es war schön, wieder einmal mit einem männlichen Wesen durch die Straßen zu bummeln. Es war schön, von einer großen, warmen Hand gehalten zu werden.

Wien präsentierte sich von der besten Seite. Die Sonne brachte die prunkvollen Fassaden der Palais und Stadthäuser zum Leuchten. An jeder Straßenecke spürte man den Hauch der Geschichte. Greg machte mich auf so manches Sehenswerte aufmerksam, an dem ich sonst achtlos vorübergegangen wäre. Wie er es vorausgesagt hatte, erreichten wir den Stephansdom nach wenigen Minuten. Der Domplatz wimmelte von Touristen aus aller Herren Länder. Und von jungen Männern in Mozartkostümen, die die Touristen zu verschiedenen Veranstaltungen und Konzerten verlocken wollten.

Wir schritten durch das »Riesentor« in die Kirche. »Willst du wissen, warum das Riesentor Riesentor heißt?«, Greg lachte zu mir herunter. Natürlich wollte ich.

»Da gibt es zwei verschiedene Legenden. Die eine erzählt von Riesen, die mitgeholfen hätten, die Kirche zu bauen und die dann hier zur Taufe gegangen sein sollen. Und die andere Legende wiederum meint, der Name gehe auf riesenhafte Mammutknochen zurück, die in der Mitte des 15. Jahrhunderts beim Bau des Nordturms hier gefunden wurden.«

»Was du alles weißt«, sagte ich mit echter Bewunderung. »Sag nicht, solche Geschichten habe man dir im Studium beigebracht.«

»Nein«, Greg grinste, »aber ich habe in den letzten Tagen mehrmals im Reiseführer geblättert.« Er zog ein schmales, buntes Büchlein aus der Jackentasche. »Und darum weiß ich auch, dass sich hier das Grabmal Kaiser Friedrichs III. befindet.«

Wir betraten den Kirchenraum. Ich hatte ihn mir von außen viel düsterer vorgestellt. Zu meiner Überraschung war der Bau hell und von Licht durchflutet. Was wohl leider auch damit zusammenhing, dass der Dom im Zweiten Weltkrieg zerstört worden war und die alten Fenster, die sicher in dunkleren Farben gestrahlt hatten, durch hellviolette Scheiben ersetzt worden waren. Als wir das Kirchenschiff entlangschlenderten, begegnete uns ein flüsterndes Stimmengewirr in vielerlei Sprachen. Ich überlegte, ob ich für Peter eine kleine Kerze zu den Tausenden anderen Kerzen aufstellen sollte. Das kam mir aber dann in Gregs Gegenwart doch etwas seltsam vor. Daher unterließ ich es lieber.

Als wir wieder ins Freie traten, beschlossen wir einmütig, dass wir uns nun einen Kaffee verdient hätten. Das Sacher war nicht weit. Es war Samstagnachmittag – in der Innenstadt tummelten sich die Einkaufslustigen. Natürlich war nicht nur die Fußgängerzone überfüllt, sondern auch das Kaffeehaus. Ein Oberkellner stand an der Tür, um die Gäste zu begrüßen und zu frei werdenden Plätzen zu weisen. Mit viel Glück bekamen wir den letzten freien Tisch. Wir bestellten zwei Melange und zwei Stück Sachertorte mit Schlagobers. Und genossen mit stiller Heiterkeit das vornehme, leicht morbide Ambiente unter Ölgemälden und glänzenden Kristalllüstern.

Als wir wieder auf die Straße traten, fand Greg, wir hätten noch nicht genug Kaiserlich-Königliches gehabt – wir müssten noch mit einem Fiaker fahren.

»Meinst du wirklich?«

Von weitem sah ich die Reihe der Kutschen. Die Pferde mit ihren Scheuklappen, die kopfschüttelnd lästige Fliegen vertrieben. Ich hörte das Klappern der Hufe auf dem Kopfsteinpflaster. Und ich blickte gerade noch rechtzeitig auf die

Straße, um über einen Haufen frisch gefallener Pferdeäpfel zu steigen.

»Natürlich meine ich das wirklich. Du warst es doch, die eine Stadtrundfahrt machen wollte. Und wie könnte man das in Wien besser als in einem Fiaker?«

Da hatte er allerdings Recht. Er führte mich zum Droschken-Parkplatz und versuchte, mit dem Fahrer den Preis für eine große Runde zu verhandeln.

»Schauen S', gnä' Herr«, sagte der Kutscher. Er war sichtlich ein Wiener Original mit ärmelloser Weste über einem karierten Hemd. Eine Melone saß etwas zu eng auf seinem runden Schädel. »Wir haben hier Fixpreise. Dafür zeig' ich Ihnen meine Heimatstadt von der schönsten Seite. Also, nehmen S' die Frau Gemahlin bei der Hand und los geht's!«

Auch wenn ich nicht die Frau Gemahlin war, Greg tat grinsend, wie ihm geheißen. Er reichte mir die Hand, und ich kletterte kichernd auf das Fahrzeug. An so einem schönen Tag war das Verdeck natürlich zurückgeklappt. Wir saßen nebeneinander, der Kutscher breitete vorsorglich eine leichte, nach Pferd duftende, karierte Decke über unsere Beine. Dann sprang er auf den Kutschbock und ließ die Peitsche in der Luft knallen. Das Gefährt setzte sich gemächlich in Bewegung. Da saßen wir nun dicht nebeneinander unter einer Decke. Ich konnte seinen warmen Oberschenkel durch meine Jeans spüren. Ujuijuijui: Wann war es das letzte Mal gewesen, dass mir ein Mann so nah war? Wenn ich nicht wieder erröten wollte, war es an der Zeit, meine Gedanken auf banalere Dinge zu lenken.

»Ich bin noch nie mit einem Fiaker gefahren«, sagte ich daher, »ist doch ein wenig peinlich: Wir benehmen uns wie Touristen.«

»Wir *sind* Touristen«, stellte Greg grinsend richtig.

Die Kutsche rumpelte um eine enge Hausecke. Ich wurde gegen Gregs Brust gedrückt. Er legte seinen Arm um mich. Und so saßen wir dann einmütig nebeneinander. Wir redeten nicht viel, weil wir mit Schauen beschäftigt waren. Der

Kutscher erklärte uns die Geschichte der Gassen, durch die wir fuhren, und wer in ihren Häusern gewohnt hatte. Wien ist voller Geschichte. Ich vergaß, dass mir die körperliche Nähe zu Greg Neuhof unpassend erscheinen sollte, und genoss unsere Fahrt in vollen Zügen. An seine breiten Schultern gekuschelt, fühlte ich mich geborgen. Und voller Neugierde, was die nächsten Tage und die wunderschöne Stadt für mich bereithielten.

Als uns der Kutscher zum Ausgangspunkt zurückgebracht hatte, meldete sich der Hunger. Wir hatten den ganzen Tag noch nichts Richtiges gegessen. Greg kannte ein Wirtshaus in der Nähe, das für seine Wiener Schnitzel bekannt war. Natürlich war ich einverstanden. Wenn ich schon in Wien war, dann musste es auch ein Wiener Schnitzel sein. Obwohl ich mir sonst nicht viel aus Kalbfleisch machte. Wir bestellten zwei Portionen. Ich hatte kurz überlegt, auch eine Suppe zu bestellen, denn mein Hunger war wirklich enorm. Doch als die Schnitzel serviert wurden, war ich froh, es nicht getan zu haben. So etwas hatte die Welt noch nicht gesehen! Das Fleisch hauchdünn geklopft, die Panade goldgelb. Das Schnitzel hing an allen Seiten über den ohnehin schon großen Teller.

Greg lachte laut auf, als er mein erschrockenes Gesicht über diese Riesenportion sah: »Nun zeig mal, was du kannst«, er ließ sich seinen ersten Bissen schmecken.

Also, wenn ich länger in Wien bliebe, dann würde ich sicher in Windeseile zehn Kilo zulegen. Zuerst die hervorragende Torte, jetzt dieses exzellente Schnitzel. Wie sollte ich da je widerstehen können?

»Findest du nicht auch, dass Joggen eine gute Idee wäre? Morgen, noch vor dem Frühstück? Hast du den Park gegenüber von unserem Hotel gesehen? Ich bin sicher, dass es sich dort gut laufen lässt.«

Ich lachte: »Kannst du Gedanken lesen? Ich habe mir gerade gedacht, dass hier das Essen viel zu gut schmeckt! Da ist es dringend notwendig, dass ich etwas Sport treibe.

Außerdem laufe ich gern, wenn ich auf Reisen bin. Wieder ein anderer Blickwinkel, eine Stadt kennen zu lernen. Vor allem am frühen Morgen. Bist du auch ein Frühaufsteher? Ich finde, zeitig am Morgen kann man viele Dinge am besten erledigen.«

Greg nickte: »Ja, finde ich auch. Da bin ich ausgeschlafen und voll konzentriert. Und außerdem klingelt noch kein Telefon.«

Satt und glücklich gingen wir ins Hotel zurück. Um uns frisch zu machen und umzuziehen. Ich musste dringend Tim und Sebastian anrufen und Carla, die so nett war, ein Auge auf die beiden zu werfen, solange ich weg war. Natürlich, meine Söhne waren inzwischen sechzehn – alt genug, um ein paar Tage auch ohne mich zurechtzukommen. Noch dazu, da ihnen Holzi jeden Tag ein warmes Mittagessen und manchmal auch ein Abendessen auftischte. Dennoch war ich froh, dass meine Freundin in der Nähe war. Man wusste ja schließlich nie, was passierte. Unsere Wohngemeinschaft entpuppte sich gerade wieder einmal als wahrer Segen.

Um Punkt neun würde Greg wieder vor meiner Tür stehen. Er wollte mir die »Loos American Bar« zeigen. Mit einem Mann in eine Bar – ach, wie ich das genoss!

Zum Glück hatte ich noch rasch vor der Abfahrt mein »kleines Dunkelbraunes« in den Koffer gepackt (ein »kleines Schwarzes« war in meinem Kleiderschrank seit der Farbberatung nicht mehr willkommen.) Vorsorglich nahm ich zu Kongressen immer ein schlichtes Cocktailkleid mit. Ich wusste ja nie, was mich an den Abenden erwartete. Peter hatte Strumpfhosen gehasst. Und darum trug ich immer noch gerne halterlose Strümpfe. Dazu meine neuen, hochhackigen Schuhe. Und die Strassohrstecker, die ich beim Modebummel mit Margarite erstanden hatte.

Als Greg an meine Tür klopfte, war ich eben dabei, meine feine, silberne Halskette zu schließen. Mit einer Hand öffnete ich die Tür und bat ihn hereinzukommen. Ich wollte nur noch den Mantel anziehen.

Er sah mich, und seine Augen leuchteten. Ein warmes Gefühl stieg in mir auf. Und auch wieder dieses zweite Gefühl, das ich in den letzten drei Jahren so schmerzlich vermisst hatte. Das ich aber im Moment nicht zu benennen wusste. Ich warf einen kurzen Blick in den hohen Spiegel. Ich sah wirklich großartig aus. Margarite Meiner war ein wahrer Schatz – ich durfte nicht vergessen, ihr als kleines Dankeschön eine der Sachertorten mitzubringen, die man, in feine Holzkästchen versandfertig verpackt, kaufen konnte. Am besten war wohl, ich nahm zusätzlich auch noch eine oder zwei von den kleinen Torten mit – sie waren ein wunderbares Präsent für die verschiedensten Gelegenheiten.

✦ — ✦ — ✦

Das Taxi brachte uns zur »Loos American Bar«. Greg half mir formvollendet aus dem Wagen. Ich fühlte mich wie eine Diva vor dem großen Auftritt. Seltsamerweise war ich dabei kaum aufgeregt – ja, ich genoss diese Rolle! Da es noch nicht sehr spät am Abend war, war die Bar noch nicht überfüllt. Obwohl sie unerwartet klein war – ich schätzte, höchstens sechs mal vier Meter. Und wir bekamen zwei Plätze auf einer der grünen Lederbänke. Greg war begeistert von der Einrichtung des Lokals, und wie immer war seine Begeisterung ansteckend.

»Weißt du, der berühmte Architekt Alfred Loos hat diese Bar Anfang des letzten Jahrhunderts eingerichtet. Er ist in Amerika gewesen und hat sich dort für seine Zeit völlig neue Ideen geholt. Er hat nur Holz, Glas, Messing, Marmor und Onyx verwendet. Genial, oder?«

Greg gefiel auch das goldgelbe Licht – für mich hätte es ruhig etwas schummriger sein können. Also wirklich Roli, reiß dich zusammen. Allerdings: Was sollte es? Hieß nicht ein weiser Spruch: »Natürlich ist es gut, wenn eine Frau auf den Richtigen wartet. Aber warum soll sie in der Zwischenzeit mit all den Falschen nicht enorm viel Spaß haben?« Ich hatte irgendwo gehört, dass es die Sängerin Cher war, die diese genialen Worte erfand. Noch nie waren sie mir so passend erschienen wie an diesem Tag. Ja, ich würde mit diesem Falschen enorm viel Spaß haben, das war sicher. Ich war ja bereits mittendrin.

»Wir sollten einen Cocktail nehmen«, Greg waren meine Gedanken zum Glück entgangen, »die Barkeeper hier werden gerühmt für ihre Martini-Cocktails.«

Ich bestellte lieber einen Planter's Punch. Ich liebte süße, fruchtige Getränke.

Greg bekam seinen Martini stilecht mit einer Olive serviert, »geschüttelt, nicht gerührt«, wie der Barkeeper versicherte.

Die Bar füllte sich zusehends. Gruppenweise drängten die Gäste herein. Wir mussten auf unserer Bank eng zusammenrücken, weil sich noch zwei Blondinen neben uns quetschten. Fünf junge Männer standen am Tresen. In grauen Anzügen mit Krawatte. Jeder hatte eine Hand in der Hosentasche, die andere umfasste ein Whiskyglas. Wir beobachteten sie eine Weile schweigend und mussten schließlich beide grinsen.

»Die erinnern mich an ein altes Lied von Helmut Qualtinger. Ich weiß nicht, ob du das Lied kennst, Rosi. Qualtinger war ein österreichischer Schauspieler, ein Original. Im Film ›Der Name der Rose‹ hat er mitgespielt, wenn du dich erinnerst. Den dicken Mönch.«

Ich erinnerte mich schemenhaft. Es war schon Jahre her, dass ich diesen Film gesehen hatte.

»Etwa in den 60er-Jahren hat er gesungen, auch auf Schallplatten. Und eines seiner bekanntesten Lieder ging in etwa so: ›Der Papa wird's schon richten‹ – was soviel heißt wie alles regeln – ›Der Papa wird's schon richten, das gehört zu seinen Pflichten, dazu ist er ja da!‹« Er lachte laut auf, und ich lachte mit.

»Wie war's bei dir, als du so alt warst wie die Typen an der Bar? Während deiner Studentenzeit. Hat dein Vater alles gerichtet?«, fragte Greg.

Das war ein weiterer Grund zum Lachen: »Mein Vater hat sich aus dem Staub gemacht, als ich zwölf Jahre alt war. Da ich ihn vorher nicht oft gesehen hatte – er war Fernfahrer und meist zwischen Deutschland und Sizilien unterwegs – war sein Abgang kein großer Verlust. Mutter meinte, er habe sie ohnehin die ganze Zeit betrogen – an jedem Rastplatz eine andere Geliebte. Ich weiß es nicht, es hat mich auch nicht interessiert. Vor ein paar Jahren kam dann ein Brief von einer unbekannten Frau, die uns seinen Tod mitteilte. Ich bin bei meiner Mutter aufgewachsen, mit meinem Bruder Heinrich«, fügte ich noch hinzu. »Da war keiner, der auch nur irgendetwas für mich ›gerichtet‹ hätte. Außer meinem Onkel Alfred, wenn du den dazuzählen willst. Der hat mir jeden Sommer erlaubt, bei ihm in der Gastwirtschaft zu jobben. Und so habe ich mir genug Geld fürs Studium verdient. Denn von der staatlichen Unterstützung allein hätte ich nicht leben können.« Dann fragte ich ihn nach seinen Eltern.

»Wir haben zu Hause einen kleinen Tischlereibetrieb, den mein älterer Bruder übernehmen wird. Mein Vater hat zwar zum Studium dazugezahlt. Für meine Reisen durch ferne Länder hatte er jedoch kein Verständnis. Für mein Interesse an fremden Kulturen und Feng Shui schon überhaupt nicht. Also habe ich auf dem Bau gearbeitet, sooft sich die Gelegenheit bot. Das hat immer eine schöne Summe Geld eingebracht. Ich lernte das Basiswissen für mein Studium. Und ich ersparte mir das Fitnesscenter.« Er grinste und nippte an seinem Martini.

Ich schaute verstohlen auf seine Oberarme. Immer noch gut trainiert, der Mann. Obwohl er sicher längst nicht mehr auf einer Baustelle schuftete.

Dann wurde es doch zu laut, um sich zu unterhalten. Also saßen wir schweigend nebeneinander. Tranken in stillem Einvernehmen unsere Cocktails und beobachteten die Leute. Ich fühlte mich großartig. Ich musste schon einige Jahre zurückgehen, wenn ich mich erinnern wollte, wann ich mich das letzte Mal so gefühlt hatte: so attraktiv, so eins mit mir und der Welt. So begehrenswert.

Da spürte ich plötzlich Gregs Blick, der nachdenklich auf mir ruhte. Ich wandte mich ihm zu, und wir schauten uns in die Augen. Ich wollte sofort den Blick wieder abwenden. Aber als ich Gregs Ausdruck in seinen dunklen Augen sah, verharrte ich unbeweglich und hielt die Luft an. In seinem Blick lag so viel Zärtlichkeit, so viel Wärme und …

»Hätten Sie vielleicht Feuer für mich?« Eine wohlmanikürte Hand hatte meinen Oberarm ergriffen. Ich fuhr herum. Da saß meine blonde Nachbarin, eine unangezündete Zigarette zwischen den Lippen. Ihre linke Hand vollführte Bewegungen, als wolle sie ein imaginäres Feuerzeug zum Brennen bringen. »Meines hat gerade den Geist aufgegeben.«

Ich bedauerte. Ich war Nichtraucherin und hatte kein Feuerzeug.

Ich bedauerte noch etwas anderes und das noch viel mehr: Als ich mich wieder Greg zuwandte, saß er neben mir, als hätte es seinen Blick von vorhin nicht gegeben. Er winkte den Kellner heran. Wir bestellten ein zweites Getränk, und als der Kellner wieder an unseren Tisch kam, nutze Greg die Gelegenheit, auch gleich die Rechnung zu bezahlen.

»Du bist eingeladen.« Ich dankte ihm, und wir prosteten uns zu. Nun war Gregs Blick wieder freundschaftlich. Ich hatte mich wohl geirrt.

»Na, Gott sei Dank«, schalt ich mich innerlich, streng und unnachgiebig, »das fehlte noch, dass du mit einem verheirateten Mann etwas anfängst. Da wärst du ja besser noch bei Bernhard geblieben.« Ich hatte ja Recht, und dennoch, das Gefühl von Enttäuschung ließ sich nicht so leicht vertreiben.

Als wir das Lokal verließen, empfing uns eine überraschend kühle Frühsommernacht. Ich zog meine Jacke enger, Greg legte seinen Arm um mich. Sicher nur, um mich zu wärmen. So gingen wir mit schnellen Schritten durch die nächtlichen Straßen. Wir sprachen nicht. Ich spürte deutlich seine Nähe. Mein Herz klopfte schneller.

»Rosi, ich bitte dich«, sagte meine innere Tante Hildegard, »er hat dir mit keinem Wort signalisiert, dass er dich begehrenswert findet!« Das stimmte allerdings. Doch was war mit den Blicken, die ich aufgefangen hatte? Zählte nicht ein Blick mehr als tausend Worte? »Die Blicke hast du dir nur eingebildet.« Tante Hildegard war nicht zu überzeugen.

Wir erreichten das Hotel nach einer guten Viertelstunde und betraten die hell erleuchtete Eingangshalle. Greg hatte längst den Arm von meinen Schultern genommen. Ein Nachtportier, den wir noch nicht kannten, wünschte uns höflich eine gute Nacht. Der Lift stand mit geöffneten Türen für uns bereit. Wir schwiegen, bis wir unsere Zimmer erreicht hatten. Irrte ich mich, oder lag da doch eine gewisse Verlegenheit in der Luft? Wahrscheinlich war ich aber auch nur müde. Und etwas beschwipst vom Alkohol. Aus dem seelischen Gleichgewicht gebracht durch die ungewohnte Nähe zu einem attraktiven Mann.

»Treffen wir uns also morgen zum Joggen?«, seine Stimme klang ein wenig heiser. »Acht Uhr, ist dir das recht?«

»Ja, gute Idee. Danke für den schönen Tag.«

Greg war ungewohnt wortkarg. Ich hätte mir gewünscht, er hätte die angespannte Atmosphäre mit ein paar fröhlichen Worten aufgelockert. Oder noch besser, er hätte die Anspannung zum Entladen gebracht, indem er mich an sich gedrückt und geküsst hätte. Ich befahl Tante Hildegard zu schweigen.

»Ich danke dir, Rosi« war das Einzige, was er sagte, und dann beugte er sich zu mir herüber.

Es hatte nicht den Anschein, als würde er mich, von Leidenschaft erfasst, in seine Arme ziehen. Ich dachte daher, jetzt kämen die typischen freundschaftlichen Küsse auf beide Wangen. Doch er gab mir nur einen Kuss. Einen ganz kleinen, nicht mehr als ein Hauch. Direkt neben meinen rechten Mundwinkel. Dann zog er seine Schlüsselkarte durch die Sperrvorrichtung, murmelte: »Gute Nacht« und zog die Tür hinter sich zu.

Da stand ich also: völlig verwirrt. Ich griff mit meiner Hand zum Mund und betastete sacht meinen rechten Mundwinkel.

»Was hatte dieser Kuss zu bedeuten?«, mein Herz klopfte noch um einige Takte schneller. »Nichts hatte er zu bedeuten«, meldete sich Tante Hildegard in mir nun umso lauter zu Wort, »er wollte dir lediglich einen freundschaftlichen Kuss auf die Wange geben und ist abgerutscht. Das ist alles.«

Ich schloss meine Tür auf und betrat mein Zimmer.

In dieser Nacht hatte ich lebhafte Träume. Die beiden Blondinen aus der Bar tauchten wieder auf. Sie hießen beide Frau Neuhof und verfolgten mich mit dem Besen. Ich klammerte mich an Wolfram, um bei ihm Schutz zu finden. Doch er zog sich mit einer schweigenden Geste seine Gesichtshaut ab – so wie ich das aus Hollywoods Horrorfilmen kannte. Dahinter erschien Gregs Gesicht. Worauf die beiden Frau Neuhof mit dem Besen auf mich einschlugen und mich schließlich auf beide Mundwinkel küssten. Dann wachte ich auf. Schweißgebadet. Es war halb sieben Uhr morgens. Und ich war wie gerädert.

Schnell unter die Dusche.

XVII

Gibt es etwas Schöneres, als am frühen Morgen in den Tag hineinzulaufen? Na gut, es war nicht ganz der frühe Morgen. Es war bereits einige Minuten nach acht Uhr, als wir vom Hotel aufbrachen. Zum Glück hatte ich meine gute Laune wieder gefunden. Still lag der Park in sonntäglicher Morgenruhe. Wir trabten nebeneinander her, ganz von selbst waren wir in dasselbe Tempo gefallen. Die Vögel zwitscherten, und die ersten Sonnenstrahlen brachen durch den bedeckten Himmel. Was für ein Gefühl! Was für ein Start in den Tag!

»Alle Achtung! Du hast aber eine bewundernswerte Kondition«. Greg schnaufte, als wir eine gute halbe Stunde gelaufen waren und nun beim Parkeingang ein paar Dehnungsübungen machten.

»Du meinst wohl, ich laufe ganz gut für mein Alter? Ich weiß, dass ich um einige Jahre älter bin als du, das brauchst du nicht extra zu betonen«, platzte ich heraus.

Greg hob überrascht beide Augenbrauen, und ich überlegte, dass das eine ziemlich blöde Aussage gewesen war. Warum hatte ich bloß solche Probleme mit dem Altersunterschied?

»Wie alt bist du, Rosi?«, erkundigte er sich geradeheraus.

»Zweiundvierzig«, erklärte ich kleinlaut.

»Ich bin siebenunddreißig. Wo ist das Problem?«

Ja, wo war eigentlich das Problem? Schließlich war Greg verheiratet. Wir waren gerade dabei, uns anzufreunden. Wir waren kein Liebespaar. Und es war völlig egal, wie alt der Mann war, mit dem ich joggen ging.

»Ach, vergiss es«, sagte ich daher, »es gibt kein Problem.«

Er hatte sich wohl bereits dasselbe gedacht und stimmte mir nun vorbehaltlos zu. »Richtig. Und nachdem wir das geklärt haben: Was hältst du davon, wenn wir jetzt schnell in unsere Zimmer gehen und duschen? Und uns dann zu einem gemütlichen Frühstück ins Hotelrestaurant setzen?«

Von diesem Vorschlag hielt ich viel.

Eine knappe Stunde später saßen wir an einem sonnigen Eckplatz und genossen ein spätes Frühstück. Das Hotel war auf Spätaufsteher eingerichtet, und so gab es das Frühstücksbuffet so lange, bis es nahtlos in das Mittagsbuffet überging. Ich hatte mir ein Müsli mit frischen Früchten zubereitet, Greg verschlang mit sichtlichem Vergnügen eine große Portion »Ham and Eggs«.

»Und wie gedenken wir den heutigen Tag zu verbringen?« Greg biss genüsslich in eine frische knusprige Semmel.

Ich zuckte mit den Schultern: »Museum?«

Ist es nicht interessant? In meiner Heimatstadt kam ich Jahr und Tag nicht in ein Museum. Obwohl ich an vielen langen Sonntagnachmittagen sicher dazu Zeit gefunden hätte. Doch kaum war ich in einer fremden Stadt, entdeckte ich wieder meine Vorliebe für die bildenden Künste. Diese Vorliebe wurde von Greg geteilt. Er schlug vor, das »Museumsquartier« zu besuchen, das erst vor wenigen Jahren eröffnet worden war. Ich hatte keine Ahnung, was mich erwartete, und vertraute seiner Auswahl.

Mit der U-Bahn war das Museumsquartier ohne Schwierigkeiten zu erreichen. Es lag mitten im Stadtzentrum. Greg schnappte eines der ausliegenden Faltblätter und nutzte die Warteschlange vor der Kasse, um sich schlau zu machen. Das Museumsquartier bestand aus mehreren Gebäuden. Teilweise stammten die sicher noch aus der k. u. k. Epoche. Andere wiederum waren hochmodern.

Wir beschlossen, uns die Sammlung Ludwig anzusehen und auch das Museum moderner Kunst mit der großen Sammlung Leopold, die der Wiener Augenarzt Rudolf Leopold der Stadt vermacht hatte. Greg war besonders auf die zahlreichen Gemälde von Egon Schiele gespannt. Ich freute mich auf Gustav Klimt. Seine Bilder hatten während meiner Schulzeit als Poster das Zimmer so mancher meiner Freundinnen geschmückt. Vor allem »Der Kuss« war sehr populär gewesen. Greg war nicht nur von den Kunstwerken, sondern auch von den Gebäuden hellauf begeistert. Mit strahlenden Augen erklärte er mir die architektonischen Feinheiten, die Besonderheiten der Materialien und die Überlegungen, die sich die Architekten wohl bei der Planung dieser Häuser gemacht haben könnten.

Den Rest des Nachmittags wollten wir getrennt verbringen. Greg musste noch etwas für sein Referat am nächsten Tag vorbereiten. Und wahrscheinlich war es auch höchste Zeit, dass er mit seiner Frau ein ausführliches Telefonat führte. Eigentlich hatte ich mir ja vorgenommen, ein, zwei Stunden im Pool des Hotels zu verbringen. Doch zuerst zog ich mich in mein Zimmer zurück und telefonierte mit meinen Söhnen. Es ging ihnen gut. Sie wollten eben in Richtung Fußballplatz aufbrechen, wo sie sich mit ihren Freunden verabredet hatten. Dann legte ich mich auf mein Bett und versuchte, kurz in den Roman hineinzulesen, der einladend auf dem Nachttisch wartete. Nur kurz, bevor ich Bikini und Handtuch zusammensuchen wollte. Natürlich schweiften meine Gedanken immer wieder ab. Im Nebenzimmer saß einer der interessantesten Männer, die ich je kennen gelernt hatte und mit dem ich höchstwahrscheinlich zu Abend essen würde. Wolframs Gesicht war durch die Tage mit Greg schwächer geworden. Und doch war es immer wieder präsent. Bernhard fiel mir ein. Das Internetcafé! Ich hatte völlig vergessen, eins zu suchen. Dabei hatte ich so fest vorgehabt, ihm zu schreiben. Während ich so grübelte, war ich wohl eingeschlafen. Das grelle Schrillen des Hoteltelefons riss mich aus meinem Tiefschlaf. Noch ganz verwirrt tastete ich mich zum Hörer: »Hallo?«

Die Stimme, dir mir antwortete, war hellwach. »Oh, guten Morgen, Madame. Ich hab dich doch nicht aufgeweckt?«

Meine Stimme musste wirklich sehr verschlafen geklungen haben.

»Ich möchte dich gern einladen. Der Portier hat mir ein Lokal empfohlen, in dem es die zweitwichtigste österreichische Spezialität gibt: Nach dem Wienerschnitzel ist es der Tafelspitz. Gekochtes Rindfleisch mit allerlei schmackhaften Zutaten. Hast du Lust darauf? Dann würde ich einen Tisch reservieren.«

Und ob ich Lust hatte.

»Na fein. Das freut mich. Ist es dir recht, wenn ich dich kurz vor acht Uhr abhole?« Auch das war mir sehr recht.

———

»Na, hast du deine Telefonate führen können?«, fragte ich, als wir bei Tisch saßen und dem Kellner unsere Bestellung aufgegeben hatten.

Greg schien gar nicht aufzufallen, dass bisher von Telefonaten noch nicht die Rede gewesen war. »Ja, habe ich.«

Also doch, er hatte mit seiner Frau telefoniert. Ich hatte es geahnt. Für so etwas habe ich einen sechsten Sinn.

Das Essen war köstlich, vor allem mochte ich den Apfelkren. Geriebene Äpfel mit Meerrettich. Köstlich! Eigentlich war ich schon satt. Doch Greg hatte vorgeschlagen, einen gemischten Dessertteller zu bestellen. Der stand nun in der Mitte, und wir löffelten ihn gemeinsam leer. Das hatte etwas Intimes, Vertrautes.

»Sag einmal Rosi, was denkst du von der Liebe? Gibt es die große Liebe, oder gibt es sie nicht?«

Mir wäre vor Überraschung fast die Mousse au Chocolat im Hals stecken geblieben.

»Natürlich glaube ich an die große Liebe«, erwiderte ich im Brustton der Überzeugung, »ich habe sie schon selbst erlebt. Peter, mein verstorbener Mann, war schließlich meine ganz große Liebe.«

»Vermisst du ihn sehr?«

Ich wollte schon, ohne zu überlegen, »ja« sagen, als ich nachdenklich wurde: »Anfangs, vor fast drei Jahren, als er den furchtbaren Autounfall hatte, da habe ich nicht gewusst, wie ich es schaffen sollte, weiterzuleben. Da waren es allein meine Kinder und die Verantwortung für sie, die mich am Leben hielten. Doch mit den Jahren wurde es leichter. Ich habe gelernt, auch ohne ihn glücklich zu sein. Natürlich denke ich noch oft an ihn, aber nicht mehr so oft wie noch letztes Jahr. Peter wird immer ein Teil meines Lebens bleiben.«

»Wie lange wart ihr zusammen?«

»Neunzehn Jahre, vierzehn davon verheiratet. Das ist schon eine lange Zeit.«

»Und du hast ihn in all den Jahren nie betrogen? Oder auch nur mit dem Gedanken daran gespielt?«

Ich schüttelte den Kopf: »Nein, nie. Ich bin ein treuer Mensch. Wie ist es mit dir, hast du deine Frau je betrogen?« Ich hielt den Atem an: Wie würde seine Antwort lauten?

Greg schüttelte den Kopf: »Nein, in den zehn Jahren kein einziges Mal. Obwohl sie nie meine große Liebe war. Als ich sie bat, mich zu heiraten, hatte ich wohl Freundschaft und gemeinsame Interessen mit Liebe verwechselt. Inzwischen ist uns das beiden klar geworden. Und Freundschaft ist ja auch etwas Schönes.«

»Komm, komm, komm«, dachte ich mit leichtem Spott, »jetzt erzähl mir nicht, du hättest vor, dich von deiner Frau zu trennen. Das würde ich sofort durchschauen.«

Doch Greg sagte nichts dergleichen. »Ist es möglich, dass man zweimal oder noch öfter im Leben auf Menschen trifft, die die große Liebe sein können?«

»Aber sicher!« Ich war fest davon überzeugt. Was für einen Sinn hätte es denn sonst für mich, nach einem Partner zu suchen? »Ich habe zwar erst kürzlich einen Roman gelesen, in dem das anders dargestellt wurde. Da ging die Autorin davon aus, dass wir all die Menschen in unserem Umfeld schon aus einem früheren Leben kennen. Nicht in denselben Rollen, einer meiner Söhne könnte zum Beispiel in meinem letzten Leben mein Vater gewesen sein. Aber die Person, die ich damals sympathisch fand, die mag ich heute wieder. Und ich bin stets auf der Suche nach dem Mann, den ich im letzten Leben geliebt habe. Und nur wenn ich den finde, kann ich wahrhaft glücklich sein.«

»Das würde aber bedeuten, dass es nur eine wahre Liebe in einem Leben gibt«, warf Greg ein.

Ich nickte: »Und darum halte ich diese Theorie für Schwachsinn.«

Greg lachte auf: »Das beruhigt mich. Ich halte das nämlich auch eher für ein Märchen. Und Rosi, bist du auf der Suche nach deiner zweiten großen Liebe dieses Lebens?« Er hatte sich zu mir herübergebeugt. Ein interessierter Blick wartete auf meine Antwort.

»Aber natürlich bin ich das. Liebe ist für mich das Wichtigste im Leben. Aber suchen wir nicht alle danach?«

Greg überlegte: »Ja, wir sehnen uns wohl alle nach der großen Liebe. Wenn man auch mit diesem Wort Liebe vorsichtig umgehen muss. Denn was bedeutet ›Liebe‹? Was bedeutet Liebe für dich, Rosi?«

»Vertrauen«, sagte ich. Ich wusste ganz genau, was für mich Liebe bedeutete: »Gegenseitige Achtung, Respekt voreinander. Gemeinsame Interessen. Übereinstimmende Vorstellungen vom Leben und der Zukunft. Ein Paar muss miteinander reden können und miteinander lachen, das ist ganz wichtig.«

Ich dachte zurück an meine Ehe. Hatte ich mit Peter reden können? Es war damals eher so, dass er sagte, wo es langging. Stimmte ich ihm zu, dann sagte ich ihm das. War ich anderer Meinung als er, schwieg ich. Ich hielt das damals für einen der Garanten für eine glückliche Ehe. Ich hatte nur zu gut in meinem Bekanntenkreis miterlebt, wohin es führte, wenn sich Paare ständig stritten. Carla und Oliver waren so ein Beispiel gewesen. Da waren die Fetzen geflogen. Natürlich war dann oft die Versöhnung besonders innig. Doch mit den Jahren wurden die Versöhnungen immer seltener. Und schließlich blieb nur der Streit übrig. Ich wollte auch heute noch keinen Streit. Allerdings konnte ich mir auch nicht mehr vorstellen zu schweigen, wenn etwas meinen Ansichten widersprach.

»Und die Erotik? Ist Sex für dich nicht wichtig, Rosi?«

Da war er wieder, dieser Blick. Da war es wieder, dieses Aufleuchten in seinen Augen. Und diesmal hielt ich seinem Blick stand. Ich beantwortete die Frage nicht, sondern hob nur ganz leicht die Augenbrauen. Ich wusste, ich spielte mit dem Feuer. Doch ich war nur zu bereit, mich auf dieses Feuer einzulassen.

»Herr Ober, die Rechnung, bitte!«, rief Greg energisch.

Vor der Tür fielen wir übereinander her.

Das war kein langsames Antasten. Kein zaghafter Versuch einer Annäherung. Das war ein lodernder, flammender Kuss. Die Lippen wild aufeinander gepresst, die Zungen sich immer enger umeinander schlingend. Es war, als wollten wir uns aneinander festsaugen und nie wieder loslassen. Wow. So etwas hatte ich in meinem Leben noch nie erlebt. Ich musste zweiundvierzig werden, bis ich einen Kuss bekam, der mich so erregte. Noch dazu von einem Mann, der nicht zu mir gehörte. Und den ich von Rechts wegen auch nicht begehren sollte. Doch was war schon »von Rechts wegen«? Mein Gefühl sagte mir, dass ich in kurzer Zeit mit diesem Mann im Bett landen würde. Und mein Verstand stimmte dem zu. Ich befahl Tante Hildegard in mir, endgültig zu schweigen. Nach einigen zaghaften Versuchen sich zu wehren, wurde sie still.

Und ich war drauf und dran, mich in den völlig falschen Mann zu verlieben. Obwohl ich wusste, diese Liebe konnte nur bis Mittwoch dauern. Dann war sie ein für alle Mal beendet. Dann gab ich Greg wieder an Frau Neuhof zurück. Etwas gebraucht zwar, aber dennoch. Mit Sicherheit. Das war ich ihr und meinem Seelenfrieden schuldig.

Aber noch war nicht Mittwoch. Noch hieß es, diese Liebe auszukosten. Noch hieß es zu küssen, festzuhalten und nie wieder loszulassen. Zumindest nicht an diesem Abend.

»He«, grölte eine fremde Männerstimme von der gegenüber liegenden Straßenseite herüber, »habt ihr zu Hause kein Bett?«

Greg lachte auf. Ohne mich jedoch loszulassen. Er hielt mich eine Armlänge von sich: »Haben wir ein Bett zu Hause, Rosi?«

Ich sah den Ausdruck in seinen Augen, spürte seine Hände und hatte unbändige Lust auf diesen Mann: »Aber natürlich haben wir eins!«

All meine Skrupel, all meine Gedanken, die mir in einsamen Nächten durch den Kopf gegangen waren, all meine Befürchtungen waren wie weggewischt. Hier waren nur noch wir beide: ich, eine begehrenswerte Frau, und er, ein wahnsinnig erotischer Mann, den ich unbedingt haben wollte.

Wir landeten in Gregs Zimmer. Er schob mit einer einzigen Handbewegung seine sämtlichen Feng-Shui-Unterlagen, die er auf dem Bett ausgebreitet hatte, auf den Boden. Und dann warf er mich auf die Matratze. Und sich daneben. Wir küssten uns wild und leidenschaftlich. Seine Hände wanderten meinen Körper entlang. Er streichelte meine Wangen, meinen Nacken, hinunter zu meinen Oberarmen, über den Rücken zum Po. Er knöpfte meine Jacke auf und streifte sie von meinen Schultern. Dann küsste er mich sanft auf die Stirn, die Nasenspitze, das Kinn, bevor wir uns wieder zu einem Zungenkuss vereinten. Mir ging das alles zu langsam, ich hatte zu viel an. Und: Vor allem er hatte zu viel an. Greg hatte sich doch wohl nicht in diesem Augenblick daran erinnert, dass zu Hause eine Frau Neuhof auf ihn wartete? Es war das erste Mal seit drei Jahren, dass ich große Lust verspürte, mit einem Mann zu schlafen. Und ich hatte nicht die geringste Absicht, mir diese Lust nehmen zu lassen. Und ich hatte keine Lust zu einer langsamen Gangart. Nicht beim ersten Mal. Beim zweiten Mal ja, da würden wir uns langsam und ausgiebig lieben. Ich musste innerlich grinsen: Greg war erst siebenunddreißig. Da würde das zweite Mal nicht allzu lange auf sich warten lassen. Was für ein erregender Gedanke! Ich entwand mich seinen Armen. Er wollte schon protestieren, aber mein Gesichtsausdruck hielt ihn zurück. Gespannt beobachtete er jede meiner Bewegungen. Ich stand auf und stellte mich vor das Bett. Während er liegen blieb und sich die Überraschung in seinen Augen immer mehr vertiefte.

Ich knöpfte langsam meine Bluse auf, Knopf für Knopf. Das hatte ich einmal in einem Fernsehfilm gesehen und höchst erotisch gefunden. Und ich war offensichtlich nicht allein mit dieser Ansicht. Greg ließ ein kleines Aufstöhnen vernehmen, bewegte sich jedoch nicht. Ich ließ die Bluse in sanftem Schwung zu Boden gleiten. Darauf folgte mein Rock. Ich wusste, dass ich einen wohl geformten Körper hatte. Meine Beine waren meiner Größe entsprechend lang und durch das regelmäßige Joggen durchtrainiert. Die längst verblassten Schwangerschaftsstreifen auf meinem Bauch waren mir in diesem Moment völlig egal. Hätte ich mir je gedacht, dass ich ihn je mit so viel Selbstbewusstsein zur

Schau stellen könnte? Da stand ich also in BH und Höschen und meinen halterlosen Strümpfen in meinen hochhackigen Schuhen. Ich warf die Haare aus dem Gesicht und blickte den Mann auf den weißen Laken des Hotelbetts erwartungsvoll an. Nun war er an der Reihe. Es war offensichtlich, dass Greg spätestens durch diesen Blick seinen ehelichen Treueschwur vergaß. Ich hatte selten einen Mann so schnell aus seinen Kleidern steigen sehen. Im Nu hatte er alles ausgezogen bis auf seine schwarzen Pants. Er hatte den durchtrainierten Körper, den ich vermutet hatte. Lange, gerade Beine. Eine unbehaarte Brust. Und soweit ich das erkennen konnte, war er ungeheuer scharf auf mich. Was für ein Gefühl!

Soweit ich denken konnte ... Nein, ich wollte nicht mehr denken. Ich wollte mich ganz diesem Augenblick und diesem Mann hingeben. Und das tat ich dann auch.

Viel, viel später schlief ich in seinen Armen ein. Das erste Mal hatten wir uns stürmisch geliebt. Das zweite Mal langsam, fast träge. Seine Hände hatten meinen Körper erkundet. Seine Zunge meine empfindlichsten Stellen ausgekundschaftet. Greg spielte auf mir wie auf einem Instrument. Und er war dabei ein Virtuose! Als ich zum Orgasmus kam, hätte ich mein Glück am liebsten in die Welt hinausgeschrieen. Ja, ich war glücklich in den Armen dieses Mannes. Den kleinen, ziehenden Schmerz, der sich meldete, sobald sich die Vernunft einschaltete, wischte ich zur Seite. Ich kuschelte mich an Gregs nackten Körper. Sein starker Arm hielt mich umfangen. So schlief ich ein. Ich erwachte ganz kurz, als ich einen Hauch an meinem Ohr spürte und eine zärtliche Stimme sagte: »Ich liebe dich, Rosi.« Oh Gott, ich liebte ihn auch.

Aber ich würde es ihm nie sagen. Denn auch seine Liebe konnte nur geliehen sein. Dennoch, mit einem glücklichen Lächeln schlief ich wieder ein. Satt und zufrieden wie eine Katze im Sahnetopf.

XVIII

Am nächsten Tag war Schluss mit der beschaulichen Zwei-
samkeit. Gregs Referat war für vierzehn Uhr angesetzt.

Doch wir waren schon um neun Uhr in der Hofburg. Wir
schritten über den roten Teppich durch die edlen Marmor-
hallen. Und grüßten im Vorbeigehen die Büste von Kaiser
Franz Josef. An der Registrierung trugen wir uns ein und
bekamen Namensschilder zum Anstecken. Und jeder eine
Aktentasche (gesponsert von einer Pharmafirma), in der
sich das Programm und einige wichtige Unterlagen befan-
den. Ich erfuhr, dass Gregs Vortrag im Zeremoniensaal stattfinden sollte.

»Was für ein geschichtsträchtiger Boden«, wir begaben
uns auf die Suche nach diesem Saal, »du weißt sicher, dass
die Hofburg bis 1918 die Residenz der Habsburger gewesen
war.«

Ich nickte.

»Aber weißt du auch, dass es im Zeremoniensaal war, wo
Kaiser Napoleon 1810 um seine Braut Louise warb? Und
jetzt werde ich in eben demselben Saal meinen Vortrag halten. Das finde ich schon beeindruckend.«

»Napoleon war ein großartiger Eroberer«, flüsterte ich,
scheinbar beiläufig, jedoch nicht ohne Hintergedanken,
»willst du heute Nacht wieder mein Eroberer sein?«

»Aber sicher«, Greg grinste und zwickte mich ganz leicht
in den Hintern. Hilfe! Hoffentlich hatte das die illustre
Gästeschar nicht mitbekommen, die nun immer zahlreicher
die ehrwürdigen Hallen füllte.

Dann war keine Zeit mehr für freche Flirtereien. Ich
musste zum Begrüßungsvortrag. Während Greg, der an den

179

neusten Erkenntnissen der Zahnmedizin verständlicherweise wenig Interesse hatte, beschloss, das ehrwürdige Gebäude etwas näher in Augenschein zu nehmen. Wir vereinbarten, uns nach dem Workshop über die neusten Füllungswerkstoffe zum gemeinsamen Mittagessen zu treffen.

Das Buffet, das in historischen Räumen des Zwischengeschosses aufgebaut worden war, schmeckte vorzüglich. Wir saßen mit Kollegen aus Australien am Tisch, die nicht aufhören konnten, die Schönheit des Veranstaltungsortes zu preisen. Greg schien gar nicht aufgeregt zu sein. Dabei würde sein Vortrag in knapp einer Stunde beginnen. Ruhig und gelassen löffelte er seine Suppe.

Um vierzehn Uhr begann dann seine Rede. Ich ließ das Referat über Mundschleimhauterkrankungen, das parallel lief und zu dem ich eigentlich hatte gehen wollen, sausen. Und saß nun in der ersten Reihe. Sichtlich aufgeregter als der Vortragende.

»Meine Damen und Herren«, begann er anstelle jeder Begrüßungsfloskel, »Ihr Beruf ist sicher einer der invasivsten und aggressivsten Berufe, die wir kennen.«

Ein Raunen ging durch das Publikum. Erschrocken hielt ich den Atem an. Greg ließ sich nicht beirren: »Wer sonst darf in einen fremden Mund eindringen und dort auch noch bohren, schaben, Zähne ziehen?«

Die Zuhörer nickten. Ja, damit konnten sie etwas anfangen.

»Nach Feng Shui ist Ihr Beruf daher ein typischer Yang-Beruf. Yang verkörpert die männliche Energie. Daher ist es wichtig, durch die Raumgestaltung und durch menschliche Zuwendung Wärme, Geborgenheit, Schönheit, Ästhetik – also Yin – zu betonen.«

Gregs Vortrag war wirklich erstklassig. Seine Worte waren wohl fundiert. Stützten sich auf Erfahrungen und waren mit Beispielen aus vielen Ländern und Kulturen untermauert. Die Kolleginnen und Kollegen aus aller Welt staunten nicht schlecht, als sie in seiner Powerpoint-Präsentation ein Bild des Petersplatzes in Rom zu Gesicht bekamen. Doch auch die katholische Kirche wusste seit vielen Jahrhunderten über das Herstellen der Harmonie in ihren Bauwerken Bescheid. Und wie man eine Sogwirkung entstehen ließ, um möglichst viele Gläubige anzuziehen. Auf die Zahnarztpraxis übertragen hieß dies zum Beispiel, die Wartezonen in ruhigen, geschützten Bereichen einzurichten. Keinesfalls am Gang, wie dies in manchen Praxen noch immer der Fall war.

Eine Kollegin aus Holland, die neben mir saß, schrieb eifrig mit. Vor allem die Idee, ein beruhigendes, sanft murmelndes Wasserobjekt im Wartezimmer aufzustellen, hatte es ihr angetan. »Nicht plätschernd – der Blase zuliebe«, hatte Greg angemerkt. Einige Kollegen lachten verständnisinnig, die Holländerin unterstrich diese Anmerkung und setzte ein Ausrufezeichen dahinter. Dann ging Greg zur Beschreibung des Behandlungsraums über.

Nach seinem offiziellen Vortrag war er noch lange von Interessierten umringt, die gezielte Fragen stellen wollten. Vor dem Zeremoniensaal hatte eine Buchhandlung einen Stand aufgebaut, um Gregs Bücher zu verkaufen. Ich war beeindruckt – er hatte bei der Zugfahrt zwar kurz erwähnt, dass er zwei Bücher zum Thema Feng Shui auf den Markt gebracht hatte. Aber verschwiegen, dass eines davon lange Zeit auf der Bestsellerliste gestanden hatte. Ein Angeber war er wirklich nicht. Zahlreiche Kollegen ließen sich seine Visitenkarte geben. Dieser Vortrag brachte ihm gut und gern fünf bis sechs neue Aufträge ein. Nicht nur ein gescheiter Mann, sondern auch ein tüchtiger, der Herr Neuhof.

Den Abend verbrachten wir im Bett. Wo sonst hätten wir ihn besser verbringen können? Wir ließen uns vom Zimmerservice ein delikates Abendessen servieren. Greg öffnete eine Piccoloflasche Sekt, und ich kam mir richtig verrucht und sündig vor. Und glücklich. Mit all den neuen Eindrücken hatte ich die Aufregung vor meinen Vortrag fast vergessen. Wie anders hatte ich mir das vorgestellt. Ich hatte mich vor meinem geistigen Auge stets gesehen, wie ich aufgeregt im Zimmer hin und her schritt, um Beas Übung für Anmut und Energie zu vollführen. Als mir dies einfiel, stand ich auf, um Greg meinen »Walk with Grace and Power« vorzuführen. Er fand, ich sähe toll aus. Richtig energiegeladen. Und strahlend.

Und dann brachte er mich noch mehr zum Strahlen. Und ich vergaß meine Aufregung wieder.

Am nächsten Morgen war sie dafür umso stärker wieder vorhanden. Ich brachte beim Frühstück keinen Bissen hinunter. Greg hatte beschlossen, mich wieder zum Kongress zu begleiten. Da saß er dann in der zweiten Reihe und klatschte besonders heftig, als ich das Podium betrat. Ich tat, wie Bea mich geheißen hatte, ging aufrecht, mit erhobenem Haupt. Ich brauchte nicht an Frau Studiendirektor und mein Abiturzeugnis zu denken. Anmut und Energie kamen wie von selbst, wenn mein Blick den Mann in der zweiten Reihe streifte.

Der Vortrag selbst war kein Problem. Es war, wie ich gehofft hatte: Meine intensive Vorbereitung hatte sich gelohnt. Die richtigen Worte kamen wie von selbst, und ich konnte das Publikum von meinem Anliegen überzeugen. Lang anhaltender Applaus bestätigte mein gutes Gefühl. Professor Meierhofer kam, bevor ich das Pult verließ, auf die Bühne, um mir öffentlich seinen Dank auszusprechen.

Eine Journalistin einer medizinischen Zeitung wollte ein Interview für ihre nächste Ausgabe. Ich schwebte wie auf Wolken.

Der Dienstag ging.

Der Mittwoch kam. Zeit, Abschied zu nehmen.

Greg brachte mich zum Zug. »Ich fahre heute Nachmittag zu meinem Kunden ins hinterste Niederösterreich«, wir standen vor der offenen Zugtür, »du weißt schon, der Industrielle, von dem ich dir erzählt habe. Ich war schon einmal in der Gegend. Und darum weiß ich, dass mein Handy dort keinen Empfang hat. Der Kunde hat mich außerdem schon vorgewarnt: Er hat den Strom noch nicht angemeldet. Und ich fürchte, das Dorfwirtshaus, in dem ich nächtigen werde, verfügt über keinen Internetanschluss. Es kann also sein, dass ich mich einige Tage nicht bei dir melden kann.«

Aha. Es begann. Greg bereitete das Ende vor. Er würde sich einige Tage nicht melden. Und dann kam vielleicht eine nichts sagende SMS. Und schließlich würde der Kontakt von seiner Seite komplett einschlafen. Dies waren seine ersten Worte, um mich darauf vorzubereiten. Ich hatte es doch von Anfang an gewusst. Warum taten mir dann seine Worte so weh?

»Das macht doch nichts«, ich bemühte mich um einen locker-leichten Tonfall. Weiß Gott, wie ich auf die Idee kam, Schiller zu zitieren: »»Die schönen Tage in Aranjuez sind nun zu Ende.««

»Toll«, erwiderte Greg nicht gerade begeistert, »du hast doch gewusst, dass ich noch einige Tage länger in Österreich bleiben werde. Warum reagierst du jetzt so sauer?«

Ich reagierte doch nicht sauer, weil er in Österreich blieb. Ich reagierte sauer, weil er verheiratet war und daher für mich nicht zu haben. Ich reagierte verletzt, weil ich mich über beide Ohren in ihn verliebt hatte. Obwohl ich von Anfang an gewusst hatte, dass ich ihn nicht haben konnte. Mit den Gefühlen ist es so eine Sache, da kann man planen, wie man will. Und sie lassen sich nicht bei Bedarf wieder abschalten. Für Greg war ich ein fröhliches Vier-Tage-Abenteuer gewesen. Daher bestand kein Grund, ihn in mein Gefühlschaos blicken zu lassen.

»Achtung auf Gleis vier. Alles einsteigen. Der Zug fährt ab.«

Ein kleiner Kuss. Noch ein kleiner Kuss. Ein kurzes Winken, ich stieg in den Waggon, und die Tür fiel hinter mir zu.

Der Zug setzte sich in Bewegung. Greg winkte. Ich winkte zurück. Solange bis ich ihn nicht mehr sehen konnte. Dann setzte ich mich ins Abteil und weinte. Innerlich. Denn mir gegenüber saß eine verhärmte ältere Frau und starrte gerade vor sich hin. Direkt in mein Gesicht.

»Alles hat ein Ende«, dachte ich.

»Nur die Wurst hat zwei«, ergänzte meine innere Tante Hildegard. Sie musste immer das letzte Wort haben.

»Das ist doch großartig!« Bea stellte freudestrahlend ihre Teetasse ab. Ich hatte ihr soeben meine vier Tage in Wien geschildert. Natürlich konnte ich Greg da nicht ganz ausklammern – obwohl ich mich bemühte, meine Beziehung zu ihm und vor allem meine Gefühle für ihn herunterzuspielen. Bea hatte das Glück, mit einem besonders gut aussehenden Mann verheiratet zu sein. Das war der Grund, warum er allgemein nur als der »schöne Richie« bekannt war. Und das Pech, dass sie nie wusste, ob nicht doch manchmal berechtigte Eifersucht am Platz gewesen wäre. Für Frauen, die verheirateten Männern nachstellten, wie sie jeden Flirtversuch zu bezeichnen pflegte, hatte sie nicht das geringste Verständnis. Ich hätte eher ein »Bist du denn von allen guten Geistern verlassen?« erwartet als ein »Das ist doch großartig!«.

»Jetzt hast du endlich die Wand der Trauer durchbrochen und hast einen Mann an dich herangelassen. Das finde ich ganz toll.« Es hätte nicht viel gefehlt und sie hätte Saltos geschlagen vor Freude.

»Die Wand der Trauer durchbrochen«, wie das klang! Dieser Ausdruck hätte in einen ihrer historischen Romane gepasst, aber doch nicht zu meiner Situation. Seltsam, aber Beas Reaktion ging mir gehörig auf die Nerven. Ich wollte zu Greg! Ich wollte ihn spüren. Und nicht über ihn sprechen, als sei er nur ein Mittel zum Zweck gewesen. Viele Wochen später würde ich mir den Kopf darüber zerbrechen, warum ich Bea gegenüber Gregs Nachnamen nicht genannt hatte. Doch an diesem Abend stand mir nur mehr der Sinn nach Themenwechsel.

»Wie auch immer«, sagte ich daher scheinbar leichthin, »es war eine nette Episode. Aber sie ist nun zu Ende. So, und jetzt erzähl du: Wie ist es dir ergangen in der letzten Woche?«

Der Alltag holte mich schnell wieder ein. Tim hatte seine Mathematikarbeit komplett in den Sand gesetzt. Ich hatte mein Wissen in diesem Fach längst vergessen. Und daher keine Ahnung, wie ich ihm seine offenen Fragen bei Vektorrechnungen hätte beantworten können. Sebastian hatte wie immer eine sehr gute Arbeit geschrieben. Fühlte sich aber überfordert, seinen Bruder in sein Wissen einzuweihen. Ein Nachhilfelehrer musste her. Dieser Entschluss war leichter gefällt, als umgesetzt. Denn Tim weigerte sich standhaft, einen Kurs zu besuchen. Ich telefonierte mit einigen Nachhilfelehrern, die in der Zeitung inseriert hatten, aber die wohnten alle am anderen Ende der Stadt. Ich hatte keine Lust, meinem Sohn stundenlange U-Bahn-Fahrten zuzumuten, er hatte ohnehin schon viel zu wenig Freizeit. Tim versprach, sich in der Schule umzuhören. Vielleicht fand er ja einen passenden Schüler aus einer der höheren Klassen.

Carla vergrub sich immer mehr in ihrer Arbeit. Marie war kaum noch im Haus, sondern lebte die meiste Zeit bei ihrem Vater. Oder besser gesagt: unter Tonys Obhut. Daher war unser Haus ungewohnt ruhig und absolut hundefrei. Und wo Hubert die ganze Zeit steckte, wusste ich schon gar nicht. Morgens verließ er zeitig das Haus. Sein Auto stand selten in der Garage. Wenn ich mich nicht irrte, dann war er in den letzten Tagen auch oft über Nacht weggeblieben. Seine diversen Clubs schienen besonders aktiv zu sein in den letzten Wochen. Schön, dass es gleich gesinnte ältere Herren gab, mit denen sich mein Schwiegervater seine Zeit sinnvoll vertreiben konnte. Da brauchte ich mir weiter keine Gedanken um ihn zu machen. Ich hätte ohnehin weder die Zeit noch die Lust gehabt, mich um ihn zu kümmern.

Ich vergaß völlig, in meine Mailbox zu schauen.

$$\sim\!\!\mathcal{S}\!\!-\!\!\mathcal{C}\!\!-\!\!\mathcal{S}\!\!\sim$$

Noch immer kein Lebenszeichen von Greg.

XIX

Am nächsten Tag, es war bereits einige Tage nach meiner Rückkehr aus Wien, traf ich Carla im Flur. Und dies auch nur, weil ich ihr regelrecht aufgelauert hatte. Sie war gerade nach Hause gekommen und dabei, sich müden Schrittes in ihre Wohnung hinaufzuschleppen. Ich erschrak. Meine Freundin war nur noch ein Schatten ihrer selbst. Sie sah müde und abgespannt aus. Ich begann, mir ernsthafte Sorgen um sie zu machen.

»Hallo, Roli«, sie bemühte sich zu lächeln, »ich habe gar nicht richtig mitbekommen, dass du zurück bist. Deine Jungen waren mustergültig, während du verreist warst. War's schön in Wien? Nette Leute getroffen? Du musst mir unbedingt alles erzählen. Aber sei mir nicht böse, nicht heute. Denn ich bin todmüde. Und muss noch einige Unterlagen durchsehen. Und dann möchte ich nur noch unter die Dusche und schnell ins Bett.«

»Carla, kann ich irgendetwas für dich tun?« Ich hätte ihr gerne von Greg erzählt. Wusste aber, dass dies nicht der richtige Zeitpunkt war. Dabei hätte ich so gerne mit irgendjemandem über diesen Mann gesprochen!

»Das ist lieb, Roli, danke. Aber mir ist zurzeit nicht zu helfen«, sie seufzte tief auf, »ich darf das Parker-Stokington-Geschäft auf keinen Fall vermasseln. Du weißt schon: den Vertrag mit der großen englischen Firma. Wenn mir dieses Geschäft auch noch misslingt, dann habe ich Bubi genug Stoff geliefert, mir zu kündigen. Und wer nimmt mich denn dann noch, wenn das in der Branche bekannt wird? Es tut mir Leid, Roli, aber mein Leben dreht sich im Augenblick allein um dieses Geschäft. Wenn diese Angelegenheit gut vorüber ist, dann habe ich wieder mehr Zeit für dich. Mehr Zeit für Marie, mehr Zeit für mein Leben ...«

Sie klopfte mit der Hand auf ihre Aktentasche: »Ich habe einige Kalkulationen mitgenommen. Die muss ich heute einfach noch durchgehen.« Sie winkte mir kurz zu, lächelte etwas schief und stapfte tapfer die Treppe in ihre Wohnung hinauf.

Noch immer keine Nachricht von Greg.

Die Arbeit in der Praxis war wie immer. So als hätte es Wien und die hinreißenden Nächte nie gegeben. Oder doch: Eines war anders. Kollege Spörer behandelte mich mit noch mehr Respekt und Hochachtung. Es war offensichtlich, dass Professor Meierhofer ihn angerufen hatte, um ihm vom großen Erfolg meines Referates zu erzählen. Die beiden schienen befreundet zu sein. Und sogar mein sonst so verschlossener Kollege Tröger hatte anerkennende Worte gefunden.

Es war Abend, ich war allein zu Hause. Einsam und verlassen. Warum hatte ich mich auch in einen viel zu jungen, völlig falschen Mann mit Ehefrau verlieben müssen? Ein anderer Mann musste her. Und zwar sofort! Einer, dem es gelang, Greg aus meiner Erinnerung und aus meiner Seele zu verbannen. Bernhard! Also schaute ich nach langer Zeit wieder einmal in meine E-Mailbox.

Wahrscheinlich hatte er sich ohnehin nicht mehr gemeldet. Wahrscheinlich lag er schon längst wieder in den Armen von Bernadette, der Stewardess. Wie sollte ich je mit einer Stewardess namens Bernadette konkurrieren können? Das klang so jung, so makellos.

Mein Handy lag neben mir, doch wie immer gab es keinen Laut von sich. Vielleicht war Greg besonders lange in Niederösterreich. Wahrscheinlicher war jedoch, dass ich von Anfang an Recht gehabt hatte. Das »hinterste Niederösterreich« war nur eine ganz dumme, wenn auch originelle Ausrede gewesen. Warum begrub ich nicht endlich die unsinnige Hoffnung, dass er sich doch noch melden würde? Warum bloß gewann meine Vernunft nicht endlich die Oberhand?

Ich öffnete meine Mailbox.

Da war doch eine Nachricht von Bernhard. Seine E-Mail war kurz und knapp. Und eindeutig.

Von: bernhardb@...com
An: gularo@yahoo.com
Betrifft: Rosalind, wann kann ich dich sehen?

Liebe Rosalind,

ich habe mich so lange nicht gemeldet, weil ich, wie versprochen, mein Treffen mit Bernadette abwarten wollte. Wir haben uns ausgesprochen und sind übereingekommen, uns zu trennen. Es scheint, als habe Bernadette schon des Längeren ein Auge auf einen ihrer Berufskollegen geworfen. Sie freut sich darauf, unbelastet in eine neue Beziehung zu gehen. Ich möchte dich treffen, Rosalind. Sobald du aus Wien zurück bist, sag mir, wann und wo, und ich werde da sein. Ich bin schon so gespannt auf dich!

Liebe Grüße
Bernhard

Ich starrte auf diese Mitteilung. Ich konnte es kaum glauben. Wie sehr hätte ich mich vor meiner Abfahrt nach Wien darüber gefreut. Doch nun war mein Interesse für Bernhard völlig zum Erliegen gekommen. Verflixter Greg!

Das musste anders werden. Und zwar sofort! Gleich am nächsten Tag würde ich in der Praxis in meinem Kalender nachsehen und einem Treffen am nächsten freien Mittwochabend zustimmen.

Was ich an diesem Abend noch nicht wusste war, dass am nächsten Tag etwas völlig Unerwartetes geschehen würde. Etwas, womit ich nie und nimmer gerechnet hätte. Etwas, das mich dazu brachte, meinen Termin mit Bernhard viel später zu vereinbaren, als er sich das sicher gewünscht und ich es erwartet hatte.

Greg hatte mir eine SMS geschickt: »Hey, meine Liebe. Bin von Niederösterreich nach Wien gefahren und habe versucht, dich zu erreichen. Leider nicht gelungen. Ich muss zurück. Denk an dich. Greg.«

Na, zog er sich nicht gekonnt aus der Affäre? Wahrscheinlich war er längst wieder zurück in der Stadt. Und tat bloß so, als würde er sich bemühen, mich zu erreichen. Ich jedenfalls hatte mein Handy nicht läuten hören. Was, wenn ich fair sein wollte, auch daran gelegen haben konnte, dass ich es in der Praxis natürlich nie eingeschaltet hatte. Aber ich wollte nicht fair sein. Ich war verletzt, gekränkt und voller unerfüllter Sehnsucht. Eingehüllt in eine dicke Wolke Selbstmitleid.

Als ich die SMS las, war ich auf dem Weg durch die Innenstadt, um ein Geburtstagsgeschenk für Schwester Mathilde zu besorgen. In den Schaufenstern der Läden sah ich nichts Passendes. Es war immer besonders schwierig etwas zu finden, wenn man nicht wusste, was man suchte. Und außerdem war ich im Moment nicht in der Stimmung, anderen eine Freude zu bereiten.

»Aber hallo! Sie sieht mich nicht! R-o-l-i!« Margarite Meiner wedelte mit beiden Armen in der Luft, um meine Aufmerksamkeit auf sich zu ziehen. Erfreut ging ich auf sie zu. Das war eine nette Überraschung. Vielleicht hatte ja sie Zeit für einen Drink, und ich hatte endlich jemanden, dem ich von Greg erzählen konnte.

»Hallo, Margarite«, ich schüttelte ihr freudig die Hand, »machst du einen Einkaufsbummel? Wieder auf der Suche nach den neuesten Klamotten für eine Kundin?«

Sie lachte und wies auf den kleinen, etwas untersetzten Mann neben sich, dessen Gegenwart mir bisher entgangen war: »Nein, Wolfram und ich sind auf dem Weg zu Freunden. Ist es nicht eine gute Gelegenheit: Ich wollte euch ohnehin schon die ganze Zeit bekannt machen. Roli, das ist er also, mein Wolfram.«

Ich blickte in das freundliche, rotwangige Gesicht des untersetzten Mannes und war sprachlos. Wie ferngesteuert reichte ich ihm die Hand und murmelte etwas von: »Das ist aber eine Freude.« Das war Wolfram? Das war doch nie im Leben Wolfram!

Margarite schien meine Fassungslosigkeit nicht zu bemerken. »Und das ist Rosalind Steinberg«, stellte sie mich ihrem Begleiter vor, »die Zahnärztin, von der ich dir erzählt habe. Wirklich schön, dich zu sehen, Roli. Wie war es in Wien? Ich bin sicher, dein Referat war erfolgreich. Habe ich Recht?«

Ich nickte automatisch. Wenn das Wolfram war, wer war dann der gut aussehende Mann, der Margarite im »Roberto« so freudestrahlend begrüßt hatte? Wer war dann dieser absolute Traummann? Das musste ich unbedingt wissen. Sofort.

»Was ich dich fragen wollte«, hörte ich mich sagen, und es war mir völlig egal, dass ich Margarites Redeschwall etwas brüsk unterbrach, »wer war denn der Mann, mit dem ich dich damals im ›Roberto‹ gesehen habe?«

»Du warst mit einem fremden Mann im ›Roberto‹?« Wolframs Worte sollten wohl scherzhaft klingen, doch ein Hauch von Eifersucht war nicht zu überhören.

Was war ich bloß für eine blöde, unsensible Kuh? Was ging es mich an, wenn sich Margarite heimlich mit einem Verehrer traf, von dem Wolfram nichts wissen durfte? Und ich hatte sie nun in Verlegenheit gebracht, anstatt abzuwarten, bis ich Margarite einmal allein traf. Ich hätte sie ja auch anrufen können. Meine Ungeduld würde mir noch einmal zum Verhängnis werden!

Zum Glück schien Margarite nicht im Geringsten in Verlegenheit. »Im ›Roberto‹?«, wiederholte sie. »Ach, du meinst Stefan. Rosalind hat mich mit Stefan im ›Roberto‹ gesehen«, sie wandte ihren Blick Wolfram zu, »du weißt schon, an dem Abend kurz nach Stefans Rückkehr aus Mallorca.«

Wolfram schien wieder sichtlich beruhigt.

»Stefan – wie weiter?« Hatte der Mann auch einen Nachnamen? Und vor allem: Wo war er zu finden?

»Stefan Auer-Bergenthal«, erklärte Margarite. »Er ist ein alter Freund aus Jugendtagen. Um genauer zu sein, ist er ein alter Freund meines älteren Bruders. Ihm gehört eines der größten Unternehmensberaterbüros hier im Lande. Das halbe Jahr lebt er auf Mallorca. Immer wenn er von dort zurückkommt, besteht er darauf, mich groß zum Essen auszuführen. Wahrscheinlich vor allem, um zu erfahren, was sich in unserem Bekannten- und Freundeskreis in der Zwischenzeit getan hat. Doch sag: Ist etwas mit Stefan? Gibt es einen besonderen Grund, dass du dich nach ihm erkundigst?«

Ja, was war mit Stefan? Nichts war mit Stefan. Außer dass er der schönste, aufregendste, eleganteste Mann war, den ich je gesehen hatte. Dieser Stefan war genau mein Typ. So falsch Greg für mich war, so richtig würde er für mich sein. Eine Frau spürt so etwas. Stefan wäre genau der Richtige, um mich Greg vergessen zu lassen.

»Kennst du Stefan von irgendwo her?« Margarite wurde aus meinem Schweigen nicht klug.

Ich schüttelte den Kopf: »Nein, danke sehr für deine Auskunft«, ich war reichlich verlegen, »vergiss es. Ich dachte, ich würde ihn kennen, aber vermutlich habe ich ihn verwechselt.«

Margarite brach in schallendes Lachen aus: »Nachtigall, ick hör dir trapsen«, sagte sie, und ich hatte keine Ahnung, was das bedeutete. »Merkst du etwas, Wolfram? Die gute Roli hat sich verguckt.«

»Die gute Roli hat sich verguckt!« – Was war denn das für ein peinlicher Satz? Hier auf offener Straße gesprochen. Noch dazu vor diesem wildfremden Mann, der Wolfram hieß. Aber nicht der Wolfram war, den ich in meinem Herzen und meinen Gehirnwindungen mit mir getragen habe, seit ich Stefan zum ersten Mal gesehen hatte.

»Wenn dir Stefan gefällt, erzähle ich dir liebend gern mehr über ihn. Er ist seit zwei Jahren geschieden. Keine Verpflichtungen, sein Sohn erwachsen und aus dem Haus, er selbst frei für etwas Neues. Ach, das wird mir Spaß machen, euch zusammenzubringen. Wo hatte ich bloß meine Augen? Natürlich, ihr werdet ein Traumpaar abgeben. Und ich bin eine verdammt gute Kupplerin, das kannst du mir glauben.«

Ich war froh, dass ich Margarite bald loswurde. Sie hatten es eilig, wollten sie nicht allzu spät zu ihren Freunden kommen. Ihre Stimme war mir so laut erschienen. Und doch: Die Aussicht, Stefan, meinen Wolfram, kennen zu lernen, das brachte mein Herz zum Klopfen. Stefan war frei! Frei für mich! Diese Chance würde ich nutzen, das schwor ich mir! Natürlich schob sich Gregs Gesicht zwischen mich und mein Idealbild. Doch ich wischte es brüsk beiseite. Greg gehörte zu Wien. Wien war Vergangenheit. Er hatte mich mit der Niederösterreich-Ausrede auf die Seite geschoben. Nun hieß es für mich, in die Zukunft zu blicken. Und diese Zukunft hieß – vielleicht Bernhard. Doch hoffentlich, hoffentlich hieß sie Stefan.

SMS auf meinem Handy: »Guten Morgen, Rosi. Ich bin zurück. Kann dich nicht erreichen. Bitte ruf mich an. Greg.«

Von: bernhardb@...com
An: gularo@yahoo.com
Betrifft: Ich habe Sehnsucht nach dir!

Liebe Rosalind,
ich bin mir nicht sicher, ob du meine letzte E-Mail erhalten hast. Ich hatte dir mitgeteilt, dass Bernadette und ich uns im Einvernehmen getrennt haben. Ich würde dich so gern sehen. Bitte melde dich. Ich freue mich über jede Nachricht von dir. Nur: Bitte lass mich nicht länger im Ungewissen. Ich denk an dich!!!
Bernhard

Nachricht auf meiner Mobilbox: »Rosalind, hier ist Margarite. Sag, hast du das Handy nie eingeschaltet? Ich lade dich herzlich für Mittwoch zum Abendessen ein. Neunzehn Uhr dreißig, ganz zwanglos. Stefan hat zugesagt zu kommen. Ich habe ihm natürlich noch nichts von dir erzählt. Du bist unsere Überraschung. Also bis dann. Ich bin schon ganz aufgeregt.«

In meinem Badezimmer blickte ich mich fassungslos im Spiegel an. Hätte mir vor einem halben Jahr jemand prophezeit, dass ich einmal in so einer Situation sein würde, ich hätte ihn für verrückt gehalten. Ich, Rosalind Steinberg, allein erziehende Mutter. Witwe. Zweiundvierzig. Ich stand da, und drei Männer bemühten sich um mich. Na ja, oder immerhin zwei. Man konnte nicht wirklich behaupten, dass sich Stefan um mich bemühte. Er wusste ja noch gar nichts von mir. Und dennoch schien er mir zum Greifen nahe. Natürlich vermisste ich Greg. Ich vermisste ihn fürchterlich. Ein scharfes Ziehen in meiner Brust, immer wenn ich an ihn dachte, war ein klarer Beweis dafür. Und ich dachte ziemlich oft an ihn. Er hatte sich bereits mehrmals auf meinem Handy gemeldet. Ich freute mich, dass für ihn unsere Wiener Tage nicht nur eine abgeschlossene Episode waren. Er bemühte sich anscheinend wirklich, mit mir wieder Kontakt aufzunehmen. Aber was sollte es? Die innere Tante Hildegard hatte Recht. Für ein Verhältnis mit einem verheirateten Mann war ich mir zu schade. Oder doch nicht? Ich war mir nicht so sicher. Darum war es besser, mich auf etwas anderes zu konzentrieren. Vor allem auf jemand anderen.

Natürlich war ich neugierig auf Bernhard. Wir hatten über Wochen intensive und sehr offene E-Mails gewechselt. Er hatte sich doch hoffentlich nicht nur wegen mir von seiner Freundin getrennt? Um ehrlich zu sein, ich war etwas überfordert. Ich kannte den Mann doch gar nicht. Dennoch: Es reizte mich sehr, ihn kennen zu lernen. Warum meldete ich mich nicht bei ihm und gab ihm endlich einen Termin für ein Date, das er sich so wünschte? Allein der Gedanke, dass ein Mann mit mir ein Date herbeisehnte, ließ mich fassungslos in meinen Gedanken innehalten.

Was war nur alles geschehen in letzter Zeit? Die Ereignisse schienen mich zu überrollen. Am besten war es wohl, einmal abzuwarten und Stefan zu treffen. Eines nach dem anderen. Nur noch zwei Tage bis Mittwoch. Oh Gott, war ich aufgeregt.

»Ach übrigens, Mam: Ich habe einen Nachhilfelehrer in Mathe gefunden.« Tim sah nur kurz von seinen Cornflakes auf.

Ich saß mit meinen Söhnen in der Küche bei einem schnellen Frühstück. Sie hatten es eilig, in die Schule zu kommen, ich musste in die Praxis. Es war Mittwochmorgen. Der Tag, an dem ich endlich Wolfram treffen sollte. Nein, falsch. Der Mann, von dem ich in einsamen Nächten geträumt hatte, hieß Stefan. Ach, es war alles so verwirrend. Aber spannend. Und so verwirrt ich auch war und so sehr ich Greg auch vermisste, so sehr genoss ich diese Situation. Es war ein schönes Gefühl, begehrt zu werden.

»Ich kenne ihn vom Sport. Er hat etwas Technisches studiert oder so etwas Ähnliches. Wir treffen uns heute nach der Schule. Es ist dir doch recht, Mam?«

Natürlich war es mir recht. Und wie recht es mir war! Wieder war ein Problem gelöst. Und diesmal noch dazu ohne mein Zutun. Es war schön zu sehen, dass meine Söhne immer selbstständiger wurden. So hatte ich mehr Zeit für mich. Und die hatte ich nun auch dringend nötig.

Um Punkt halb acht stand ich vor Margarites Tür. Ich hatte ihr einen bunten Sommerstrauß mitgebracht, den ich nun etwas zitternd in meinen feuchten Händen hielt. Die Tür ging auf, und eine freudestrahlende Gastgeberin erschien: »Roli«, sie umarmte mich herzlich, »was sind das für schöne Blumen! Herzlichen Dank.«

Verschwörerisch zwinkerte sie mir zu, was meine Nervosität nur noch weiter steigerte. Sie drehte sich kurz um: »Wolfram, Roli ist gekommen.«

Nun erschien auch die kleine, untersetzte Gestalt, um mich ebenso herzlich zu begrüßen. Und noch jemand anders erschien im Türrahmen zwischen Wohnzimmer und Flur: Stefan. Wenn es möglich war, dann sah er noch besser aus, als ich ihn in Erinnerung hatte. Ein braun gebranntes Gesicht, eisblaue Augen. Die dunklen Haare an den Schläfen ergraut, was ihm den Anstrich von Seriosität und Weltgewandtheit verlieh. Ich konnte wetten: Sein dunkelblaues Sakko war aus reinstem, feinstem Kaschmir. Wie hätte ich bei seinem Lächeln Herrin meiner Gefühle bleiben sollen?

»Mein Name ist Stefan Auer-Bergenthal. Und Sie sind also Margarites Freundin Rosalind. Ich freue mich, Sie kennen zu lernen.« Er reichte mir seine Hand. Margarite hatte ihm also doch von mir erzählt. Hätte mich ja auch gewundert, wenn sie ihren Plan für sich hätte behalten können. Ich spürte, dass ich errötete, während ich seinen Gruß mit einem Lächeln erwiderte. Ich sehnte mich nach meiner Handtasche, hinter der ich mich hätte verkriechen können. Das voluminöse Stück war zu Hause geblieben. Und das kleine Täschchen, das über meiner linken Schulter baumelte, war nicht wirklich hilfreich. Ich trug wieder denselben Rock mit derselben Bluse, die ich auch in Wien getragen hatte. Damals an dem Abend, als Greg und ich etwas überhastet das Tafelspitz-Restaurant verließen. Halt! Nicht daran denken, wie das war, als ich beides das letzte Mal auszog. Nicht an den Mann denken, der meinen »Striptease« mit heißen Augen und scheinbar unbewegter Miene verfolgt hatte.

»Lebe im Hier und Jetzt!«, sprach meine innere Tante Hildegard streng. »In der Zukunft liegt das Glück.«

»Du hast mir gar nicht erzählt, Margarite, wie reizend deine Freundin ist«, Stefan reichte mir seinen Arm und führte mich zu Tisch. Eine Geste, die mir von Peter vertraut war. Ich versuchte mir vorzustellen, wie es war, wenn Greg mir seinen Arm anbot. Ich konnte es nicht. Greg war nicht der Typ dafür. Aber Stefan war es zweifellos. Was für ein Gentleman!

Es wurde ein ausgesprochen schöner Abend. Es war wie ein Eintauchen in eine Welt, die ich schon einmal gekannt hatte. Mit Greg war alles so neu gewesen, so leicht, so luftig, so unbeschwert. Kein Wunder, dass so ein Zustand nicht für die Ewigkeit halten konnte. Mit Stefan kam Vertrautes zurück in meine Gedanken. Wir sprachen über Ereignisse aus dem gesellschaftlichen Leben der Stadt. Wir stellten mit großer Freude fest, dass wir einige gemeinsame Bekannte hatten. Das war nicht weiter verwunderlich. Dieser Mann bewegte sich in den Kreisen, die auch ich einst gekannt hatte, als ich noch die Frau des bekannten Rechtsanwalts Peter Steinberg gewesen war. Wenn sich auch Stefans Bekanntenkreis aufgrund seines höheren Alters nur teilweise

mit dem unseren deckte. Um ehrlich zu sein, war dies nämlich gar nicht mehr mein Bekanntenkreis. Viele hatten mich
nicht mehr eingeladen, seit Peters Tod bekannt geworden
war. Zum Begräbnis waren sie noch in großer Schar gekommen. Hatten teure Kränze niedergelegt und blütenweiße
Taschentücher zu ihren Augenwinkeln geführt. Aber dann?
Sollte man wirklich eine Witwe einladen und riskieren, dass
sie einem mit traurigem Gesicht den Abend verdarb? Oder,
noch schlimmer, dass sie vielleicht Hilfe erwartete? Nein,
nein, da war es schon besser, die trauernde Witwe ihrem
Mann gedanklich ins Grab hinterherzuwerfen. Und man
blieb eine gerade Anzahl von Gästen an der Dinnertafel.

Diese Gedanken kamen mir nicht erst an diesem Tag, als
ich neben Stefan an Margarites Designertisch saß. Aber sie
drängten sich mir wieder auf – allerdings mit dem verlo-
ckenden Zusatz, dass ich, Roli Steinberg, in Kürze wieder in
dieser Gesellschaft auftauchen würde. Und zwar an der
Seite eines der begehrtesten Junggesellen. Ich freute mich
auf ihre fassungslosen Gesichter. Ich strahlte Stefan an. Er
strahlte zurück. Was für ein viel versprechender Anfang!

Margarite war eine ausgezeichnete Köchin. An diesem
Abend sprach sie nicht viel, sondern beschränkte sich darauf, uns mit Umsicht zu bewirten. Wolfram sorgte dafür,
dass unsere Gläser nie leer waren, und trug ab und zu eine
Anekdote bei. Es war Stefan, der für die Unterhaltung
sorgte. Er erzählte von sich, seiner Arbeit, seinen Reisen,
und es gelang ihm auch, durch geschickte Fragen mich ins
Gespräch einzubinden. Er wollte wissen, wo ich studiert
hatte, warum ich Zahnärztin geworden war. Wie groß unsere
Praxisgemeinschaft war und wie viel Umsatz wir machten.
Er selbst betrieb eine Kommunikationsagentur mit dreiund-
fünfzig Mitarbeitern. »Wir betreuen derzeit mehr als vierzig
Kunden. Unser Credo ist die Gesamtkommunikation.«

Darunter konnte ich mir nichts vorstellen.

»Das bedeutet, dass wir Kommunikation grundsätzlich
ganzheitlich sehen. Wir bieten unseren Kunden maß-

geschneiderte, ergebnisorientierte Gesamtlösungen an. Man könnte uns mit einem Generalunternehmer vergleichen.« Wow. Das klang großartig. Nicht, dass ich mir jetzt mehr hätte vorstellen können. Aber das war mir auch egal. Mich faszinierte Stefans Ausstrahlung. Seine Selbstsicherheit. Seine erotische Stimme. Er schaffte es, dass mir auch dann ein wohliger Schauer über den Rücken lief, wenn er über die unerotischsten wirtschaftlichen Themen sprach. Und dann seine Hände: lange, feingliedrige Finger. »Klavierspielerhände«, wie Peters Mama derart schlanke Hände gern zu bezeichnen pflegte. Ich stellte mir vor, wie diese Hände meine Bluse aufknöpften. Ein erregender Gedanke. Doch diesmal hatte ich meine Mimik anscheinend gut unter Kontrolle. Keine Regung in Stefans Miene verriet, dass er meine Gedanken erraten hatte. Vielleicht war er auch zu sehr darin vertieft, mir sein Finanzmanagementkonzept näher zu erläutern.

Gegen halb zwölf brachen wir auf. Ich bat Margarite, mir ein Taxi zu rufen. Ich hatte schon geahnt, dass es einige Gläser mehr werden würden, und daher mein Auto zu Hause stehen lassen. Und um ehrlich zu sein, hatte ich auch gehofft, dass mich der Mann meiner Träume nach Hause bringen würde.

Und da sagte er auch schon in energischem Tonfall: »Aber das kommt doch gar nicht in Frage«, er wandte sich mir zu, »ich bringe Sie selbstverständlich nach Hause.«

Dann verabschiedete er sich mit einer Umarmung und einem Kuss auf die Wange von Margarite, bedankte sich sehr herzlich für das gute Essen und lobte den Gastgeber für den gepflegten Wein. Ich beeilte mich, es ihm gleichzutun. Mir gefiel seine Nonchalance, seine weltgewandte Selbstsicherheit. Was für ein Mann! Er war ein Mann, wie ich ihn mir immer gewünscht hatte. Ich freute mich schon darauf, ihn zu küssen.

Sein Jaguar parkte vor der Haustür. Weinrot metallic. Beige Ledersitze. Gepflegte Eleganz. Stefan ging um das

Fahrzeug herum, öffnete die Beifahrertür und ließ mich einsteigen. Er wartete, bis ich mir den Rock gerichtet und den Gurt angeschnallt hatte, bevor er die Tür mit einem leisen Klacken zufallen ließ. Wir fuhren schweigend durch die nächtlichen Straßen.

»Sie sind eine faszinierende Frau«, erklärte er ohne jede Vorwarnung. Hilfe, wo war meine große Tasche? »Ich würde Sie gern wieder sehen.«

Ja, das wollte ich auch gern. Außerordentlich gern. Ich hätte mir nie im Leben träumen lassen, dass der Beginn einer Beziehung mit diesem Mann so einfach werden würde!

Stefan schien keinen Zweifel daran zu haben, dass ich seiner Bitte nachkommen würde. »Ich schlage vor, wir treffen uns am Samstag. Ich reserviere uns einen Tisch in einem netten, kleinen Restaurant. Haben Sie irgendwelche Vorlieben? Italienisch, Französisch?«

Ich beeilte mich zu versichern, dass ich ihm bei der Auswahl des Lokals vollständiges Vertrauen schenkte. Ich wusste, das kam bei Männern wie Stefan an. Ich hatte mich nicht geirrt. Ein feines Lächeln erschien auf seinen markanten Gesichtszügen: »Das freut mich«, sagte er schlicht, »wenn es Ihnen recht ist, hole ich Sie um Viertel vor acht ab? Ihre Adresse kenne ich ja jetzt.«

Ich stimmte mit Freuden zu und konnte den nächsten Samstag kaum erwarten.

Vor meinem Haus angekommen, stellte er den Wagen ab. Von Peter wusste ich, dass es nun hieß zu warten. Warten, bis mein Kavalier um das Auto herumgegangen war, um mir die Tür aufzuhalten. Alles andere wäre undamenhaft gewesen. Nicht, dass sich Peter in all unseren Ehejahren immer an diese gesellschaftliche Gepflogenheit gehalten hätte. Aber in den Anfangsjahren unserer Beziehung, da hatte er sehr wohl darauf bestanden.

Ich ließ mir also aus dem Fahrzeug helfen und reichte Stefan dazu die Hand. Er ließ sie nicht mehr los, auch als wir uns schon gegenüberstanden, sondern hauchte mir einen leichten Kuss auf meinen rechten Handrücken. Ich hätte vergehen können vor Erregung und romantischen Gefühlen. Nun war es endlich so weit. Ich war am Ziel meiner wochenlangen Träumereien angelangt. Noch ein kurzer Augenblick, dann würde mich dieser Traum von einem Mann in seine Arme ziehen. Ich würde seine Lippen spüren. Ich würde Greg vergessen. Ich würde ...

»Auf Wiedersehen, Rosalind«, er schenkte mir ein bedeutungsvolles Lächeln, »ich freue mich auf Samstag.« Noch ein kleines Winken, dann schritt er zum Wagen.

Etwas benommen sperrte ich die Haustür auf und ging hinein. Während die Tür ins Schloss fiel, hörte ich das sanfte Schnurren des Jaguars, der wieder in Richtung Innenstadt rollte. So hatte ich mir das Ende dieses verheißungsvollen Abends nicht vorgestellt. Und doch: War es nicht ein gutes Zeichen? Stefan hielt mich für etwas Besonderes. Für eine Frau, die man nicht bereits am ersten Abend eroberte. Mit diesem tröstlichen Gedanken ging ich schlafen. Und träumte von einem aufregenden Samstagabend.

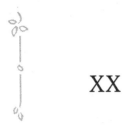

XX

Es war Freitagnachmittag, als mich Sebastian mit einer beiläufig geäußerten Frage überraschte: »Sag mal, Mam, warum hast du eigentlich mit Greg Schluss gemacht?«

Tim war bei seiner Nachhilfestunde.

Von Carla und Marie war nichts zu sehen. Hubert hatte sich am frühen Morgen von mir verabschiedet. Er hatte vor dem Spiegel im Flur gestanden und sich ein kariertes Käppchen auf dem Kopf zurechtgerückt. Ich hatte diese Kopfbedeckung noch nie zuvor gesehen. Sie gab Hubert das ungewohnte Aussehen eines englischen Lords. Auch seine übrige Kleidung unterstrich diesen Eindruck.

Ich hatte es eilig, in die Praxis zu kommen, blieb aber doch stehen, um einige Worte zu wechseln: »Was hast du vor, Schwiegervater? Man könnte fast meinen, du gehst auf Brautschau. Zu deinem Outfit fehlt nur noch das Cabriolet.«

Dieser Satz war natürlich scherzhaft gemeint, und Hubert winkte erwartungsgemäß ab: »Für eine Brautschau ist es wohl ein bisschen zu spät. Da ist der Zug abgefahren, wenn ich das einmal so salopp formulieren darf. Das mit dem Cabriolet stimmt. Wir haben uns für das Wochenende eins gemietet. Es macht ja doch viel mehr Spaß, mit offenem Verdeck durch die Lande zu gondeln. Vor allem, wenn das Wetter so prachtvoll ist wie in den letzten Tagen. Hast du noch ein paar Minuten Zeit? Ich werde abgeholt, dann zeige ich dir den Wagen. Ein MG. In Jagdgrün. Ein wahrer Genuss, dieses Auto zu fahren!«

Ich freute mich über Huberts Begeisterung. Ich hatte meinen Schwiegervater schon lange nicht mehr so fröhlich und aufgekratzt gesehen. Wie schön, dass er gute Freunde hatte, mit denen er etwas unternehmen konnte. Und wie schön, dass er sich endlich etwas gönnte!

Ich hob bedauernd die Hand: »Nein, leider, ich kann beim besten Willen nicht warten. Ich muss schleunigst in die Praxis. Heute Morgen ist eine Implantation angesetzt. Ich kann das Team auf keinen Fall warten lassen.«

Und dann war ich eilig zu meinem Auto gelaufen. Bevor Huberts Freund, Walter Stadler vermutlich, gekommen war und mich mit weiteren Schwärmereien über das Fahrzeug hätte aufhalten können.

Jetzt war es siebzehn Uhr, und ich war mit Sebastian allein zu Haus. Wir standen im Wohnzimmer und inspizierten das Bücherregal. Mein Sohn sollte im Deutschunterricht ein Referat über einen Schriftsteller des 20. Jahrhunderts halten. Er hatte dazu freie Auswahl, und wir überlegten, wen er zum Mittelpunkt seiner Arbeit machen könnte. Und dann kam aus heiterem Himmel diese inhaltsschwere Frage: »Sag mal, Mam, warum hast du eigentlich mit Greg Schluss gemacht?«

Ich schnappte nach Luft. Am liebsten wäre ich vor Schreck und Überraschung in den nächsten Sessel gefallen. Was wusste Sebastian über Greg und mich? Woher wusste er überhaupt von Greg?

»Ich weiß nicht, was du meinst.« Die typische Antwort einer Mutter, die nicht wusste, was sie sagen sollte.

»Wir haben Greg vor einigen Monaten beim Laufen kennen gelernt, erinnerst du dich? Du warst doch dabei und hast uns mit ihm bekannt gemacht. In der Zwischenzeit haben wir ihn des Öfteren beim Joggen getroffen. Norbert ist ein ganz lieber Hund. Er lässt sich sogar von mir streicheln. Tim hat er weniger gern, glaube ich. Er knurrt manchmal, wenn …«

»Was hat euch Greg erzählt?« Ob Norbert knurrte, war mir im Moment völlig egal.

»Er hat uns nicht viel erzählt«, Sebastian zog »Biedermann und die Brandstifter« von Max Frisch aus dem Regal, »vielleicht wäre ja Max Frisch der passende Schriftsteller für mein Referat?«

»Worüber habt ihr gesprochen?« Ich ließ nicht locker.

»Greg meinte, ihr hättet euch in Wien getroffen. Du hast uns gar nichts davon erzählt, Mam«, sein Ton war unverkennbar vorwurfsvoll, »er sagte, ihr hättet schöne Tage verbracht. Doch nun meldest du dich nicht mehr. Ich finde, Greg ist ein netter Kerl. Warum meldest du dich nicht bei ihm? Und was ist jetzt mit Max Frisch? Passt er oder passt er nicht?«

»Hat euch Greg erzählt, was wir in Wien gemacht haben?« Um Himmels willen, welche Details wussten meine Söhne? Wen interessierte schon Max Frisch? Mich jedenfalls nicht. Nicht in diesem Augenblick.

»Er hat gar nichts gesagt, was ihr gemacht habt. Warum?« Nun war Sebastian wirklich neugierig geworden: »Was hätte er uns denn erzählen sollen? Was habt ihr denn so Spannendes gemeinsam getrieben?«

Ich spürte, dass ich wieder einmal rot wurde, und kramte geschäftig im Bücherregal: »Ach, nichts Besonderes ... Ich dachte nur, ich dachte nur ... Es würde mich interessieren, was er gesagt hat.« Ich wollte alles erfahren. Wort für Wort! Wie aber hätte ich weiter fragen können, ohne mich lächerlich zu machen?

»Magst du Greg nicht? Dein Tonfall klingt so seltsam.«

»Natürlich mag ich ihn. Er ist ein netter Kerl, das hast du ja selbst gesagt.«

»Dann ist doch alles klar«, sagte Sebastian. Mit sechzehn war sehr schnell alles klar. »Wenn du findest, er ist ein netter Kerl, warum triffst du dich dann nicht mehr mit ihm? Mir scheint, er hat ernsthaft ein Auge auf dich geworfen.«

Da schau her. Mein Sohn hatte eine rasche Auffassungsgabe. Ich musste lächeln. Natürlich freute es mich, dass Greg auf mich ein Auge geworfen hatte. Es freute mich außerordentlich.

Und es freute mich auch, dass mein Sohn offensichtlich nichts dagegen hatte. Es war ja für ihn eine völlig neue Situation. Ein Mann interessierte sich für seine Mutter.

»Hat er dir das gesagt?«, wollte ich wissen.

»Nein, nicht direkt. Mann, aber so etwas spüre ich doch. Also, triffst du dich jetzt mit ihm? Und soll ich Max Frisch nehmen?«

»Nimm Max Frisch«, erklärte ich, nur um dieses Thema abzuschließen. Max Frisch war so gut wie jeder andere. »Ich treffe mich nicht mit Greg, weil er verheiratet ist. Ich treffe mich nicht mit verheirateten Männern.«

Sebastian erwog diesen Einwand. »Aha«, sagte er schließlich, »das klingt vernünftig. Ich schnappe mir jetzt dieses Buch und gehe in mein Zimmer. Kann ich dir mein Referat zeigen, wenn ich fertig bin, Mam?«

»Natürlich kannst du das.«

Sebastian verzog sich.

Ich ging in mein Schlafzimmer. Ich hatte in den letzten Tagen weder auf Gregs SMS reagiert noch hatte ich mein Handy eingeschaltet, damit er mich direkt hätte erreichen können. Ich bewunderte mich selbst für meine Konsequenz. Ich hatte mich in ihn verliebt, doch ich musste ihn vergessen. Und das würde mir leicht fallen, denn ich ging am nächsten Tag mit Stefan aus. Und Stefan, dieser absolute Traummann, würde Greg aus meinen Gedanken vertreiben. Und zwar ein für alle Mal. Und zwar mit Links! Allerdings war es schon interessant, dass Greg und die Jungen sich zum Joggen trafen. Greg musste ganz in meiner Nähe wohnen. Es war also nicht ausgeschlossen, dass wir uns eines Tages wieder über den Weg liefen. Ich wusste, dass ich mich darüber freuen würde. Aber Tante Hildegard in mir hoffte, dass es nicht geschah und ich ihn nie wieder traf. Denn dann würde ich für meine weiteren Handlungen nicht mehr die Verantwortung übernehmen. Ich war imstande, ihm ohne weiteres um den Hals zu fallen. Ihn an mich zu drücken, sein Gesicht mit Küssen zu bedecken …

Halt! Energisch öffnete ich meinen Kleiderschrank, um mir zu überlegen, was ich zu meinem ersten Rendezvous mit Stefan anziehen sollte. Natürlich fand ich nichts Passendes. Meine schönsten Sachen erinnerten mich an Wien. In die neue Beziehung wollte ich aber mit neuen Kleidungsstücken gehen. Und so saß ich wenige Augenblicke später in meinem Auto und fuhr in die Innenstadt. Dieses bedeutende Ereignis, das erste Mal mit Stefan allein auszugehen, verdiente ein sexy Outfit. Und ein passendes Paar neue, hochhackige Schuhe.

Und dann war also der Samstag angebrochen. Ich war den ganzen Tag nervös und zittrig gewesen und froh, dass die Jungs auf ihren Zimmern waren, um sich umzuziehen. Heute war die Geburtstagsparty von Cindy, dem umschwärmtesten Mädchen in ihrer Klasse. Da hieß es, die lässigsten Jeans herauszusuchen und die, zum Glück wenigen, Pickel unter einer dicken Schicht hautfarbener Creme zu verstecken. Es war wirklich gut, dass die beiden so intensiv mit ihren Vorbereitungen beschäftigt waren. Wie hätte ich ihnen erklären sollen, dass ich nicht im Geringsten in der Lage gewesen wäre, mich auf ein Gespräch zu konzentrieren? Ich stand meinen beiden Söhnen in puncto Aufregung über den bevorstehenden Abend um nichts nach.

Von allen Seiten betrachtete ich mich im Spiegel. Wie ich mich auch drehte und wendete – ich war zufrieden mit dem, was ich sah: Mein neuer, mitternachtsblauer Seidenblazer passte ausgezeichnet zu dem schmalen, hautengen Top, das mein Dekolletee erfreulich betonte. Meine Freundinnen hatten Recht gehabt: Es machte richtig Spaß, sich für einen würdigen Anlass ins beste Licht zu rücken.

Es hatte den ganzen Tag leicht genieselt, jetzt am Abend goss es in Strömen. Meine himbeerrote Jacke erschien mir zum blauen Blazer doch zu auffallend. Zum Glück hatte ich noch einen dunkelblauen Regenmantel, der als eines der wenigen Kleidungsstücke meiner alten Garderobe Gnade vor Margarites strengem Auge gefunden hatte. Pünktlich um Viertel vor acht läutete es an der Tür.

Da stand er: in einem hellgrauen Trenchcoat. Seine vollendeten Gesichtszüge durch einen tief in die Stirne gezogenen Regenhut verdeckt. Ich hatte meinen Mantel noch nicht angezogen und bat ihn ins Haus.

»Guten Abend«, seine Lippen zeigten ein kleines Lächeln. Er schüttelte den großen Regenschirm aus und lehnte ihn an die Hauswand. Dann folgte er mir in den Flur. Ich blickte in den Spiegel, als er mir in den Mantel half. Und da sah ich es ganz deutlich: ein kleines Leuchten in seinen Augen. Ich konnte es kaum glauben: Oh Gott, auch er hatte Feuer gefangen!

Ich spürte, wie mein Herz heftig zu klopfen begann. Ob er mich nun zur Begrüßung endlich küssen würde?

»Mam, lässt du bitte etwas Geld zu Hause? Wir müssen die Getränke zu Cindys Party selbst mitbringen. Jordy hat für uns eingekauft. Jetzt will er unseren Anteil kassieren. Seine Mutter bringt uns mit dem Auto zu Cindys Haus. Was sehr praktisch ist bei diesem Wetter.«

Ohne dass ich es bemerkt hatte, waren meine beiden Söhne hinter mir erschienen. Es hatte fast den Eindruck, als hätte sie die Neugierde auf den Flur hinausgetrieben. Das hätte ich mir denken können. Natürlich war ihnen meine Aufregung nicht entgangen, und sie wollten wissen, wer oder was der Grund für diese Aufregung war.

»Oh hallo, ich wusste nicht, dass du Besuch hast«, äußerte mein Jüngerer mit zur Schau gestellter Ahnungslosigkeit. »Ich bin Tim.« Er gab Stefan die Hand und nahm ihn genau in Augenschein. Sebastian beeilte sich, es ihm gleichzutun.

»Das sind meine Söhne«, sagte ich, wissend, dass er das wohl selbst erraten hatte. Da Stefan außer »Guten Abend« nichts von sich gegeben hatte, beeilte ich mich, ihn meinen Söhnen vorzustellen. Sie sollten doch wissen, wer der Mann war, der ihre Mutter heute ausführte. Und den sie in Zukunft öfter nach Hause zu bringen gedachte.

»Und das ist Stefan …«, erschrocken ließ ich den Satz in der Luft hängen. Ich hatte keine Ahnung mehr, wie sein Nachname lautete. Der war aber auch reichlich seltsam gewesen.

»Auer-Bergenthal«, vollendete Stefan meinen Satz. Er war es sichtlich nicht gewöhnt, mit Jugendlichen Konversation zu betreiben. Jedenfalls stand er etwas steif im Flur herum und fühlte sich fehl am Platz. Das beunruhigte mich nicht weiter. Meine Jungen waren unkompliziert. Er würde schon einen guten Draht zu ihnen finden, wenn er sie erst einmal näher kannte.

Um Stefans Qual nicht unnötig in die Länge zu ziehen, zückte ich rasch die Geldtasche und drückte Tim einen Schein in die Hand. »Seid bitte um ein Uhr spätestens zu Hause.« Warum konnte sich eine Mutter solche Sätze nie verkneifen? Meine Söhne kannten ohnehin die Spielregeln.

»Sie haben große Söhne. Ich bin überrascht«, Stefan öffnete mir die Wagentür. Er sagte nicht: Sie sehen viel zu jung aus für so große Kinder. Das wäre plump gewesen. Bei ihm klang eine simple Feststellung wie ein Kompliment. Schlicht und elegant.

Eingebettet in tiefe Ledersitze genoss ich es, durch die Straßen der Stadt gefahren zu werden. Aus dem CD-Player klang leise Klaviermusik. Die Seitenscheiben waren beschlagen und tauchten die Stadt in milchiges Licht. Es war, als würde es auf der Welt nur uns beide geben: Stefan und Rosalind. Unablässig trommelte der Regen auf das Autodach.

Der breite Scheibenwischer hatte keine Mühe, die Wassermassen zu bewältigen.

Wir hielten vor dem besten Restaurant der Stadt. Einladend leuchteten die beiden schlichten Laternen neben der Eingangstür. Terrakottatöpfe mit zu Kugeln geschnittenen Buchsbäumen säumten den Weg vom hauseigenen Parkplatz zum Gebäude.

Der Restaurantleiter kam mit raschen Schritten auf uns zu. Ein entzücktes Lächeln auf seinen Lippen. »Guten Abend, gnädige Frau. Herzlich willkommen, Herr Konsul. Ihr Tisch wie immer, Herr Konsul. Patrick, die Mäntel! Wenn Sie mir dann bitte folgen wollen.«

Der herbeigerufene Kellner nahm unsere nassen Sachen in Empfang. Und zum Glück blieb auch der Regenhut in der Garderobe. Obwohl er nicht kariert war, hatte er mich an Hubert erinnert.

Wir bekamen ohne Zweifel den besten Tisch im Lokal. In einer kleinen Nische, abgeschirmt von den anderen Gästen. Direkt am Fenster, mit einem wunderschönen, regenverschleierten Blick über den beleuchteten Park.

»Herr Konsul?«, erkundigte ich mich, als wir Platz genommen hatten.

Stefan lächelte: »Ja, ich bin Honorarkonsul von Botswana.« Mit sichtlichem Stolz wies er auf die kleine Anstecknadel auf seinem Revers. Sie war mir bereits aufgefallen, als er seinen Mantel in die Obhut des Kellners gegeben hatte. Die Nadel hatte einen schmalen schwarzen Streifen, der von ebensolchen weißen und dickeren hellblauen Streifen eingefasst war.

»Das ist die Flagge von Botswana«, erklärte er mit einem Lächeln, »ich finde ihre Symbolik so aussagekräftig. Die hellblauen Streifen symbolisieren das Wasser. Sie werden sicher verstehen, dass dieses gerade in einem von Dürre bedrohten Land von zentraler Bedeutung ist. Die weißen und der schwarze Streifen stehen für das friedvolle Miteinander weißer und schwarzer Menschen.«

Ich war ehrlich beeindruckt.

»In meiner Familie ist es Tradition, dass wir Honorarkonsulate übernehmen. Mein Cousin ist Honorarkonsul von Honduras, mein Onkel war Honorarkonsul von Trinidad. Es ist eine ehrenvolle Aufgabe, auf diese Weise seinem Land einen Dienst zu erweisen. Ich denke, wir starten mit zwei Gläsern Veuve Cliquot«, fügte er hinzu, an den immer noch beflissen wartenden Restaurantleiter gewandt.

Ein weiteres Gästepaar wurde von einem der Kellner an uns vorbei zu einem der Tische geleitet. Der Mann blieb stehen, als er Stephan erkannte: »Guten Abend, Herr Auer-Bergenthal.« Die Ehrfurcht in seiner Stimme war unverkennbar.

Stephan erhob sich: »Guten Abend, Herr Rechtsanwalt. Schönen guten Abend, Frau Singer.« Er reichte der Dame die Hand und deutete eine Verbeugung an. »Ich darf Ihnen meine Begleiterin vorstellen …«

Doch das war nicht nötig. Ich kannte die beiden seit vielen Jahren. Heinz und Elke Singer waren enge Freunde von Peter gewesen. Auch zwei von der Sorte, die ich seit fast vier Jahren nicht mehr zu Gesicht bekommen hatte.

»Roli!«, rief Heinz überrascht, doch sichtlich erfreut, »schön, dass man dich auch wieder einmal sieht. Wie geht es dir? Wir müssen uns unbedingt wieder einmal treffen. Am besten, wir laden euch einmal zum Abendessen ein, nicht wahr Elke?«

Seine Frau lächelte säuerlich. Ich reichte huldvoll die Hand zum Gruße. Ich hätte vor Vergnügen am liebsten laut aufgejubelt.

Die beiden Herren wechselten noch ein paar belanglose Worte, dann wünschten uns die Singers einen guten Abend und zogen von dannen zum vorbereiteten Tisch. Dort hatten sie jetzt sicher einiges zu reden.

Der Oberkellner kam mit den Speisekarten. Wahre Bücher, in dunkelbraunes Leder gehüllt. Ich öffnete meine Karte. Nun musste ich wirklich lachen.

»Was ist los? Stimmt etwas nicht?«, Stefan war sichtlich irritiert.

»Ich habe eine Damenkarte erhalten.« Das fand ich originell. Ich hatte gar nicht gewusst, dass es so etwas noch gab. Eine Karte, in der rücksichtsvollerweise die Preise nicht ausgedruckt waren.

Stefan fackelte nicht lange: »Eine normale Karte für meine Begleiterin«, befahl er, ohne in mein Lachen einzustimmen. Dann wieder zu mir gewandt: »Sie haben Recht, meine Liebe. Im Zeitalter der Emanzipation sollten solche Karten nicht mehr aufgelegt werden. Schließlich kennen in der heutigen Zeit auch die Frauen den Wert des Geldes.«

Und ob ich den kannte. Und als ich die Preise sah, die nun hinter den Gerichten angegeben waren, hätte ich mir gewünscht, sie doch nicht zu wissen. Heute Abend verspeisten wir gut und gerne einen Kleinwagen.

Wir einigten uns auf das sechsgängige Menü. Stefan diskutierte mit dem Oberkellner noch einige Zeit über die Herkunft des Wolfsbarsches, den er sachkundig »Branzino« nannte. Und überlegte, ob er sein Chateaubriand lieber »medium« oder »medium rare« haben wollte. Chateaubriand »medium rare« war fast blutiges Rindfleisch und kam für mich nicht infrage. Als der Oberkellner unseren Tisch verließ, stand schon der Sommelier bereit, um uns zu beraten, welchen Wein wir zu den einzelnen Gängen wählen sollten. Stefan schien äußerst fachkundig zu sein. Zumindest war der Weinkellner klug genug, seine Entscheidungen mit einem »Selbstverständlich, Herr Konsul!« und »Wie Recht Sie haben, Herr Konsul« gutzuheißen. Stefan verzog keine Miene. Er schien es gewöhnt zu sein, dass man ihn mit Unterwürfigkeit behandelte. Wahrscheinlich war sein Trinkgeld immer entsprechend! Dieser Gedanke war zynisch, und darum schalt mich meine innere Tante Hildegard auch umgehend dafür.

Als das eifrige Dienstpersonal endlich abgezogen war, beugte sich Stefan zu mir und sagte mit einem ermunternden Lächeln: »Ich möchte alles über Sie erfahren.«

»Über mich gibt es nicht viel zu sagen«, antwortete ich aus dem ersten Reflex heraus. Bea hätte mir für diese Antwort sicher eine Tracht Prügel angetragen. »Wie Sie wissen, bin ich Zahnärztin«, beeilte ich mich daher, neu zu beginnen.

»Zahnärzte«, er seufzte, »zwei meiner Golffreunde sind auch Zahnärzte. Ihr habt es geschickt gemacht. Kurze Arbeitszeiten, und doch scheffelt ihr jede Menge Geld. Da kann unsereins nicht mithalten. Wenn ich zurückdenke an die ersten zwanzig Jahre. Vor einundzwanzig Uhr bin ich nie aus dem Büro gekommen. Jetzt geht es etwas leichter. Meine Angestellten und freien Mitarbeiter nehmen mir die Routinearbeit ab. Und ich kann mich auf das Wesentliche konzentrieren. Ah, der Champagner!«

Der Oberkellner servierte mit Grandezza die hochstieligen Kristallflöten.

»Auf Sie, meine liebe Frau Dr. Steinberg«, er schenkte mir sein strahlendstes Lächeln, »würden Sie mir die Freude machen, Sie Rosalind nennen zu dürfen?«

Ich nickte noch ganz betäubt. Wobei ich nicht sicher war, war ich betäubt von Stefans Einstellung zu meinem Beruf? Oder war ich betäubt vom betörenden Blick seiner blauen Augen? Der Mann hatte aber auch blaue Augen! Es würde mir nicht schwer fallen, ihn Stefan zu nennen. Das hatte ich in den letzten Tagen in meinen Träumen oft genug getan. Jeden Tag seit dem Tag, an dem ich ihn nicht mehr Wolfram genannt hatte. Was hätte er wohl gesagt, wenn er gewusst hätte, dass mich sein Gesicht schon seit Monaten beschäftigte?

Wir prosteten uns zu. Ich wartete vergeblich auf den Bruderschaftskuss. Stefan machte keine Anzeichen dafür. Wahrscheinlich war das auch in dieser vornehmen Umgebung nicht angebracht.

»Jetzt muss ich dir aber doch widersprechen«, ich stellte das Glas ab. Seine Worte von vorhin konnte ich keinesfalls einfach so hinnehmen, »mein Beruf ist ein sehr schwerer Beruf. Es ist eine sehr verantwortungsvolle Arbeit, die extreme Konzentration verlangt. Und auch wenn ich nicht vierzig Stunden lang am Behandlungsstuhl stehe, so beträgt meine Arbeitszeit mit allen Abrechnungen, Arztbriefen und den sonst zu erledigenden Arbeiten sicherlich diese Stundenanzahl. Ganz abgesehen von Fortbildung, Lesen von Fachliteratur ...«

»Aber meine liebe Rosalind«, er legte seine Hand besänftigend auf meinen Unterarm, »das ist doch kein Grund, sich zu verteidigen. Wir alle wissen doch, was ihr Ärzte leistet.« Das wusste ich in der Tat.

»Und deine Söhne?«, erkundigte sich Stefan interessiert. »Ist einer bereit, in deine Fußstapfen zu treten?«

»Das weiß ich nicht. Die beiden sind erst sechzehn und wissen noch nicht genau, was sie beruflich einmal machen möchten. Ich denke, Sebastian wird nach dem Abitur eher ein Wirtschaftsstudium in Angriff nehmen. Er interessiert sich allerdings auch sehr für Musik. Was Tim macht, steht noch in den Sternen. Im Moment ist noch nicht sicher, ob er überhaupt das Abitur schafft.«

»Es kann ja nicht nur Akademiker geben«, erklärte mein Gegenüber, um dann gleich eins draufzusetzen: »Mein Sohn besucht die Diplomatenakademie.«

Der erste Gang wurde serviert. Der erste Wein dazu eingeschenkt und ausführlich erklärt. Stefan ließ die goldgelbe Flüssigkeit des Gewürztraminers im Glas kreisen, nahm dann ein Schlückchen und tat, als würde er es kauen.

»Exzellent!«, lautete sein Urteil. Der Kellner atmete hörbar auf.

———

Mir schmeckte alles, was serviert wurde, hervorragend. Stefan fand das Holunderblütengelee zur Gänseleberpastete etwas zu fruchtig. Und die Salzkruste beim Branzino drängte sich zu intensiv in den Vordergrund. Geschmacklich gesehen. Was wahrscheinlich daran lag, dass das verwendete Salz nicht ganz so grobkörnig war, wie er es sich gewünscht hätte. Ich hatte mir über die Körnergröße von Salz noch nie den Kopf zerbrochen. Man merkte, Stefan war ein Gourmet mit geschultem Gaumen. An der Crème Caramel im Fruchtspiegel hatte er jedoch nichts auszusetzen. Und so löffelten wir in stillem Einvernehmen unser Dessert.

»Ich muss gestehen, ich habe eine Vorliebe für Süßes«, sein Lächeln war unerwartet schüchtern, »Crème Caramel, oder Panna cotta – beidem kann ich nie widerstehen. Am liebsten ist mir jedoch die Crema Catalana, die mir Don Vicence in Artá jedes Mal serviert, wenn ich ihn aufsuche.«

Ich kannte weder Don Vicence, noch wusste ich auf Anhieb, wo Artá war.

Er erklärte es mir: »Artá ist eine kleine alte Stadt im Nordosten Mallorcas. Ich besitze in der Gegend gemeinsam mit Freunden ein Haus. Eine alte Finca, die ich mit allem Komfort ausgestattet habe. Eine meiner ältesten Freundinnen auf der Insel ist die Donna Mariángela Forres y Alonsa. Sie hat einen ausgezeichneten Geschmack. Nobel und exquisit. Natürlich ohne auch nur eine Spur protzig zu wirken, du weißt, was ich meine. Mariángela hat mich bei der Inneneinrichtung kompetent beraten. Es war mir wichtig, das Haus im typisch mallorquinischen Stil zu renovieren. Was hätte mir da ein deutscher Architekt genützt?«

Beim Stichwort »deutscher Architekt« schoben sich zwei rehbraune Augen in meine Erinnerung. Und zärtliche Hände, die meinen Körper streichelten. Lippen, die mich wild und leidenschaftlich küssten. Natürlich errötete ich.

Stefan ergriff meine Hand, drehte sie so, dass die Innenfläche nach oben zeigte und küsste meine Pulsadern. »Du bist wirklich bezaubernd«, sagte er.

Der Oberkellner servierte auf Kommando die Rechnung. Stefan zückte seine goldene Kreditkarte. Ich muss gestehen, dass ich diesen Luxus genoss. Umworben zu werden war etwas, nach dem ich mich lange gesehnt hatte.

»Einer der Gründe, warum ich fast das halbe Jahr auf Mallorca verbringe, ist der, dass es dort die wunderschönsten Golfplätze gibt. Morgens nach dem Frühstück auf den Golfplatz zu gehen: der absolute Traum.«

Ich lächelte über seine Begeisterung. »Das klingt toll. Wer weiß, vielleicht komme ich dich eines Tages besuchen.«

War dieser Annäherungsversuch zu plump? Stefan hatte ihn anscheinend nicht wahrgenommen. Jedenfalls ging er mit keinem Wort darauf ein: »Von Februar bis Mai oder Juni bin ich meistens dort«, sagte er stattdessen. »Im Zeitalter von Fax und Internet ist das möglich. Im Juli und August ziehe ich mich zurück, da ist die Insel überfüllt mit Touristen. Deutsche Touristen im Ausland, das ist wirklich nicht die Gesellschaft, in der ich mich gern aufhalte. Da sind mir die Deutschen in Deutschland schon lieber. Daher verbringe ich die Sommermonate meist hier. September, Oktober geht's dann wieder nach Artá. Im Winter bin ich dann zurück in Deutschland. Dann ist es auf der Insel grau, regnerisch und trostlos. Außerdem haben wir im Büro Hochsaison. Im November und Dezember sind die Jahresplanungen zu erstellen. Da ist es notwendig, dass ich persönlich anwesend bin.«

Ich hörte ihm zu und nickte. Dieser Mann wusste, was er wollte. Und erinnerte mich damit ein wenig an Peter. Natürlich war Stefan anders, als Peter gewesen war. Älter, erfahrener und reifer. Doch auch er zeigte den Lebensstil, der mir bei Peter so imponiert hatte. Mein Mann hatte auch eben angefangen Golf zu spielen, als dieser Autounfall ihn jäh aus dem Leben gerissen hatte. Sicher hätte er in der Zwischenzeit ein ähnliches Handicap wie Stefan.

Obwohl Stefan einiges getrunken hatte, schien er weit davon entfernt zu sein, den Alkohol zu spüren. Ohne zu zögern, setzte er sich hinter das Lenkrad, und der Wagen schnurrte meinem Zuhause zu. Ein bisschen mulmig war mir schon dabei. Doch er lenkte zügig und sicher.

Als vollendeter Gentleman half er mir aus dem Wagen. Gleich würde er mich küssen. Erwartungsvoll blickte ich zu ihm auf. Den ganzen Abend schon hatte eine prickelnde

Spannung in der Luft gelegen. Ich sehnte mich so sehr danach, dass er mich in seine Arme nahm. Ich war äußerst liebesbedürftig. Ob ich ihn anschließend bitten sollte, noch »auf einen Kaffee« mit hineinzukommen?

Es stellte sich schnell heraus, dass Stefan ganz andere Pläne hatte. Mit ernstem Gesicht ergriff er meine Hand: »Ich danke dir für diesen schönen Abend, Rosalind«, er küsste mich leicht auf die Stirn, »ich wünsche mir, dass noch viele solche Abende folgen werden. Lass es uns langsam angehen, mein Lieb. Nichts überstürzen. Warten wir ab, was das Schicksal mit uns beiden Hübschen vorhat.«

Da stand ich also. Noch ergriffen von seinen Worten, während er schon zu seinem Auto zurückkehrte und mit einem kurzen Winken im Inneren verschwand.

Ja, lass es uns langsam angehen. Wirkliche Beziehungen müssen langsam wachsen. Übereilte Handlungen würden nur stören. Und obwohl mein Verstand das ganz genau wusste: Wie sehr hätte ich jetzt einen völlig übereilten Kuss genossen.

⁂

Was sollte ich anfangen mit diesem angebrochenen Abend? Ich war viel zu aufgewühlt, um ins Bett zu gehen. Ich hätte zappeln können vor Ungeduld und ungestilltem Verlangen. Wie automatisch begab ich mich zu meinem Schreibtisch.

Ich wartete, bis sich meine Mailbox öffnete.

⁂

Greg versuchte nicht mehr, mich zu erreichen. Seit Tagen schwieg mein Handy. Auch er hatte aufgegeben. Wir waren beide füreinander ein Intermezzo gewesen. Nichts, worüber es noch nachzudenken galt.

⁂

Stefan. Wie lange hatte ich gedacht, er sei in Margarites festen Händen. Doch heute waren wir zusammen essen gewesen. Er hatte keine Kosten und Mühen gescheut, mich zu verwöhnen. Ein wunderschöner Abend, ein toller Mann. Er hatte alles, was ich von einem Mann erträumte. Und doch war dieser Abend äußerst unbefriedigend verlaufen. Geduld war noch nie meine große Stärke gewesen.

Und dann gab es da noch Bernhard. Bernhard? Hilfe, ich hatte mich bei ihm immer noch nicht gemeldet! Was, wenn er langsam die Geduld verlor? Wenn er im Internet nach anderen Frauen Ausschau hielt? Ich wusste doch gar nicht, wie sich das mit Stefan entwickeln würde. Vielleicht war ich auch für Stefan nur eine vorübergehende Affäre, so wie ich das für Greg gewesen war? Und dann hätte ich auch Bernhard verloren. Das musste ich verhindern. War es fair, ihn hinzuhalten und quasi auf Sparflamme kochen zu lassen? Nein, es war nicht fair. Doch vernünftig. Und wann war das Leben schon fair? Vor allem, wenn es die Liebe betraf?

Meine Mailbox zeigte eine neue Nachricht an. Tatsächlich, Bernhard hatte sich wieder gemeldet. Er schrieb mir täglich. Seine Berichte waren fast wie ein Tagebuch. Er hielt mich auf dem Laufenden über sein Leben, über seine Gedanken. Er drängte mich nicht. Auch wenn ich mich tagelang nicht meldete – von ihm kam nie ein Vorwurf.

Von: bernhardb@...com
An: gularo@yahoo.com
Betrifft: Ein Gruß zur guten Nacht

Meine liebe Rosalind,

na, was treibst du denn so an diesem verregneten Wochenende? Damit mir nicht die Decke auf den Kopf fällt, bin ich mit einer Nachbarin ins Kino gegangen. Der Film war langweilig, die Nachbarin ist es auch. Es macht wenig Spaß, mit einer Frau zusammen zu sein, die die wenigen witzigen Stellen im Film offensichtlich nicht versteht und an völlig unpassenden Stellen lacht. Ich habe mir die ganze Zeit gewünscht, mit dir dort zu sein. Ich bin sicher, mit dir würde mir auch der langweiligste Film Spaß machen. Wie schaut es denn nächstes Wochenende in deinem Terminkalender aus?

Ich wünsche dir eine gute Nacht. Träum etwas Schönes!

Alles Liebe

dein Bernhard

Von: gularo@yahoo.com
An: bernhardb@...com
Betrifft: Bitte um etwas Geduld

Hallo Bernhard,

entschuldige, dass meine Antwort so lange auf sich warten ließ. Bei mir geht es zurzeit »drunter und drüber«. Es kann daher sein, dass ich mich auch in den nächsten Tagen selten melden kann. Es steht noch nicht fest, was ich am nächsten Wochenende machen werde. Vielleicht muss ich einen Kollegen vertreten, der Notdienst hat. Bitte habe wegen des Treffens noch etwas Geduld. Bald habe ich wieder einen klaren Kopf.

Liebe Grüße von

Rosalind

Und jetzt schnell abgeschickt, bevor mir von meinen eigenen Flunkereien schlecht wurde.

XXI

An diesem Sonntagmorgen war es wieder ungewohnt ruhig im Haus. Carla war im Büro. Marie hielt ihren Vater und Tony auf Trab. Frau Holzinger war zu ihrer Schwester gefahren. Und Hubert war ja mit dem Cabriolet unterwegs. Ich konnte für ihn nur hoffen, dass das Verdeck dicht war und dass die beiden älteren Herren rechtzeitig geschafft hatten, es zu montieren, bevor der erste Regenguss des Wochenendes alles unter Wasser gesetzt hätte. Diesem Regenguss folgten zahlreiche weitere. Und es hatte den Anschein, als würde es den gesamten Sonntag weiterregnen. Meine Söhne und ich frühstückten in der Küche.

»Sag einmal, Mam, wer war denn eigentlich der alte Knacker, der dich gestern abgeholt hat?« Tim biss genüsslich in sein Käsebrot.

»Wie bitte?« Ich dachte, ich hätte nicht richtig gehört. Die Eifersucht eines heranwachsenden Sohnes schön und gut, aber das ging nun doch ganz entschieden zu weit.

»Ich wollte wissen, wer der alte Knacker war, der …«, wiederholte Tim. Er glaubte wohl, er habe sich nicht deutlich genug ausgedrückt.

»Das war Mams neuer Freund«, erklärte Sebastian.

»Der Mann trug einen Hut!« Eine Aussage, die deutlich bewies, dass es Tim nicht für möglich hielt.

»Der sah furchtbar aus, richtig«, bestätigte sein Bruder, »dafür hatte er handgenähte Schuhe.« Was ihn offensichtlich den Hut wieder vergessen ließ.

»Ist es etwas Ernstes, Mam?« Tim fragte bewusst beiläufig, aber ich merkte, dass beide gespannt die Luft anhielten und auf meine Antwort warteten.

Ich hätte sie an mich drücken können vor Rührung. »Das weiß ich noch nicht«, antwortete ich daher offen und ehrlich, »wir kennen uns erst seit kurzem. Ich muss aber gestehen, dass er mir sehr gut gefällt.«

»Besser als Greg?«, rutschte es Sebastian heraus.

»Das hatten wir doch schon, Sebastian«, ich schnaufte unwillig, »Gregor Neuhof ist verheiratet und steht damit nicht zur Diskussion.«

»Echt?«, fragte Tim.

»Echt«, sagte ich. Und seufzte.

»Ist dieser alte Knacker ...«

»Kannst du bitte aufhören, ihn so zu nennen, Tim? Der Mann heißt Stefan.«

»Ist dieser Stefan nicht um Jahre zu alt für dich? Wie der aussieht, könnte er gut und gerne unser Opa sein.«

Durch den ersten Satz hatte ich mich geschmeichelt gefühlt. Der zweite Satz machte jedoch das gute Gefühl wieder wett: »Er ist doch viel jünger als euer Gropa!«, protestierte ich energisch.

»Wie alt ist er, Mam?«, fragte Sebastian.

»Ich weiß nicht genau. Ich denke, in etwa sechsundfünfzig.« Ich musste Stefan wirklich bei der nächsten passenden Gelegenheit nach seinem Alter fragen. Nicht, dass es ausschlaggebend für die Aufrechterhaltung meiner Zuneigung gewesen wäre. Es interessierte mich einfach.

»Passt«, sagte Tim triumphierend, »ich bin sechzehn, du könntest zweiunddreißig sein und er locker mein Großvater.«

»Ich bin aber nicht zweiunddreißig«, wehrte ich mich.

»Du bist zweiundvierzig, das wissen wir. Und der Mann ist ganze vierzehn Jahre älter. Das hieße ja, ich suche mir eine Zweijährige!« Sebastian konnte es nicht glauben.

»Oder eine Dreißigjährige«, schlug Tim vor und grinste von einem Ohr bis zum anderen, meinen heftigen Protest bereits ahnend.

»Wie auch immer«, Sebastian wurde als Erster wieder vernünftig, »es ist ohnehin deine Entscheidung, Mam. Wir werden uns schon irgendwie an den Mann gewöhnen.«

»Es ist doch noch gar nichts entschieden. Also macht euch keine unnötigen Gedanken«, sagte ich, um die unsicheren Kinderherzen zu beruhigen.

»Also, mir persönlich wäre es lieber, dieser Arsch bliebe uns erspart«, sagte Tim. Weit weniger diplomatisch als sein Bruder. Ich wollte etwas Harsches erwidern, doch die Türglocke rettete den Familienfrieden. Sie war stürmisch betätigt worden und kündigte das Kommen von Bea an. Heute war sicher noch genug Kaffee in der Thermoskanne.

⸎ —— ⸎ —— ⸎

Am darauf folgenden Mittwoch traf ich mich mit Stefan zum Mittagessen. In einen bequemen Rattanstuhl zurückgelehnt, genoss ich es, mit ihm bei seinem Lieblingsitaliener zu sitzen und die überraschten, aber auch neidvollen Blicke der anderen weiblichen Stammgäste aufzufangen. Wir saßen auf der Terrasse unter einem bunten Sonnenschirm. Ich freute mich über den warmen Sonnenschein. Und war stolz auf meine neue optische Sonnenbrille. Ich sähe damit aus wie eine Filmdiva, hatte mir Margarite erklärt, die ich zufällig vor dem Optikergeschäft getroffen und mit in den Laden gezerrt hatte. Dazu brauchte es allerdings nicht allzu viel Überredungskunst, sie war ohnehin neugierig und gespannt: »Na, wie läuft's denn so mit dir und Stefan? Aus ihm ist ja nichts herauszubringen.«

Ich erzählte ihr, dass wir am Samstag essen waren und uns am Mittwoch wieder treffen würden. Margarite ließ einen anerkennenden Pfiff hören: »So schnell schon das dritte Treffen. Du hast ihn ganz schön beeindruckt! So rasant ist Stefan sonst nicht!«

Rasant? Das war rasant? Dann war ich froh, nicht miterleben zu müssen, wenn er langsam war.

Die Kellner räumten den Tisch ab. Stefan verlangte nach der Rechnung. Es war dreizehn Uhr dreißig, und ich war gespannt, wie Stefan meinen freien Nachmittag mit mir verbringen wollte.

Darum schockierte mich seine nächste Frage wirklich: »Kann ich dich mit dem Auto mitnehmen?«

»Mitnehmen?«, wiederholte ich und hoffte, mein Verdacht würde sich nicht bestätigen. »Wohin mitnehmen?«

»Na, ich fragte, ob ich dich nach Hause bringen soll, natürlich«, erklärte er, als sei dies das Selbstverständlichste auf der Welt.

»Aber du hast doch heute auch einen freien Nachmittag!« Ich hasste mich dafür, dass meine Stimme klang wie die einer enttäuschten Vierzehnjährigen, deren Vater dabei war, ihr einen Wunsch zu verweigern.

»Freier Nachmittag heißt selbstverständlich: Golfplatz. Wie denkst du denn, hätte ich je mein niedriges Handicap erreicht ohne üben, üben und nochmals üben? Also, was ist? Ich habe es eilig. Ich möchte meine Kollegen auf keinen Fall warten lassen. Das wäre ungehörig.«

So schnell wollte ich mich noch nicht geschlagen geben: »Ich habe doch heute auch meinen freien Nachmittag. Wie wär's, wenn ich mit dir zum Golfplatz komme?«

Es hätte mich wirklich gefreut, Stefan in seinem Element zu sehen. Einige seiner Freunde kennen zu lernen. Ich stellte mir vor, beim Clubhaus in der Sonne zu sitzen und ihm dabei zuzusehen, wie er mit seinem Schläger den weißen Ball in hohem Bogen durch die Luft schoss. Meine neue Sonnenbrille hätte ich dabei sexy in die Haare geschoben.

»Ja, hast du denn die Platzreife, mein Lieb?«

Er nannte mich seit unserem letzten Treffen immer »mein Lieb«. Das klang ehrerbietig. Aber auch reichlich altmodisch. Darum war ich mir nicht sicher, ob es mir gefiel. Zu Stefan passte es.

»Nein, ich habe keine Platzreife. Wie sollte ich denn auch? Ich habe einen Golfplatz noch nie aus der Nähe gesehen.«

»Ohne Platzreife hast du dort, wo ich spiele, nichts verloren«, erklärte er kategorisch.

Der Kellner kam, um die Rechnung zu präsentieren. Eine goldene Kreditkarte verschwand in der Serviette auf dem dafür bereitgestellten Teller. Stefan steckte die Rechnung in die Brusttasche seines Sakkos. Wahrscheinlich konnte er das Treffen mit mir von der Steuer absetzen. Darum bot ich ihm auch nicht an, mich am Bezahlen zu beteiligen. Wie ich ihn einschätzte, hätte ich ihn damit ohnehin nur verärgert. Und ich wollte den Bogen nicht überspannen.

»Also was ist jetzt? Auto oder nicht Auto?« Dann, wenn ich es nicht wollte, da hatte er es eilig.

»Danke. Ich bin selbst mit dem Wagen da.«

»Na, das ist ja prima.« Jetzt klang er wie Herr Steuerthal.

Doch dann wurde seine Stimme wieder weich und zärtlich: »Sei mir nicht böse, Rosalind. Es geht um meine Golferehre. Ich verspreche dir, mich ganz bald wieder zu melden. Und dann machen wir uns einen besonders schönen Abend. Und jetzt lächle doch wieder. Ich liebe es, wenn du lächelst.«

Und ich lächelte wieder. Was hätte ich nach so einem schönen Kompliment auch anderes tun können? Stefan lächelte zurück. Dann drückte er mir einen kleinen Kuss auf die Stirn und ging. Ich stand da, sah ihm nach und beeilte mich, zu meinem Auto zu kommen. Seltsam. Das war mir schon letztes Mal aufgefallen: Bei seinen kleinen Küssen war mir jedes Mal ein modriger Geruch in die Nase gestiegen. Es schien, als würden sich in dem feinen Wollstoff, aus dem seine Anzüge genäht waren, Küchendünste besonders gut halten. Ich merkte es ganz deutlich. Und dabei kamen wir uns nie näher, als es ein kleines Küsschen auf die Stirn oder auf den Handrücken erforderte.

Donnerstagabend ging ich mit meinen beiden Söhnen in ein Gartenlokal. Im Schatten der hohen Kastanienbäume ließ sich der warme Sommerabend am besten genießen. Tim strahlte von einem Ohr bis zum anderen. Wir hatten wirklich etwas zu feiern: sein erstes »Gut« unter einer Mathematikarbeit seit mehr als drei Jahren. Die Versetzung in die nächste Klasse war geschafft. Ich hatte ihn stürmisch umarmt, als er mir diese freudige Nachricht verkündet und sein Heft unter die Nase gehalten hatte.

Wir hatten einen sehr lustigen Abend zu dritt und schmiedeten Pläne für einen gemeinsamen Urlaub. Die beiden wollten am liebsten wieder nach Italien fahren. Tim wegen des guten Essens, Sebastian wegen der vielen schicken Schuhläden. Wir alle wegen des Meeres. Vielleicht lud uns Stefan dann noch zum Ende der Ferien auf seine Finca nach Mallorca ein? Die würde ich zu gern sehen. Von dieser Idee erzählte ich meinen Söhnen lieber noch nichts. Es war besser, sie behutsam und langsam für diesen Gedanken zu erwärmen. Was ich allerdings rasch erledigen wollte: Ich musste Tims Nachhilfelehrer unbedingt eine Kleinigkeit schenken. In meinem Schrank hatte ich noch eine Sachertorte, die ich aus Wien mitgebracht hatte. Vielleicht würde ihm die eine kleine Freude bereiten. Der gute Mann hatte meinen Dank wirklich verdient! Ich durfte nicht vergessen, Tim mit der Torte zu ihm zu schicken.

Am Freitag wollte mich Stefan in die Oper ausführen. Ich war sofort nach der Praxis in die Innenstadt gefahren, um ein passendes Kleid zu erstehen. Mein altes, viel zu weites, viel zu biederes weinrotes Abendkleid hatte ich nicht an Margarites strengem Blick vorbeischwindeln können. Ich war froh, dass in den Läden bereits der Sommerschlussverkauf lief. Ich hatte in den letzten Wochen ungewöhnlich viel Geld in mein neues Ich investiert.

In den Boutiquen, die mir Margarite empfohlen hatte, war ich bisher immer fündig geworden. Und so auch jetzt: Bereits im zweiten Geschäft hing das Richtige im Schaufenster. Was für ein Traum in Dunkelbraun! Ein Spaghettiträgerkleid aus einem Stoff, der wie Seide schimmerte. Aber einfacher zu pflegen sein sollte, wie mir die Verkäuferin versicherte. Es wirkte sehr schlicht und elegant. Und umschmeichelte höchst erfreulich meinen Körper. Außerdem war es um ein Drittel herabgesetzt. Und trotzdem war es, wenn ich ehrlich war, immer noch teuer genug. Zum Glück hatte ich bereits passende, hochhackige Riemchensandalen zu Hause. Ich freute mich schon auf Stefans begehrenden Blick. Also, wenn ich ihn mit diesem sexy Outfit nicht verzauberte, dann war ihm nicht zu helfen.

Mein Kavalier war wie immer pünktlich auf die Minute. Er sah großartig aus in seinem dunkelgrauen Anzug aus leichtem Zwirn. Ein blütenweißes Hemd, an den Manschetten mit Knöpfen seines Golfclubs geschlossen. Die Krawatte in dezenten Farben gestreift. Frisch vom Friseur waren seine Haare kürzer als sonst. Ich war hingerissen von so viel geballter Männlichkeit!

»Guten Abend, mein Lieb«, er deutete einen Handkuss an, »du siehst hinreißend aus.«

Hatte ich es nicht gewusst?! Ich drehte und wendete mich, um ihm meinen Anblick von allen Seiten zu gönnen. Dabei schenkte ich ihm mein verführerischstes Lächeln.

»Kannst du dich bitte beeilen?«, sagte er statt des erwarteten weiteren Kompliments, und seine Stimme ließ deutlich ein hohes Maß an Ungeduld erkennen, »mein Wagen steht im Halteverbot. Vor eurer Haustür war absolut nichts frei. Hol schnell deinen Pashmina und dann nichts wie los.«

Meinen Pashmina? Ich hatte gar nicht vorgehabt, einen Schal umzulegen.

»Aber natürlich, mein Lieb«, er war erstaunt, »spätestens, wenn wir nach Hause fahren, wirst du froh darüber sein. In der Nacht ist es manchmal noch sehr kühl.«

»Ich habe gestern bis Mitternacht in einem Biergarten gesessen. In einer Kurzarmbluse. Ich denke nicht, dass …«

»Rosalind, wir gehen in die Oper, nicht zum Strand.«

Was hätte ich auf so einen Satz antworten sollen? Wie in Trance ging ich in mein Schlafzimmer zurück und öffnete den Kleiderschrank. Ich hatte keinen Schal, der hundertprozentig zu diesem Kleid passte. Also nahm ich ein hellblaues Tuch. Das ging noch am ehesten. Ich würde es mitnehmen, aber über dem Arm tragen und nie und nimmer umlegen.

»Braves Mädchen!« Stefan lächelte, als ich zurückkam, und küsste mich auf die linke Wange. Dann legte er mir das Tuch über die Schultern.

***

Wir erreichten die Oper eine Viertelstunde vor Beginn der Vorstellung. Stefan hatte seinen Jaguar auf einem reservierten Platz in der Parkgarage in der Nähe der Oper abgestellt: »Ich habe in mehreren Garagen der Stadt einen Dauerparkplatz gemietet«, mit einem Knopfdruck versperrte er seinen Wagen, »nichts ist mir lästiger, als einen Parkplatz suchen zu müssen.«

Dann bot er mir galant seinen Arm, und wir schritten über den großen, gepflasterten Vorplatz der Oper entgegen. Vor dem Gebäude hatte ein Künstler riesige Spiegel aufgestellt. Ein großes Plakat verriet, dass sich diese Installation »Himmel und Erde« nannte. Das Leben auf der Straße sollte damit eingefangen und in den Himmel und auf den Boden gespiegelt werden. Eine originelle Idee, sicherlich. Doch was noch wichtiger war: Die vielen Spiegel waren wie geschaffen, um mein Selbstwertgefühl zu heben. Ich sah mich an Stefans Seite – was für ein Anblick! Wir waren sicher das attraktivste Paar des Abends. Das hellblaue Tuch wirkte gar nicht so bieder, wie ich befürchtet hatte. Von allen Seiten grüßten uns andere Opernbesucher. Wir blieben mehrmals stehen, damit Stefan ein paar Worte wechseln konnte. Ich lächelte huldvoll.

»Die Hochzeit des Jahres!«, sah ich im Geiste schon in großen Lettern als Schlagzeile auf der Stadtzeitung prangen. »Bekannter Unternehmer und Konsul heiratet Promi-Zahnärztin!« Ich musste grinsen. Die einzigen Prominenten, die in Wirklichkeit in meine Praxis kamen, waren ein pensionierter Zoodirektor und eine Fernsehmoderatorin, die man im letzten Jahr von der Senderleitung als zu alt empfunden hatte, um die Lottozahlen zu präsentieren. Laut Patientenkartei war sie drei Jahre jünger als ich.

Man gab Verdis »Simone Boccanegra«. Stefan hatte eine Loge reserviert. Da saß ich also und verfolgte auf der Bühne den Kampf erbitterter Feinde. Und kämpfte selbst gegen die Hitze. Es war heiß in der Loge. Und unter meinem hellblauen Wollumhang war die Temperatur kaum auszuhalten. Ich spürte, wie die Schweißtropfen in kleinen Bächen meinem Rücken entlangrannen.

In der Pause stellte sich Stefan am Buffet an, um zwei Gläser Sekt für uns zu organisieren. Er brauchte dafür so lange, dass bereits das erste Läuten das Ende der Pause ankündigte. Dafür war er entsprechend ungehalten: »Warum die hier nicht mehr Personal einstellen, ist mir rätselhaft. Und dann arbeiten die Frauen hinter dem Tresen auch noch langsam. Es hätte nicht viel gefehlt, und ich hätte einer von ihnen die Flasche aus der Hand genommen, um sie eigenhändig zu öffnen.« Wir prosteten uns zu.

»Ah, Herr Direktor Schneider, guten Abend, Frau Schneider!« Stefans Missmut war schlagartig verschwunden. Mit strahlendem Lächeln begrüßte er ein näher kommendes Paar. Er wies auf mich: »Frau Dr. Steinberg!«

Wir reichten einander die Hände.

»Wie war es auf den Malediven, liebe Frau Schneider? Die Flora und Fauna soll ihresgleichen suchen. Ist das Tauchen dort wirklich so traumhaft, wie man allgemein hört?«

»Traumhaft ist gar kein Ausdruck, mein lieber Herr Auer-Bergenthal!«, bestätigte die dralle Blondine. Ihr lautes Lachen klang glockenhell durch das Foyer. Stefan hing an ihren Lippen, als würden sie ihm die Offenbarung verkünden. Dabei schilderten sie nur langatmig und detailliert die Tage auf der Insel.

Ich hörte nur mit halbem Ohr zu. Meine Aufmerksamkeit hing an Frau Schneiders engem rotem Stretchkleid. Dieses Kleid hatte überhaupt keine Träger. Und von einem Pashmina war weit und breit nichts zu entdecken. Dennoch ruhte Stefans Blick wohlwollend auf ihren Rundungen. Mit einem Ruck zog ich mein Wolltuch von den Schultern. Ah, war das angenehm! Endlich kühle Luft auf der Haut! War ich denn blöd? Ich sah in meinem Kleid hundertmal besser aus als Frau Schneider. Und ich sollte mich verstecken, nur weil Stefan das so wollte? Höchste Zeit, mehr Selbstbewusstsein an den Tag zu legen und mich zu präsentieren, wie ich das für richtig hielt!

Der Blick, den Herr Schneider mir schenkte, war nicht zu übersehen. Wäre der Mann nicht gar so schmierig gewesen, ich hätte mir überlegt, mit ihm zu flirten. Nur um Stefan eins auszuwischen. Würde er wohl eifersüchtig reagieren? Schade, Herr Schneider war nicht der geeignete Mann, um das auszuprobieren.

Als wir in die Loge zurückkehrten, hob sich soeben der Vorhang.

»Die Handlung ist völlig uninteressant«, flüsterte Stefan mir zu, »wenn die Musik nicht so leidenschaftlich und ausdrucksstark wäre, niemand würde sich diese Oper antun.«

Wo er Recht hatte, hatte er Recht. Dennoch: Mir gefiel der zweite Teil weit besser als der erste. Jetzt, da ich mich nicht mehr aufs Aushalten der Hitze konzentrieren musste, konnte ich Verdis Musik wirklich genießen.

Nach der Vorstellung trafen wir das Ehepaar Schneider wieder. Es hatte fast den Anschein, als hätten sie uns vor der Logentür aufgelauert. Auch wenn sie jetzt verzückte Rufe wie »Na, so ein Zufall!« ausstießen. Sie begleiteten uns in die Bar neben der Oper. Frau Schneider hatte sich bei Stefan eingehängt und setzte den Wortschwall fort, den sie in der Pause begonnen hatte. Ich folgte mit dem schweigsamen Herrn Schneider in kurzem Abstand und versuchte, seine aufdringlichen Blicke zu ignorieren. Wir ließen den Abend bei einem Gläschen Sherry ausklingen. Wie sehr hätte ich mir ein anderes Ende dieses Tages gewünscht.

Und dann kam wieder ein Sonntag.

An diesem Wochenende konnten Stefan und ich uns nicht sehen, da seine betagte Mutter nach ihm gerufen hatte. Mir war das ganz recht, denn auch meine Söhne und Freundinnen hatte Anspruch auf meine Aufmerksamkeit. So kam es, dass wir an diesem Sonntag wieder einmal als Großfamilie am Frühstückstisch saßen. Tim und Sebastian schmiedeten Pläne für die Trainingswoche, die sie mit ihrem Fußballverein verbringen wollten. Da sie in eine Gegend fuhren, die Hubert in seiner Jugend auch oft besucht hatte, begann dieser in Erinnerungen zu graben und ihnen gute Ratschläge zu geben. Mein Schwiegervater war richtig aufgeblüht in letzter Zeit. Ich hörte und staunte: Die Anekdoten, die er zum Besten gab, waren ja wirklich amüsant. Zumindest eine davon. Gutmütig, wie meine Jungen waren, hörten sie ihm geraume Zeit zu. Marie war die Unterhaltung schnell zu langweilig geworden. Tony hatte ihr die neuste CD von Britney Spears geschenkt. Und sie brannte nun darauf, sie meinen beiden Söhnen vorzuspielen. Ich konnte mir nicht vorstellen, dass die beiden an Britney Spears viel mehr Gefallen fanden als an den etwas langatmigen Reden ihres Großvaters. Und doch nahmen sie die Gelegenheit dankbar wahr und folgten dem Mädchen aus dem Zimmer.

»Jetzt, da die Kinder aus dem Raum sind, habe ich eine Mitteilung zu machen.«

Ich war gerade dabei, das Frühstücksgeschirr zusammenzustellen. Carla, die den ganzen Morgen schweigend am Tisch verbracht hatte, war aufgesprungen, um mir dabei zu helfen. Huberts feierliche Worte ließen uns in unseren Bewegungen innehalten.

»Es wird hier einige Veränderungen geben, meine liebe Schwiegertochter. Und ich denke es ist höchste Zeit, dich davon in Kenntnis zu setzen.« Oh, oh, oh, das klang nicht gut. »Obwohl«, setzte Hubert fort, »dir diese Veränderungen nicht allzu unrecht sein werden.«

Ich setzte mich auf meinen Stuhl ihm gegenüber und wartete, dass er weitersprach. Ich hatte mit vielem gerechnet, aber sicher nicht mit: »Ich habe beschlossen, mich zu verheiraten.«

Ich schnappte nach Luft. Diese schlichten Worte waren in der Tat eine Aufsehen erregende Neuigkeit. Das konnte doch unmöglich sein Ernst sein! Wen wollte Hubert heiraten? Und vor allem, wer wollte Hubert heiraten? Ich hatte ihn noch nie mit einer Frau gesehen! Wo kam denn die auf einmal her? Soweit ich wusste, waren die Mitglieder in seinem Schachverein alle männlich. Und die in seinem Rotary Club sowieso. Die einzige Frau, mit der er sich näher beschäftigte, war seine Haushälterin.

Carla schien bei weitem weniger überrascht zu sein als ich: »Herzlichen Glückwunsch, Hubert. Ich nehme an, die Glückliche ist Claudia.«

»Claudia? Welche Claudia?«

»Brunnen-Claudia«, sagte Carla, als sei dies das Selbstverständlichste auf der Welt.

Hubert lächelte unerwartet schüchtern. Ich hatte noch nie zuvor gesehen, dass ein zartes Rot über seine Wangen glitt. Doch ich konnte schwören, dass es diesmal der Fall war. »Ja ich weiß, meine Auserwählte ist um vieles jünger als ich. Doch wenn sie der Altersunterschied nicht stört, ich kann euch versichern, mich stört er keineswegs.« Und dann lachte er, wie ich ihn noch nie hatte lachen hören.

Hätte ich meinen Kopf nicht zu sehr bei meinen »Männergeschichten« gehabt, dann wäre mir wahrscheinlich längst aufgefallen, wie stark Hubert sich verändert hatte. Doch nun hörte ich dieses Lachen, und ich blickte ihn an, als sähe ich ihn das erste Mal. Wo war der weinrote Pullunder geblieben? Wo das Kettchen an seiner Brille? Beides verschwunden. Und die goldgeränderte Brille hatte einer modernen Fassung Platz gemacht.

»Um wie viel ist deine Auserwählte jünger?« Mit dem Ausdruck Brunnen-Claudia konnte ich beim besten Willen nichts anfangen. Und eine Frau, die Brunnen hieß, kannte ich schon gar nicht.

In diesem Moment klopfte es an der Wohnzimmertür, und Bea stand im Raum. »Draußen war wieder einmal nicht abgeschlossen«, erklärte sie. »Ist noch Kaffee in der Kanne?«

Obwohl ich noch fassungslos war über Huberts Ankündigung, musste ich lachen. Jeden Sonntag dasselbe Ritual. Bea kam und griff nach der Thermoskanne. Diesmal fragte sie allerdings nicht allgemein in die Runde, wie es uns denn so ginge. Sondern sie erkundigte sich freudestrahlend: »Und? Hat Hubert euch schon die großartige Neuigkeit gestanden?«

Wieder ein Grund, um nach Luft zu schnappen. Was wusste Bea, was ich nicht wusste? Warum schienen meine beiden Freundinnen längst zu wissen, dass Hubert drauf und dran war, einen Schritt zu gehen, den ich nie und nimmer für möglich gehalten hatte?

»Ich weiß nicht, was du weißt.« Ich merkte selbst, wie trotzig meine Stimme klang. Wie kam ich aber auch dazu, so eine Neuigkeit als Allerletzte zu erfahren? »Und ich weiß nicht, woher du es weißt. Aber mein Schwiegervater hat uns eben erzählt, dass er heiraten will.«

»Ja«, Bea strahlte von einem Ohr zum anderen, »ist das nicht großartig? Ist das nicht sensationell? Claudia hat es mir gestern Abend erzählt. Ich freue mich ja so für euch beide! Natürlich bin ich besonders stolz, dass ich euch zusammengebracht habe.« Sie grinste breit und fügte dann an, mit großer Geste auf Carla, mich und sich weisend, hinzu: »Und wir drei werden die Brautjungfern sein.«

»Ganz sicher«, erwiderte Carla trocken, und es war für alle offensichtlich, dass sie niemandes Brautjungfer sein würde.

»Wenn ihr mich noch länger auf die Folter spannt, dann schreie ich«, fuhr ich ungehalten dazwischen. »Wer ist Brunnen-Claudia? Und woher kennst du sie, Hubert? Wie lange kennt ihr euch schon?«

Ich weiß, ich weiß, ich klang eher, als wäre ich Huberts Mutter als seine Schwiegertochter. Aber allein der Gedanke, dass er jetzt mit seiner anscheinend um vieles jüngeren Frau hier bei uns einziehen wollte, behagte mir ganz und gar nicht. Ich überlegte, wie ich dem Ganzen einen Riegel vorschieben konnte, aber mir fiel nichts Passendes ein. Ich konnte meinem Schwiegervater ja schließlich nicht verbieten zu heiraten.

»Wir sprechen von Claudia, sozusagen«, sagte Carla, und das war für ihre Verhältnisse eine sehr freche Äußerung.

Und plötzlich dämmerte es mir: Sie sprachen von Beas Cousine. Der Claudia, die Brunnenfiguren in ganz Deutschland fotografiert hatte, für ein EU-Projekt. Und ich erinnerte mich auch ganz klar daran, dass sie nach fast jedem Satz »sozusagen« sagte. Und jetzt würde sie also heiraten, sozusagen, Hubert, sozusagen. Wie sollte ich eine neue Hausgenossin namens Claudia Sozusagen je aushalten? Doch ich musste mich zusammenreißen, um irgendetwas Positives von mir zu geben: »Oh, gratuliere, Hubert. Das ist aber eine überraschende und natürlich sehr erfreuliche Nachricht!«

Ich beeilte mich, ihm die Hand zu schütteln. »Das ist nicht nur eine erfreuliche, das ist eine sensationelle Neuigkeit. Wie alt ist Claudia? Mitte vierzig?«

»Claudia ist sechsundvierzig«, sagte Bea, »und ich habe keine Ahnung, was Alter mit Liebe zu tun haben soll. Ob jetzt die Braut um vieles jünger ist oder ob der Bräutigam jünger ist, das ist doch völlig egal. Hauptsache, man liebt sich. Und man hat sich etwas zu sagen. Ist es nicht so, Hubert?«

Seit wann waren die beiden denn auf so freundschaftlichem Fuß miteinander? Für Bea war doch Hubert immer der alte Störenfried gewesen. Für Hubert war Bea die laute Dicke mit dem unmöglichen Lachen. Und nun schienen die beiden die besten Freunde zu sein. Ich fragte mich, wo ich denn gewesen war in den vergangenen Wochen und was ich wohl sonst noch alles nicht mitbekommen hatte.

»So ist es«, Hubert nickte, »und Claudia und ich haben uns tatsächlich viel zu sagen. Wir haben dieselben Interessen: Schach zum Beispiel, die Fotografie und natürlich Skandinavien. Und darum, meine liebe Schwiegertochter, wird sich hier im Hause einiges ändern.« Da war er noch einmal, dieser beunruhigende Satz.

Ich öffnete den Mund, um irgendetwas zu erwidern, allein mir fiel immer noch nichts Passendes ein. Ich konnte ihm ja nicht gut befehlen hier auszuziehen.

Es war, als hätte er meine Gedanken gelesen. »Ich werde hier ausziehen. Claudia und ich haben beschlossen, nach Schweden zu ziehen. Wie du weißt, liebe ich die Natur. Und Claudia teilt diese Liebe. Sie wollte schon immer nach Schweden übersiedeln, da sie ebenfalls eine Vorliebe für dieses Land hegt. Doch bisher konnte sie den Traum nicht verwirklichen. Zuerst war ihr Mann, besser gesagt ihr Exmann, entschieden dagegen. Er wollte wohl aus beruflichen Gründen in Deutschland bleiben. Ich habe ihn kennen gelernt. Claudia und er sind Freunde geblieben. Seltsam, nicht wahr? Das hätte es zu meiner Zeit nicht gegeben. Doch er scheint ein ganz passabler Mann zu sein«, Hubert seufzte, »ja, so schwer es mir fällt, das auszusprechen, meine Braut ist leider eine geschiedene Frau. Ich weiß, Rosalind, du kennst meine Ansicht über die Unauflösbarkeit der Ehe. Ist es ein großer Frevel, wenn ich all meine Grundsätze über Bord werfe und mich mit einer geschiedenen Frau verheirate?«

Wie gut hatte ich Huberts flammende Reden gegen Scheidung und gar gegen die Wiederverheiratung von Geschiedenen im Ohr. Eine Sünde war das. Ein Verstoß gegen das sechste Gebot.

»Papperlapapp!«, rief Bea, noch bevor ich etwas sagen konnte. Die Tatsache, dass Hubert in Kürze ihr angeheirateter Cousin sein würde, ließ sie ihm gegenüber einen viel lockereren Ton anschlagen, »wäre Claudia nicht geschieden, könntest du sie nicht heiraten. Wäre dir das lieber? Nein? Na also, dann sei doch froh, dass sie geschieden ist.« Das war wieder einmal ein Musterbeispiel für Beas Logik.

»Wisst ihr schon, wohin ihr ziehen werdet?«, fragte Carla. Wohl um die leidige Diskussion über die Sündhaftigkeit von Scheidungen zu beenden. Sicher hatte sie noch zu gut Huberts Worte im Kopf, die er anlässlich ihrer eigenen Scheidung mahnend gesprochen hatte.

Hubert nickte mit verklärtem Blick: »Wir ziehen in die Nähe von Ronneby. Das liegt in Südschweden. Dort gibt es einen kleinen Waldsee namens Ängsjön. Claudia ist in den letzten beiden Jahren einige Wochen lang dort gewesen. Ihren Schilderungen nach ist es dort genauso, wie ich es mir immer gewünscht habe: ruhig, kühl und grün. Claudia hat auch bereits ein mit viel Holz eingerichtetes Haus ausgesucht, das wir jetzt kaufen wollen. In der Nähe unseres neuen Heims sind zahlreiche Naturschutzgebiete. Bei Claudia steht als nächstes ein Bildband über bekannte Frauen in Schweden auf dem Programm. Ich bin sicher, wir finden dennoch genügend Zeit, um zu wandern und Rad zu fahren. Vielleicht beginne ich auch mit dem Angeln, wer weiß?

Dann brate ich euch einen riesigen Fisch, wenn ihr uns das erste Mal besuchen kommt.« Er lachte vergnügt. »Seht ihr, wie weit es mit mir gekommen ist? Noch habe ich nicht einmal einen Angelhaken, und schon rede ich Anglerlatein!«

Ich konnte es nicht glauben. Hubert wollte nach Schweden übersiedeln? Und er wollte Sport treiben? Doch noch weniger konnte ich ihn mir mit Claudia in einer Holzhütte vorstellen.

»Und was machst du im Winter? Und was ist mit deinen Freunden? Und deinen Enkeln? Denkst du nicht, dass Tim und Sebastian dich vermissen werden?«

Verdammt, warum sagte ich so etwas? Ich wollte doch nicht, dass er hier blieb. Schon gar nicht mit Brunnen-Claudia im Schlepptau.

»Ach, die Enkel«, Hubert seufzte tief, »die Enkel sind groß geworden und brauchen ihren Großpapa nicht mehr. Bald ziehen sie in die Welt hinaus.«

Ein Tag, vor dem mir graute. Ich wollte gar nicht daran erinnert werden.

»Und außerdem: Ich bin ja nicht aus der Welt. Schweden ist mit dem Flugzeug ein Katzensprung. Ihr seid in unserem Haus jederzeit willkommen. Und im Winter bin ich sicher oft hier in der Stadt. Claudia wird ihr Haus nur zum Teil vermieten. Einige Zimmer werden wir für uns behalten. So dass wir auch jederzeit kommen können, wenn wir gebraucht werden.«

XXII

Das waren alles wirklich erfreuliche Nachrichten. Aber ein kleines, wehmütiges Eckchen in mir meinte, dass ich Hubert vielleicht doch vermissen würde. Mit einem hatte er sicher Recht: Die Jungen waren fast erwachsen. Ich brauchte keinen Babysitter mehr, der im Haus wohnte.

»Wo habt ihr euch kennen gelernt?« Natürlich war ich neugierig.

Bea ergriff das Wort: »Aber du erinnerst dich doch an den Abend, an dem wir uns bei ›Roberto‹ getroffen haben! Claudias Auto hatte den Geist aufgegeben, und sie musste einige Termine im Landkreis wahrnehmen. Und dann wollte sie doch auch nach Österreich, um den Brunnen zu besichtigen, von dem du ihr erzählt hattest. Die Bilder sind übrigens sensationell geworden. Ich bin sicher, ihr Bildband erregt Aufsehen nicht nur in der Fachwelt.« Bea hatte schon wieder einmal den Faden verloren.

»Der langen Rede kurzer Sinn«, fiel ihr Carla ins Wort, »dein Schwiegervater war so nett, Claudia durch die Lande zu kutschieren.«

»Das habe ich sehr gerne getan«, sagte Hubert, »denn glaubt mir, es war höchste Zeit, dass ich wieder eine Aufgabe bekam. Das Rentnerdasein allein, dafür fühle ich mich zu jung. Schachspielen und mit dem Pudel spazieren gehen, das füllt mich nicht aus. Im Club treffen wir uns auch nur einmal die Woche zum Mittag- oder Abendessen. Und immer mit meinem Freund Walter über den Sinn des Lebens zu diskutieren, das konnte auf die Dauer auch nicht alles sein. Ich weiß, dass das Leben noch vieles mit mir vorhat. Das

Schicksal meint es gut mit mir, dass ich das mit meiner jungen Frau erleben darf.«

Ich war beeindruckt. So offen und ehrlich hatte ich meinen Schwiegervater noch selten erlebt. Er schwieg kurz, blickte mir dann in die Augen und sagte ernst: »Ich hoffe, ich habe deinen Segen, Rosalind.«

Hubert war an meiner Meinung interessiert? Er wollte meinen Segen? Es geschahen noch Zeichen und Wunder! In diesem Augenblick merkte ich, wie sehr er mir doch ans Herz gewachsen war, in all den Jahren. Und anscheinend erging es ihm ähnlich.

Ich ergriff seine Hand: »Natürlich hast du meinen Segen, Hubert. Ich wünsche dir von ganzem Herzen alles, alles Gute. Und ich danke dir für alles, was du für mich und die Kinder getan hast.«

Carla konnte rührselige Szenen noch nie gut aushalten. »Das schreit nach Sekt!« Sie stand auf, um Gläser zu holen.

Dann beeilten wir uns, das Frühstücksgeschirr abzudecken. Hubert schenkte die Gläser voll.

»Wann soll das freudige Ereignis stattfinden?« Ich nippte vorsichtig an meinem Glas. Ich mochte es nicht, wenn mir die Kohlensäureperlen in die Nase stiegen.

»Samstag in zwei Wochen. In der kleinen Kirche St. Anna am Walde. Meine Braut ist zwar geschieden. Doch zum Glück, wenn ich es so ausdrücken darf, hat sie beim ersten Mal nicht kirchlich geheiratet. Daher kann der Bund der Ehe vor den Augen Gottes geschlossen werden. Darüber bin ich sehr froh.«

Ich musste meine Zweifel äußern: »Hubert, meinst du nicht, dass ihr diese Entscheidung etwas vorschnell umsetzt? Ihr kennt euch doch erst sieben Monate. Wäre es nicht besser, etwas zu warten? Vielleicht erst einmal eine Zeit lang zusammenzuwohnen, um festzustellen, ob ihr wirklich zueinander passt?«

Doch natürlich hatte er meine Warnung nicht nötig: »Es ist sehr nett von dir, dass du dir Gedanken machst, liebe

Schwiegertochter. Doch glaube mir, ich habe mir die Entscheidung nicht leicht gemacht. Ich habe noch nie bei einer Frau das Gefühl gehabt: Mit dieser Frau möchte ich alt werden. Außer bei meiner ersten Frau selbstverständlich, doch das ist lange her. Natürlich weiß ich«, und er lächelte ganz in Gedanken, »dass ich viel schneller alt werde als Claudia. Ich bin ja schon auf dem besten Weg dazu. Sie ist noch in der Mitte ihres Lebens. Doch wir können über dieselben Anekdoten lachen, wir lesen dieselben Bücher, und wenn ich nicht gut aufpasse, dann schlägt mich Claudia sogar im Schach.«

Und das wollte etwas heißen.

»Zusammenleben ohne Trauschein, wie du es vorgeschlagen hast«, Hubert wandte sich wieder mir zu, »kommt für uns nicht infrage. Das ist etwas für die moderne Jugend. In meiner Zeit war so etwas nicht üblich. Und ich könnte das auch nie von einer Frau verlangen. Nein, nein, es hat schon seine Richtigkeit. Weißt du, Rosalind, ich bin nicht mehr der Jüngste. Ich will meine Zeit nicht mit Warten vergeuden.«

Mein Schwiegervater stand auf und legte die Morgenzeitung, wie er dies jeden Sonntag in all den letzten Jahren getan hatte, auf das Bücherregal. Heute hatte er sie nicht gelesen. Mir wurde das Herz wider besseres Wissen schwer. Nur mehr einmal würde er die Morgenzeitung noch mit der lange geübten Handbewegung aufs Regal legen und seine Lesebrille im schweren Etui hinter den Büchern verstecken. Dann war seine Zeit hier im Haus vorüber und damit auch die Zeit lang vertrauter Gesten. Mir fiel es immer schwer, mich von Vertrautem zu lösen. Hubert war um so vieles mutiger als ich.

Als mein Schwiegervater das Wohnzimmer verlassen hatte, fiel ich über meine Freundinnen her und beschwerte mich lautstark, dass sie mich nicht vorher in dieses Geheimnis eingeweiht hatten. Bea meinte, sie habe mir schon einmal von der Idee erzählt, Hubert könnte mit Claudia durch die Lande fahren. Sie hatte vermutlich Recht, wahrscheinlich hatte sie das erwähnt und ich hatte nicht richtig zugehört.

»Ich hoffe, ich bin an diesem Samstag rechtzeitig zurück.« Es schien, als würde Carla im Geiste ihren Kalender durchblättern. »Ich bin Mittwoch und Donnerstag in London. Um endlich, endlich, endlich den Vertrag mit Parker & Stokington fertig zu verhandeln. Und mir die Unterschrift der dortigen Geschäftsleitung zu holen. Diese Angelegenheit kostet mich meine letzten Nerven. Doch wenn ich dieses Geschäft unter Dach und Fach habe, dann ist mein Geschäftsjahr gerettet. Dann kann man meine vorangegangenen Fehler beruhigt vergessen, und ich bin wieder im Rennen.«

»Das waren keine Fehler, Carla«, unterbrach sie Bea mit ihrem strengsten Tonfall, »hör auf, dir ständig die Schuld für etwas zu geben, was außerhalb deiner Macht stand. Wenn Kunden vor einem Geschäftsabschluss abspringen, dann muss das gar nichts mit dir zu tun haben. Dafür gibt es Tausende Gründe.«

Carla nickte: »Ich weiß, ich weiß. Ich sage ja nur, diesmal darf nichts geschehen. Mittwoch, Donnerstag übernächste Woche bin ich auf alle Fälle in London. Vielleicht dauert es aber auch länger. Ich werde mich jedoch bemühen, am Samstag in jedem Fall hier zu sein. Dieses Ereignis möchte ich auf gar keinen Fall versäumen. Wann kommt schon eine Frau unseres Alters glücklich unter die Haube?«

»Es wäre mir schon sehr recht, wenn du da wärst«, stimmte ich ihr zu, ohne auf den letzten Satz einzugehen, der in resigniertem Tonfall vorgebracht worden war, »ich habe keine Lust, allein hinzugehen. Hochzeiten machen mich immer depressiv. Und so allein als einzelne Frau unter lauter Paaren fühle ich mich besonders fehl am Platze.«

Es war Bea anzusehen, dass sie am liebsten gesagt hätte, sie sei doch dabei und könne mich begleiten. Doch dann schwieg sie. Sie würde an der Seite ihres Gemahls, dem schönen Richie, durch das Kirchenschiff schreiten. Zu dritt hatten wir nebeneinander in der St.-Anna-Kirche keinen Platz.

✿ —— ✿ —— ✿

Wäre es nicht eine gute Idee, Stefan zu fragen, ob er mich zur Hochzeit begleiten würde? Wie gerne würde ich dort mit ihm aufkreuzen! Ich konnte die offenen Münder von Huberts Verwandten förmlich vor mir sehen! Sie kannten mich bisher nur als stille Frau in Peters Hintergrund. Mit Stefan wäre ich die strahlende Schwiegertochter des Bräutigams am Arm des bestaussehenden Festgastes. Doch ich verwarf diese Idee wieder. Stefan war kein Mann, den man um eine Gefälligkeit bitten konnte. Sein Terminkalender war zu prall gefüllt. Und seine Freunde waren sicher zu wichtig, als dass er sie für eine Trauung in einer kleinen Waldkirche vernachlässigt hätte. Außerdem hieße, ihn zu dieser Hochzeit mitzunehmen, ihn meinen Freundinnen vorzustellen. Ihn, sozusagen, in die Familie »einzuführen«. Und so weit waren wir noch lange nicht. Wir waren ja immer noch dabei, es »langsam angehen« zu lassen.

Vielleicht war Bernhard der richtige Begleiter? Vielleicht sollte ich ihn treffen und bei Gefallen zur Hochzeit mitnehmen. Hm, das war eine reizvolle Idee. Und außerdem war es ohnehin höchste Zeit, dass ich mich wieder einmal um ihn kümmerte. Ich hatte ihn in den letzten Wochen sträflich vernachlässigt. Er war so ein lieber Kerl, und er schrieb so rührende und auch humorvolle E-Mails.

Ungeduldig, wie ich nun mal war, freute ich mich, dass mich meine Freundinnen kurz darauf verließen. Ich räumte die Sektgläser in die Küche und schaltete die Geschirrspülmaschine ein. Dann beeilte ich mich, zu meinem Laptop zu kommen.

Von: gularo@yahoo.com
An: bernhardb@...com
Betrifft: Ich würde mich über ein Treffen freuen

Lieber Bernhard,
    ich danke dir, dass du so viel Geduld mit mir gehabt hast.
Ich habe deine E-Mails jeden Tag gelesen, und ich hätte sie
nicht missen mögen. Nun ist wieder etwas Ruhe in meinem
Leben eingekehrt, und ich kann mich wieder mehr um
meine Zukunft kümmern. Du hast mir geschrieben, dass du
mich gerne treffen würdest. Gilt dieser Wunsch noch? Ich
würde mich sehr freuen, dich endlich persönlich kennen zu
lernen.
    Mit lieben Grüßen
    Rosalind

Ich hatte Bernhard aufs Abstellgleis geschoben, um ihn bei
Bedarf wieder hervorzuholen. Und nun war dieser Bedarf
gekommen. Doch, dachte ich, um mein schlechtes Gewissen
zu beruhigen, ich machte dem Mann damit eine Freude. Und
wenn ich ihm damit eine Freude machte, heiligte nicht der
Zweck dann die Mittel? Ich lehnte mich in meinem Schreib-
tischstuhl zurück: Vielleicht war Bernhard ja der Mann,
nach dem ich mich schon lange gesehnt hatte? Oder war es
doch Stefan? Wie schön wäre es doch, wenn es die Mischung
zwischen den beiden geben würde, die ich mir in den Wochen, in denen Bernhard und ich uns gemailt hatten, vor
meinem geistigen Auge immer wieder vorgestellt hatte: Stefans edle Gesichtszüge, Bernhards liebe, kameradschaftliche,
unkomplizierte Wesensart. Doch den Mann, den ich mir in
meinen Träumen vorgestellt hatte, gab es nicht. Es wurde
Zeit, dass ich mich endlich damit abfand! Ich konnte nur entweder den einen oder den anderen haben. Und ich wusste
noch nicht, für welchen ich mich entscheiden würde.

XXIII

Life is what happens to you
while you're busy making other plans.
(Leben ist das, was passiert,
während du andere Pläne schmiedest.)
John Lennon

Wie ist es doch so oft: Man grübelt, man denkt, man überlegt sich, welche Entscheidungen man treffen sollte. Und
wollte. Wägt das Für und die Wider ab. Und dann geschieht
alles ganz anders, als geplant. Ich hatte in meiner Ungeduld
eine Entscheidung herbeiführen wollen? Die Entscheidung
bekam ich. Doch es war nicht ich, die sie traf.

Es begann am nächsten Montagmorgen. Ich war wie gewohnt in die Praxis gefahren. Wie jede Woche am Montag
hatten wir für acht Uhr eine Kollegenbesprechung angesetzt. Das war ein wichtiger Termin, um die Neuigkeiten
in der Praxis zu besprechen, gemeinsame Aktivitäten zu
planen. Und auch um uns über schwierige Fälle auszutauschen. Urlaubspläne für August und September waren ab-
zustimmen, und Kollegin Ina Feiler hatte bereits die ersten
Bewerbungsgespräche für die neue Dame am Empfang
geführt.

Gerade als ich von zu Hause aufbrechen wollte, fiel Tim
ein, mir ein paar Unterlagen von seinem Fußballverein unter die Nase zu halten, die ich lesen und dann noch unterschreiben sollte. Jetzt aber nichts wie los!

Ich traf mit dem Glockenschlag um acht Uhr in der Praxis ein. Alle Kollegen hatten sich bereits im Besprechungsraum versammelt. Ich nahm mir nicht die Zeit, meine Praxiskleidung anzuziehen, sondern warf nur meinen leichten Regenmantel auf die Garderobe. Dann stürmte ich in den Raum. Was ich dort sah, ließ mich im Schritt verharren: Da stand meine Kollegin Ina. Da standen all die männlichen Kollegen, ohne Ausnahme. Und: Da stand Gregor Neuhof.

Der befand sich direkt neben der Tür, ich wäre fast in ihn hineingerannt. Ich dachte, mein Herz bliebe stehen.

»Hi«, sagte ich, nicht gerade einfallsreich, doch in dieser Situation war es ein Wunder, dass ich überhaupt etwas herausbrachte. Was machte Greg in dieser Besprechung? Wie kam er in diese Praxis? Was hatte das zu bedeuten? Und warum, um Himmels willen, tat er, als würde er mich nicht kennen?

Sein Lächeln blieb unverbindlich, als er mir die Hand reichte: »Guten Morgen, mein Name ist Gregor Neuhof.«

»Steinberg«, murmelte ich reflexartig.

Die Kollegen hatten mich entdeckt: »Rosalind ist gekommen, wir können beginnen.«

Beginnen? Beginnen womit?

»Wie ihr bemerkt habt, liebe Kolleginnen und Kollegen, habe ich heute Herrn Neuhof zu uns eingeladen«, begann Frank Spörer. »Er ist Architekt. Einer seiner beruflichen Schwerpunkte ist Feng Shui. Herr Neuhof wurde uns von Professor Meierhofer aus Wien empfohlen. Er hat auf dem internationalen Kongress, der kürzlich stattgefunden hat, einen Aufsehen erregenden Vortrag zum Thema ›Feng Shui in Zahnarzt-Praxen‹ gehalten. Hast du diesen Vortrag zufällig gehört, Rosalind?«

Ich nickte automatisch. Aha, daher wehte der Wind. Und er wehte Gregor Neuhof direkt in meine Praxis. Und damit zurück in mein Leben. Dabei hatte ich mir so fest vorgenommen, ihn nicht mehr zu sehen, ja nicht einmal mehr an ihn zu denken. Ich hatte ganz vergessen, wie gut er aussah!

Diese warmen braunen Augen. Dieser Mund, dieses Lächeln. Und wie jung er war! Im dunkelgrünen Poloshirt und hellen Hosen. Die Arme sommerlich gebräunt. War er in Wien auch schon so durchtrainiert gewesen? Die Haare trug er länger, als ich es in Erinnerung hatte. Es stand ihm gut. Wieder kein Dreitagebart. Glatt rasiertes, markantes Kinn. Sehr männlich.

»Rosalind, reiß dich zusammen!«, befahl Tante Hildegard.

»Ich danke für die Einladung«, Greg lächelte in die Runde.

Seine Stimme brachte sofort wieder etwas in mir zum Klingen, was sie nicht zum Klingen bringen sollte. Energisch rief ich mich abermals zur Ordnung. Ich würde Stefan anrufen, ob wir uns zum Mittagessen treffen könnten. Je schneller ich auf andere Gedanken kam, desto besser.

»Den meisten von euch habe ich das Kommen von Herrn Neuhof bereits angekündigt«, Frank Spörer wandte sich dann an Kollegen Tröger und mich: »Rosalind, Hans-Peter, euch habe ich leider nicht erreicht. Doch ich denke, dieses Vorhaben ist auch in eurem Sinne. Herr Neuhof wird sich unsere sämtlichen Räume ansehen und nach Feng-Shui-Kriterien überprüfen. Besonderes Augenmerk wird er selbstverständlich auf unseren Empfang legen. Es kann doch nicht sein, dass es dort keine Mitarbeiterin aushält. Wir brauchen einen Fachmann, der uns hilft, diesen Arbeitsplatz mitarbeiterfreundlicher zu gestalten. Wer von uns hat schon Lust, noch einmal mühevoll eine Mitarbeiterin auszuwählen und aufzubauen, um sie dann binnen kürzester Zeit wieder zu verlieren?«

Die anderen Kollegen nickten zustimmend. Ich beeilte mich, es ihnen gleichzutun.

»Gibt es von eurer Seite noch Fragen, die wir vorab klären sollten? Wenn nicht, möchte ich Herrn Neuhof um ein paar einführende Worte bitten, damit wir uns ein Bild davon machen können, was auf uns zukommt.«

»Also, ich bin skeptisch«, meldete sich Kollege Tröger zu Wort. Er war ein verschlossener, kritischer Mann. Ein guter Zahnarzt, gewiss. Doch ich hatte ihn noch nie lachen sehen. Und wenn wir etwas vorhatten, dann war meistens er es, der die stärksten Bedenken anmeldete. »Meine Räume können Sie von Ihrer Untersuchungsliste streichen. Wenn Sie mich jetzt bitte entschuldigen. Ich möchte mich um meine Patienten kümmern. Damit verdienen wir schließlich unser tägliches Brot.«

Er machte kehrt und öffnete die Tür. Wir waren fassungslos. Der Kollege war mürrisch und selten gut gelaunt. Aber dass er so unfreundlich zu einem Gast war, das warf ein schlechtes Bild auf unsere gesamte Praxisgemeinschaft.

Frank Spörer zog hörbar die Luft ein.

Greg nahm es mit Gelassenheit: »Natürlich, bitte lassen Sie sich durch mich nicht aufhalten. Ich verstehe, dass diese Wissenschaft nicht jedermanns Sache ist.«

Kollege Tröger hielt im Gehen inne, noch immer die Hand auf der Türklinke. »Wissenschaft?« Seine Stimme triefte vor Hohn.

»Selbstverständlich: Feng Shui ist eine Jahrtausende alte Energielehre aus China. Es ist die Wissenschaft von der Gestaltung der Wohn- und Arbeitsräume in Übereinstimmung mit ihren Bewohnern und der Natur.« Greg überzeugte sich, dass Tröger bereit war, ihm weiter zuzuhören. Und als dieser nichts erwiderte, sondern stumm im Türrahmen stehen blieb, fuhr er fort: »Ich möchte Sie gar nicht lange mit der Theorie aufhalten. Ich habe Ihnen das Manuskript meines Vortrags in Wien mitgebracht. Wenn Sie Zeit haben, vielleicht schauen Sie kurz hinein. Vieles, was man näher kennt, wirkt nicht mehr so erschreckend.«

Er überreichte Tröger eine Mappe, der sie zögernd, aber doch entgegennahm. Greg schenkte ihm ein gewinnendes Lächeln: »Menschen leben am glücklichsten in einer harmonischen Umgebung – ich denke, da sind sich Arzt und Architekt einig.«

Tröger schloss die Tür wieder.

»Ich möchte mich für meine Schroffheit entschuldigen«, sagte er mit um Verzeihung heischendem Gesichtsausdruck, »ich wollte keinesfalls Ihre Kompetenz infrage stellen, Herr Neuhof. Es ist nur so, dass meine Frau vor vierzehn Tagen einen Feng-Shui-Kurs für Anfänger besucht hat. Und nun hängt in der Ecke unseres Schlafzimmers, das sie die ›Kinderecke‹ nennt, ein Poster von dieser amerikanischen so genannten ›Fotokünstlerin‹. Man muss sich das einmal vorstellen: ein dickes Kind in einem Kohlkopf! Meine Frau trägt sich schon lange mit einem Kinderwunsch, müssen Sie wissen. Leider hat es bis dato nicht geklappt. Und jetzt haben wir Bilder von pausbackigen Kindern an den Wänden und Windspiele vor dem Fenster. Die klingen und läuten, wann immer ein Windhauch durch unsere Räume zieht. Und die Fenster lassen sich auch nicht mehr ordentlich öffnen.«

Seine Stimme klang so verzweifelt, dass wir alle wider Willen grinsen mussten. Kollege Tröger war es nicht gewöhnt, im Mittelpunkt zu stehen. Durch unser Interesse ermutigt, setzte er fort: »Können Sie bitte verstehen, dass ich in meiner Praxis keine Holzspirale aufhängen möchte? Es reicht, wenn ich mir in meinem Wohnzimmer daran den Kopf stoße.«

Greg lachte auf. Wir alle stimmten in das Lachen ein. Es wirkte befreiend. Kollege Tröger lachte auch. Das sah seltsam aus. Das waren wir nicht gewöhnt.

»Ich hoffe, Sie vertreten eine andere Art des Feng Shui. Wenn Sie das ›Wissenschaft‹ nennen, was Sie so machen, dann nehme ich an, wir bekommen keine Kohlkopfkinder hier in diese Praxis.«

Die Wogen hatten sich geglättet. Greg versprach eilig, keine Kohlkopfkinder aufhängen zu wollen: »Alles, was ich mache, geschieht mit Ihrem persönlichen Einverständnis. Das ist selbstverständlich. Sie sind es ja, der hier arbeitet. Sie sind es, der die Verantwortung für eine rasche Heilung Ihrer Kunden trägt.«

Diese Worte wurden mit allgemeinem Kopfnicken und zustimmendem Gemurmel aufgenommen.

»Wenn Sie möchten«, fuhr Greg, noch immer an Kollegen Tröger gewandt, fort, »dann schaue ich mir auch gern einmal Ihre Wohnung an. Vielleicht kann ich Ihrer Frau helfen, Feng Shui so in die Wohnung zu integrieren, dass Sie sich dort wohler fühlen als vorher. Das wäre nämlich der Sinn der Sache.«

»Das ist ein Wort.« Ein Handschlag unter Männern, dann ging Kollege Tröger wirklich. Und Greg hatte einen neuen Auftrag. Und sicher auch einen zufriedenen Kunden. Was man mit Gelassenheit und Humor doch erreichen konnte!

»Ich werde mir Praxisraum für Praxisraum genau ansehen«, erklärte er nun, »bitte lassen Sie von einer ihrer Mitarbeiterinnen einen Zeitplan zusammenstellen, wann ich welchen Raum in Augenschein nehmen kann, sodass ich Sie nicht in Ihrer Arbeit störe. Es wäre mir recht, wenn ich mich mit jedem von Ihnen kurz zu einem Gespräch treffen könnte. Ich muss genau wissen, was Sie wollen. Natürlich auch, was den Empfangsbereich betrifft. Obwohl mir da bereits beim Hereinkommen einiges aufgefallen ist. Alles kühl und steril, es fehlt die Wohlfühlatmosphäre. Die Empfangsdame sitzt vor einem Fenster, und wenn die Tür offen ist, und das ist sicher häufig der Fall, dann schaut sie in den kalten Flur hinaus. Der Bereich ist viel zu klein, die Regale sind völlig überladen. Und noch etwas: Der Empfang Ihrer Kunden findet nicht erst bei der Empfangsdame statt. Dieser geschieht bereits, wenn Ihre Patienten das Haus betreten. Ist es Ihnen bereits aufgefallen, dass der erste Eindruck, den Ihre Patienten haben, wenn sie das Haus betreten, ein Blick auf die Müllcontainer ist?«

Natürlich war mir das längst aufgefallen. Vor Jahren schon. Aber wir waren so betriebsblind geworden, dass es uns nicht mehr länger störte. Frank Spörer versprach, einen solchen Zeitplan anfertigen zu lassen, und bat dann Gregor als Erstes in seine Praxis, da er erst ab zehn Uhr Patienten erwartete.

Greg verabschiedete sich mit einem freundlichen Nicken in die Runde. Ich fing einen Blick auf, der mir durch Mark und Bein ging. Ich konnte diesen Blick nicht deuten. Und doch bekam ich mit einem Mal ein fürchterlich schlechtes Gewissen. Ich beeilte mich, in meine Praxis zu kommen. Ich konnte meine Patienten nicht warten lassen.

Schwester Mathilde hatte bereits den Namen aller, die an diesem Tag zu erwarten waren, in den Computer eingegeben und die passenden Röntgenbilder herausgesucht. Die ersten beiden Patienten kamen lediglich zur Kontrolle, und mehr als ein oder zwei Plomben waren nicht nötig. Als Nächstes war eine langjährige Patientin angekündigt, bei der eine Wurzelbehandlung angesetzt war. Wie es schien, hatte sie sich verspätet. Das war nicht das erste Mal bei dieser Frau.

»Frau Doktor, da ist ein Herr beim Empfang. Er besteht darauf, umgehend behandelt zu werden. Er behauptet, er würde sonst sein Flugzeug verpassen.« Schwester Mathilde stand etwas ratlos im Türrahmen.

Ich sah von meinem Schreibtisch auf: »Ein Herr? Kennen wir ihn? Ist er bereits Patient in unserer Praxis?«

Sie schüttelte den Kopf: »Nein, er ist normalerweise bei Dr. Hagenberg in Behandlung. Es scheint dort einen Rohrbruch gegeben zu haben. Daher ist die Praxis heute geschlossen. Ich dachte, weil Frau Müller-Schulze sich wieder einmal verspätet hat, vielleicht können Sie den Mann ja einschieben. Er scheint starke Schmerzen zu haben. Seine rechte Backe ist beängstigend angeschwollen. Sonst sieht er sehr attraktiv aus.«

»Na, dann schicken Sie ihn herein, und bereiten Sie bitte alles Nötige vor.«

Kurz darauf wurde die Tür geöffnet, und ein großer, schlanker Mann betrat mit forschen Schritten meine Praxis. Wow, das war ein Mann, der wusste, was er wollte. Kein Wunder, dass er Schwester Mathilde gefiel. Er reichte mir mit einem gewinnenden Lächeln die Hand. Bevor er zusammenzuckte und sein Lächeln schlagartig einem schmerzverzerrten Gesicht Platz machte.

»Frau Doktor, ich danke Ihnen. Sie sind meine Retterin in der Not. Wie ich Ihrer Assistentin schon sagte: Ich bin in großer Eile. In drei Stunden muss ich am Flughafen sein. Und nun dieser vermaledeite Zahn. Machen Sie mit ihm, was Sie wollen. Doch nehmen Sie mir die Schmerzen. Und ermöglichen Sie mir so, meine wichtige Geschäftsreise pünktlich anzutreten. Es wäre eine absolute Katastrophe, wenn ich das nicht schaffen würde.« Er strich sich seine langen schwarzen Haare aus der Stirn.

Ich hatte ihm zugehört und dabei aufmerksam seine Gesichtszüge studiert. Wirklich ein gut aussehender Mann! Der Erfolg lachte aus jedem seiner Knopflöcher. Das Seltsame aber war, dass mir dieser Mann von irgendwoher bekannt vorkam. Dieses Gesicht hatte ich schon einmal gesehen. Aber ich wusste beim besten Willen nicht wo. Und er ließ auch mit keinem Wort erkennen, dass er mir schon einmal über den Weg gelaufen war.

Ich wies mit einladender Geste auf den Behandlungsstuhl: »Bitte nehmen Sie Platz«, ich schenkte ihm ein verbindliches Lächeln, »ich werde sehen, was ich für Sie tun kann.«

In diesem Augenblick läutete laut und vernehmlich ein Handy. Sein Handy. Er klopfte seine Jacketttaschen ab und zog ein winziges Ding heraus, das man nur schwerlich als Handy erkennen konnte.

»Ich möchte Sie bitten, Ihr Handy auszuschalten«, verlangte ich in meinem strengsten Tonfall, »wir haben elektronische Geräte in der Praxis, die durch ein Mobiltelefon gestört werden können.« Was glaubte er denn, wo er war? Es war doch heutzutage jedem bekannt, dass in einer Arztpraxis Mobiltelefone auszuschalten waren.

Er machte mir ein Handzeichen und sagte entschuldigend: »Es ist dringend, entschuldigen Sie. Nur ganz kurz.« Dann drückte er auf den grünen Knopf, um den Anruf entgegenzunehmen.

»Hallo? Na endlich, Frau Gruber, das hat ja ewig gedauert. Nein, ich bin beim Zahnarzt. Na, warum wohl? Passen Sie auf: Ich erwarte eine E-Mail von Parker-Stokington. Es muss in der nächsten halben Stunde eintreffen. Bringen Sie mir diese E-Mail hierher in die Praxis. Nein, warten Sie, bringen Sie sie mir besser zum Flughafen. Zum Check-in-Schalter. Den werden Sie doch finden, Frau Gruber, ich bitte Sie. So schwer ist das nicht. Und vergessen Sie nicht, die E-Mail in meinem Computer zu löschen. Die Angelegenheit ist ›topsecret‹! Kein Wort zu niemandem. Ja, das wär's.« Er drückte auf den Ausschaltknopf, ohne sich zu verabschieden. »Nochmals: Bitte um Entschuldigung. Jetzt gehöre ich ganz Ihnen.« Er schwang sich auf den Behandlungsstuhl.

Ich drehte mich zum Bildschirm um. Schwester Mathilde hatte inzwischen die Daten eingegeben, die der Patient beim Empfang angegeben hatte. »Rotter, Ferdinand Jakob« prangte dort in großen Buchstaben. Nun fiel es mir wie Schuppen vor den Augen: Darum war mir der Patient so bekannt vorgekommen! Carla hatte mir einmal ein Bild von einer Firmenveranstaltung gezeigt. Dieser weltgewandte Mann war niemand anderer als Efdschäi Rotter, Carlas rotes Tuch. Was für eine Ironie des Schicksals, dass er in seiner Not gerade in meine Praxis gekommen war. Und sich so in die Hände der besten Freundin seiner ärgsten Feindin begab. Doch er konnte sich beruhigt zurücklehnen. Ich hatte nicht umsonst meinen Eid geschworen. Besonderes Quälen sah dieser nicht vor.

Ich sah mir den schmerzenden Zahn genau an und schickte Rotter dann zum Röntgen. Kurze Zeit später die Bestätigung: Der Zahn stand komplett unter Eiter. Es gab keine andere Wahl, er musste heraus.

Schwester Mathilde bereitete alles für eine Extraktion vor. Ich zog die Spritze auf. Parker-Stokington ... Warum war mir dieser seltsame Name bloß geläufig?

»Wohin geht denn die Reise? Fliegen Sie in Urlaub?«, erkundigte ich mich, mehr um meinem Patienten die Angst zu nehmen als aus Neugier. Außerdem verkürzte ich gern mit ein bisschen Smalltalk die Wartezeit, bis die Spritze wirkte.

»Nein, nein, ich bin beruflich unterwegs. Es geht nach London. Können Sie jetzt loslegen?« Rotter war sichtlich ungeduldig.

In seinem eigenen Interesse wartete ich noch einige Zeit. Im Zahnziehen hatte ich Routine. Das war eine Angelegenheit von wenigen Minuten. So ging es auch diesmal schnell. Ich versorgte die Wunde und forderte meine Assistentin auf, dem Patienten Schmerzmittel für den Abend mitzugeben.

»Wie lange werden Sie in England bleiben?«

Rotter zuckte mit den Schultern: »Ein, zwei Tage.«

Ich nickte: »Gut. Sollte es wider Erwarten Komplikationen geben, dann wenden Sie sich bitte an Kollegen vor Ort. Ich bin jedoch zuversichtlich, dass das nicht notwendig sein wird.«

Rotter bedankte sich und reichte mir die Hand. Dann machte er kehrt, um meine Praxis zu verlassen und zum Flughafen zu eilen. Ein seltsamer Kauz. Ein seltsamer Kauz, der eine E-Mail von einer seltsamen Person bekam. Wie hatte diese geheißen? Parker-Stokington? Mit einem Schlag wurde mir klar, woher ich diesen Namen kannte. Carla machte doch Geschäfte mit einer Firma namens Parker-Stokington. Und diese Firma war in London. In eben der Stadt, in die Rotter jetzt unterwegs war. Wenn da kein Zusammenhang bestand! Ich musste unbedingt Carla verständigen! Sofort!

Ich erreichte Carla erst gegen fünf Uhr nachmittags auf ihrem Handy: »Du errätst nie, wer heute bei uns in der Praxis war!« Ich lachte schon in Vorfreude über ihr Erstaunen. »Er ist groß, hat lange schwarze Haare, und du magst ihn nicht.«

»King Kong?«

»Nein, ganz falsch. Es ist jemand aus deiner näheren Umgebung.«

»Um ehrlich zu sein, Roli, mir steht im Moment der Sinn nicht nach Fragespielen. Ich muss meine Reise nach London vorbereiten.«

»Ich will dich auch nicht aufhalten. Ich wollte dir nur erzählen, dass Rotter bei uns in der Praxis war. Ich habe ihm einen Zahn gezogen, bevor er zum Flughafen fuhr.«

»Rotter fuhr zum Flughafen?«, Carla war sichtlich erstaunt.

»Ja, wusstest du das nicht?«

»Ich weiß nur, dass er sich zwei Tage frei genommen hat. Ich wusste nicht, dass er mit seiner Frau in Urlaub fliegen würde in diesen zwei Tagen.«

»Es ist auch kein Urlaub. Soweit ich ihn verstanden habe, ist er geschäftlich auf dem Weg nach London. Er will diese Firma da aufsuchen. Parker-Irgendwas. Die, die du in den letzten Wochen öfters erwähnt hast. Darum ist sie mir ja im Gedächtnis geblieben. Die Firma, mit der ihr dieses große Geschäft abschließen möchtet.«

Es war still am anderen Ende der Leitung.

»Roli, rühr dich nicht von der Stelle. Ich bin ganz in deiner Nähe und komme vorbei. Ich möchte, dass du mir alles Wort für Wort erzählst.« Dann legte sie auf.

Ich behandelte meinen letzten Patienten für diesen Tag, und kurz darauf steckte auch schon meine Freundin ihren Kopf durch die Tür herein.

»Also noch einmal ganz langsam«, es kam mir vor, als hätte ich Carla noch nie so ernst und konzentriert gesehen, »Rotter kam also zu dir in die Praxis, sagtest du am Telefon. Bis du sicher, dass es F. J. war? Ferdinand Jakob Rotter?«

Ich tippte seinen Namen in den Computer, und vor mir erschien wieder sein Datenblatt: »Rotter, Ferdinand Jakob.« Ich nannte die Adresse.

Carla nickte. »Das ist er. Warum weißt du, dass er nach London unterwegs ist?«

»Ganz einfach, weil er es mir erzählt hat. Und er hat mit seiner Assistentin oder Sekretärin telefoniert. Er nannte sie Frau Huber oder Gruber ...«

Carla nickte: »Gruber. Das ist seine Sekretärin, ja. Er telefonierte also mit ihr? Hier von deiner Praxis aus?«

»Er erwartete eine E-Mail von dieser Firma Parker.«

»Parker-Stokington?«

Ich nickte: »Ja, genau. Er beauftragte Frau Gruber, ihm diese E-Mail zum Flughafen zu bringen. Er brauchte es vor seiner Reise nach London. Unbedingt. Ich war verärgert, weil er in meiner Praxis telefonierte. Aber er sagte mir, dass dieses Gespräch für ihn äußerst wichtig sei.«

»Warum erwartet Rotter eine E-Mail von Parker-Stokington?« Carla war völlig fassungslos. »Er hat doch mit diesem Geschäft überhaupt nichts zu tun. Ich leite den Verkauf Europa. Daher kümmert er sich um England überhaupt nicht. Ich überlege mir ja auch nicht, was er in Südamerika so macht. Bist du sicher, dass du dich nicht verhört hast?«

»Wie kann man sich bei Parker-Stokington verhören?«

Carla nickte: »Du hast Recht. Ich muss wissen, was in dieser E-Mail steht.«

»Das wirst du wohl nie erfahren. Denn er hat dieser Frau Gruber die Anweisung gegeben, sie sofort zu löschen.«

»Also, da soll sich einer einen Reim darauf machen, wer immer kann. Ich kann es nicht. Doch es gefällt mir nicht. Es gefällt mir ganz und gar nicht, Roli. Wenn dieser Kerl mir hier in mein Geschäft hineinpfuscht, dann drehe ich ihm den Hals um.«

»Jetzt warte einmal«, versuchte ich sie zu besänftigen, »wer weiß, was in dieser E-Mail gestanden hat. Vielleicht ist deine ganze Aufregung umsonst.« Ich glaubte meinen Worten selbst nicht.

»Es gibt eine Möglichkeit, gelöschte E-Mails doch noch irgendwie zu lesen«, Carla ging nicht auf meinen Beschwichtigungsversuch ein, »ich habe nur keine Ahnung, wie das geht. Weißt du, was am klügsten wäre?«

Ich wartete, bis sie weitersprach. »Am besten ist es, ich fahre ins Büro. Nicht jetzt, jetzt ist Bubi noch da und wahrscheinlich auch Frau Gruber. Und von Frau Gruber erfahre ich nichts, die steht loyal hinter Rotter. Wenn alle weg sind, klemme ich mich hinter den PC von Rotter und versuche, diese E-Mail zu finden.«

»Ist das denn so einfach, dich hinter Rotters PC zu klemmen?« Ich schüttelte zweifelnd den Kopf. »Wie kommst du denn dort hinein? Sein Computer ist doch höchstwahrscheinlich mit einem Passwort gesichert. Kennst du dieses Passwort?«

»Nein, woher denn?« Carla seufzte unwillig. »Wir haben außerdem in der Firma die Philosophie, alle fünf Wochen unsere Passwörter zu ändern. Aber: Was soll sein Passwort denn schon groß sein? Vielleicht der Mädchenname seiner Frau oder der Name seines Hundes, der Name eines seiner Kinder. Rotter ist alles andere als originell oder kreativ.«

»Und? Kennst du den Mädchennamen seiner Frau?«, fragte ich etwas provokant.

»Bernberg«, antwortete Carla wie aus der Pistole geschossen, »Dorothea Gräfin Bernberg. Ihrem Vater gehört der größte Grundbesitz nördlich der Stadt. Sie ist die einzige Erbin. Er hat sich fein ins gemachte Nest gesetzt, der gute F. J.«

»Und kennst du auch den Namen seines Hundes?«

Carla hob die Hände und ließ sie wieder sinken: »Nein, kenne ich nicht. Aber wie heißen Hunde von fantasielosen

Menschen? Hasso? Bello? Was mir mehr Sorge bereitet: Ich habe keine Ahnung, wie ich dann die gelöschte E-Mail wieder finden kann. Hast du eine Idee? Ich muss unbedingt dahinter kommen, was hier läuft. Es geht um meine Existenz.«

»Fragst du ernsthaft mich, ob ich ein Computerproblem zu lösen imstande bin? Mich, die schon froh ist, wenn sie normale Briefe schreiben und E-Mails verschicken kann? Was du brauchst, ist ein Fachmann, ein Computerspezialist.«

Carla, die begonnen hatte, in meinem Praxisraum im Kreis zu gehen, hielt abrupt inne: »Großartige Idee, genau den brauchen wir. Wir nehmen einen Computerspezialisten.«

»Habt ihr einen in der Firma? Sicher habt ihr einen.«

Carla überlegte: »Wir haben drei EDV-Spezialisten im Haus. Aber ich kann keinen mit dieser Aufgabe betrauen. Ich kann ja nicht gut sagen: ›Seien Sie doch so freundlich und steigen Sie heimlich in Herrn Rotters System ein. Geben Sie mir Informationen, die er vor mir verheimlichen will. Und sagen Sie niemandem, dass ich Sie darum gebeten habe.‹ Nein, das käme sicher heraus. Und wie stünde ich dann da?! Wir brauchen jemanden, der mit meiner Firma absolut nichts zu tun hat. Roli, kennst du nicht eine passende Person?«

Ich überlegte. Der Einzige, der mir spontan als Computerspezialist einfiel, war Bernhard. Mein E-Mail-Freund Bernhard. Aber den konnte sie ja nicht gut mit dieser heiklen Aufgabe betrauen. Noch dazu hatte ich ihn ja noch nie getroffen. Wenn ich ihn getroffen hätte, wenn ich gewusst hätte, was das für ein Mann ist, dann hätten wir ihn vielleicht fragen können, aber so …

Ich erzählte Carla von meiner Idee und meinen Bedenken.

»Egal. Auch wenn du diesen Mann nicht kennst, wenn er sich mit Computern auskennt, muss er her. Hast du seine Telefonnummer?«

Ich schüttelte den Kopf.

»Dann schick ihm eine E-Mail und lass uns beten, dass er online ist.« Carla schob mich in Richtung PC.

So kam es, dass ich das erste Mal in der Praxis in mein privates E-Mail-System einstieg und Bernhard eine kurze E-Mail schickte.

Von: gularo@yahoo.com
An: bernhardb@...com
Betrifft: Dringend! Ich brauche deine Hilfe!

Lieber Bernhard,

ich hoffe, du bist online. Ich brauche dringend deine Hilfe. Meine Freundin und ich müssen eine E-Mail lesen, die bereits gelöscht wurde. Und wir müssen in ein Computersystem eindringen, von dem wir das Passwort nicht kennen. Kannst du uns dabei helfen? Es ist dringend und sehr wichtig. Bitte melde dich umgehend. Wir warten auf deine Nachricht.

Mit freundlichen Grüßen

Rosalind

Und dann saßen wir da und warteten. Und beteten, dass Bernhard nicht irgendwo bei einem Kunden war und vielleicht erst in ein, zwei Tagen wieder an seinen PC zurückkehrte. Unsere Gebete wurden erhört, und zehn Minuten später blinkte ein kleines Kuvert an meinem rechten unteren Bildschirmrand: Eine neue Nachricht war eingetroffen.

Von: bernhardb@...com
An: gularo@yahoo.com
Betrifft: Ich stehe zu Diensten

Liebe Rosalind,

das nenne ich eine ungewöhnliche Art des Kennenlernens ;-). Aber ich bin froh, dass es endlich passiert. Daher sind mir die Umstände egal. Nenne mir Ort und Uhrzeit, ich werde da sein.

Bis bald also!

Bernhard

Carla seufzte und atmete auf: »Braver Bernhard. Schreibst du ihm bitte meine Büroadresse? Er soll um zwanzig Uhr dort sein. Oder besser um zwanzig Uhr dreißig. Dann sind sicher die letzten Mitarbeiter aus dem Haus. Das Team, das mit Amerika zu tun hat, arbeitet am Abend immer länger. Wegen der Zeitverschiebung. Und schreib ihm, wir erwarten ihn beim Firmeneingang.«

Ich tat, wie mir geheißen. Dann hieß es also warten. Ich rief rasch zu Hause an, meine Söhne würden mich nicht vermissen. Auf MTV war irgendein Konzert unplugged.

Und dann gingen wir zum Chinesen um die Ecke, um uns die Wartezeit zu verkürzen. Ich bestellte eine Portion Schweinefleisch süßsauer. »Gularo«, dachte ich und grinste.

Als wir schließlich gegen zwanzig nach acht auf das Firmengelände fuhren, lag das Bürogebäude in völliger Dunkelheit. Der Parkplatz war ruhig und verlassen. Carla stellte ihren Wagen hinter einer breiten Hecke ab, damit er nicht jedem auffiel, der zu später Stunde unerwartet ins Werksgelände kam.

»Hast du überhaupt einen Schlüssel für Rotters Büro?« Vielleicht scheiterte es ja schon an so banalen Dingen.

Carla nickte: »Alle Führungskräfte haben einen Generalschlüssel«, sie sperrte das große, schwere Eingangstor auf, »denn wir müssen ja bei Tag und Nacht in alle Räume können, wenn etwas passiert. Wenn Gefahr im Verzug ist, sozusagen. Dabei ist natürlich eher an Feuer gedacht. Und wenn man's genau nimmt, stimmt's ja auch hier: Für mich ist jedenfalls ganz schön Feuer am Dach! Am besten, wir warteten hier.« Sie wies auf die beiden modernen Polstersessel in der Eingangshalle. »Das ist unsere Wartezone für Gäste. Es kann ja nicht mehr lange dauern, und dein Bernhard taucht auf.«

Mein Bernhard? *Mein* Bernhard? Hilfe, ich war so damit beschäftigt gewesen, Carla dabei zu helfen, ihr Problem zu lösen und mir Gedanken zu machen, wie man an Rotters E-Mail herankam und zu rätseln, was Rotters E-Mail bedeutete, dass ich völlig vergessen hatte, dass dies ja gleichzeitig mein erstes Rendezvous mit Bernhard bedeutete. Wie lange hatten wir einander jetzt schon geschrieben! Was hatten wir uns nicht alles schon erzählt! Wie oft hatte ich mir überlegt, wie ich mich beim ersten Treffen ins beste Licht rücken könnte. Und nun stand ich da in der unbeleuchteten Eingangshalle der Firma Moosburger. Vom Schein der Straßenlaternen auf dem Parkplatz drang fahles Licht durch die breite Fensterfront. Wahrlich eine seltsame Umgebung für ein erstes Treffen. Von Romantik keine Spur. Ich war nicht besonders hübsch angezogen. Und mein Make-up war so dezent, wie ich es in meinem Praxisalltag eben trug. Zumindest das konnte ich ändern: Ich musste mir unbedingt noch die Lippen nachziehen. »Habt ihr hier irgendwo eine Toilette?«

Carla wies mir den Weg. Ich versuchte, mich dort, so gut es ging, zu restaurieren. Zum Glück fand ich auch noch eine Wimperntusche in meiner geräumigen Tasche. Und die Farbe des Lippenstifts war auch halbwegs passend. War da nicht dieses leicht quietschende Geräusch, das das Öffnen der Eingangstür begleitete? Das konnte nichts anderes bedeuten: Bernhard war gekommen! Eilig verließ ich den Waschraum.

Ich hatte mich nicht geirrt: Carla und ein unbekannter, mittelgroßer Mann standen sich in der Eingangshalle gegenüber. Sie reichten sich die Hände. Ich wollte Bernhard eigentlich freudig entgegengehen, verharrte jedoch im Schritt. Irgendetwas war hier seltsam. Die beiden gaben sich die

Hand, und die Bewegung wirkte wie in Zeitlupe. Außerdem hatten sie es nicht eilig, die Hände wieder loszulassen.

»Rosalind«, hörte ich Bernhard sagen, »endlich. Du glaubst gar nicht, wie ich mich auf diesen Augenblick gefreut habe! Du bist noch viel schöner, als ich mir das in meinen kühnsten Träumen ausgemalt habe. Du bist so ...« Er ließ diesen Satz in der Luft hängen. Ganz überwältigt vom Anblick meiner Freundin.

Und Carla, die forsche Carla? Die, die eben noch nichts als London und Rotter im Kopf gehabt hatte? Carla stand da und lächelte verklärt und fühlte sich nicht bemüßigt, den Irrtum aufzuklären.

Da hielt ich es jetzt doch an der Zeit einzugreifen: »Hallo Bernhard«, sagte ich auf halbem Weg von der Toilette zum Eingang und winkte etwas unbeholfen mit der rechten Hand, »ich bin Rosalind. Die Hand, die du da hältst, gehört zu Carla, meiner Freundin. Nett, dass du sofort gekommen bist. Carla hat ein großes Problem, und wir hoffen, du kannst ihr helfen.«

Es war, als würden die beiden aus einem langen Traum erwachen.

»Guten Abend, Carla«, Bernhard schüttelte ihre Hand noch einmal, bevor er sie dann doch losließ.

»Guten Abend, Bernhard«, sagte Carla.

Es war, als müsste sich Bernhard von ihrem Anblick mit einem Ruck lösen. Dann drehte er sich zu mir und gab auch mir die Hand. Sein Gesichtsausdruck war jedoch bei weitem weniger fasziniert, als er sagte: »Du bist also Rosalind. Schön, dich kennen zu lernen. Was kann ich für euch tun?«

»Ich finde es auch schön, dass wir uns endlich persönlich gegenüberstehen.«

Das war also Bernhard. Bernhard, dessen E-Mails ich geliebt hatte. Und was bedeutete mir der Mann selbst? War da noch die Verliebtheit, die ich einmal zu spüren glaubte? Nein, da war nichts. Dieser Mann hatte mit meiner Fantasie nichts zu tun. Außerdem schien er sich Knall auf Fall in

Carla verliebt zu haben. So war also der Lauf der Welt. Seine E-Mails würden mir fehlen.

»Rosalind sagte, du bist Computerspezialist«, hörte ich Carla sagen.

»Ich habe eine Firma, die sich auf Virenschutz spezialisiert hat«, entgegnete Bernhard. Und das Lächeln, das er ihr schenkte, war viel liebevoller, als dieser einfache Satz hätte vermuten lassen. Das sah ich sogar im Halbdunkel der Halle.

»Du kennst dich doch nicht nur bei Viren aus?«, meldete ich mich zu Wort, einer plötzlichen Befürchtung folgend, »du bist doch mit der gesamten EDV vertraut, oder?«

Bernhard blickte von Carla zu mir und erklärte, dass er das sehr wohl sei. »Kann mir eine von euch sagen, worum es genau geht? Es muss ja etwas äußerst Geheimes sein, wenn wir uns zu so ungewöhnlicher Stunde in einer dunklen Halle treffen. Ich liebe zwar das Abenteuer, denke aber, wir sollten endlich anfangen, Nägel mit Köpfen zu machen.«

Carla strahlte. Die beiden schienen nicht nur beim ersten Anblick voneinander fasziniert. Bernhard war anscheinend überhaupt ein Typ ganz nach Carlas Geschmack. Kein langes Herumreden, direkt zum Mittelpunkt des Geschehens gehen, Nägel mit Köpfen machen.

Meine Freundin bat uns, ihr in ihr Büro zu folgen. Von mir nahm keiner der beiden mehr Notiz. So hatte ich in Ruhe die Möglichkeit, meinen E-Mail-Freund genauer in Augenschein zu nehmen. Er war mittelgroß. Hätte man ihn etwas untersetzt genannt, so hätte man ihm Unrecht getan. Doch wirklich schlank kam er mir nicht vor. Vielleicht waren das aber auch Muskeln, die sich unter seinem Hemd versteckten. Jedenfalls hatte er breite Schultern. Seine blonden Haare waren kurz geschnitten. An der Stirn lichteten sie sich bereits, und es zeigten sich schon deutliche Geheimratsecken. Seine Augen hatte er hinter ovalen Brillengläsern versteckt. Er trug ein kariertes Hemd und eine beige Hose mit Bundfalten. Seine Kleidung war es sicherlich nicht, die Carla faszinierte. Ich dachte an Oliver im figurfreundlichen

Zweireiher, ich dachte an Konrad im dunkelblauen Clubblazer mit Seidenkrawatte. Das karierte Hemd des EDV-Spezialisten passte nicht in diese Reihe.

Wir fuhren mit dem Lift in den dritten Stock. Standen im Kreis und lächelten einander an. Keiner wusste genau, was er sagen sollte. Es war aber auch eine besonders seltsame Situation.

Als wir in Carlas Büro eingetreten waren, schloss sie vorsorglich die Tür hinter uns. Dann drehte sie das Licht an und forderte uns mit einer einladenden Geste auf, an ihrem ovalen Besprechungstisch Platz zu nehmen.

»Ihr macht es wirklich spannend«, meldete sich Bernhard als Erster zu Wort. »Was habt ihr vor? Es ist doch nichts Illegales, hoffe ich. Soll ich mich in das System eines Geheimdienstes einschleichen?«

Carla lächelte, wurde aber schnell wieder sachlich und konzentriert: »Keine Angst. Das Gegenteil ist der Fall. Wir wollen etwas Illegales, oder sagen wir – etwas Unrechtmäßiges – verhindern.« Und dann schilderte sie mit knappen Worten ihr Anliegen. Ich beobachtete die beiden. Und fing den Blick auf, den Bernhard ihr zuwarf. Mir wurde ganz warm ums Herz. Da hatten sich zwei Menschen Hals über Kopf ineinander verliebt. So etwas hätte ich nie und nimmer für möglich gehalten. Und bei meiner zurückhaltenden Freundin schon gar nicht. Und ich war Zeuge dieser Sensation. Ich wünschte, ich würde auch einmal jemanden treffen, der mich mit so viel Liebe anlächelt. Gregs Gesicht schob sich in meine Erinnerung. Wie er mich in den Armen hielt. Wie seine Augen leuchteten. Und er die Augenlider leicht senkte, bevor er mich an sich zog und seine Lippen auf meine presste …

»Dann machen wir uns an die Arbeit«, sagte Bernhard. »Wo steht der Computer von deinem Kollegen?«

Carla machte in ihrem Büro das Licht aus, und dann schlichen wir drei zum Zimmer von F. J. Rotter, das am Gang genau gegenüberlag. Mit dem Generalschlüssel hatte sie die

Tür schnell geöffnet. Der Raum lag fast völlig im Dunkeln. Nur der abnehmende Mond schickte einen fahlen Lichtschein durch die Fensterfront. Man konnte den Schreibtisch schemenhaft erkennen, den Besprechungstisch, die Stühle. Und den schwarzen, schweren Ledersessel mit der hohen Lehne, auf dem Rotter seine Arbeit verrichtete. Es roch nach Rasierwasser.

»Es wäre mir recht, wenn wir kein Licht machen müssten. Es kann doch sein, dass jemand am Gebäude vorbeifährt. Es wäre seltsam, würde man in Rotters Raum Licht sehen. Noch dazu, da alle wissen, dass er sich im Urlaub befindet. Rotter ist nicht der Typ, der während seines Urlaubs im Büro auftaucht. Schon gar nicht zu so später Stunde. Reicht das Flimmern des Bildschirms aus, damit du deine Arbeit machen kannst, Bernhard?«

Carla nannte ihn ganz selbstverständlich Bernhard. Keine Spur von der noblen Distanziertheit, mit der sie sonst Männer behandelte. Was für ein seltsamer Abend. Ich war noch nie Zeugin gewesen, wie zwei Menschen sich auf den ersten Blick in einander verliebten. Es war das seltsame Gefühl, nicht mehr länger anwesend zu sein. Nichtsdestotrotz hatte ich keine andere Wahl als zu bleiben. Schließlich war ich in Carlas Auto mitgefahren. Und andererseits wollte ich um nichts auf der Welt versäumen, was sich hier weiter zutragen würde.

Also nahm ich an F. J. Rotters Konferenztisch Platz. Ich musste insgeheim grinsen. Der Gute war in London und ahnte nichts Böses. Und währenddessen waren drei dunkle Gestalten dabei, sich seines Büros und vor allem seines PCs zu bemächtigen. Er würde noch den Tag verwünschen, an dem er in meine Praxis gekommen war. Warum hatte er sich auch von allen Zahnärzten der Stadt ausgerechnet mich ausgesucht?!

Bernhard und Carla steckten einmütig ihre Köpfe zusammen, während Bernhard auf die Tasten klopfte. Mir fiel ein, dass es ursprünglich Carlas Idee gewesen war, dass ich an

Bernhard schreiben sollte. Mir wäre seine E-Mail gar nicht weiter aufgefallen. Ob das Intuition war? Schicksal? Göttliche Fügung?

»Hast du wirklich keine Ahnung, wie das Passwort lauten könnte?«, hörte ich Bernhard fragen. »Ich habe jetzt schon mit den Namen seiner Kinder und dem Mädchennamen seiner Frau versucht. Hasso und Bello haben nichts gebracht. Wie ist sein Geburtsdatum?«

Carla sagte es ihm, Bernhard gab es ein, der Computer verweigerte weiter den Zugriff. »Auch nicht. Meist sind es nebeneinander liegende Buchstaben auf der Computertastatur. Die werden gern genommen, weil sie leicht zu merken sind.« Bernhard versuchte allerlei Kombinationen. Ohne Erfolg. »Wir können froh sein, dass dieses System so viele Versuche zulässt. Bei vielen anderen Systemen ist nach drei fehlerhaften Eingaben Schluss. Fällt dir sonst noch etwas ein?«

Ich fuhr zusammen: Waren das nicht Schritte?

Auch Carla und Bernhard schraken auf und starrten, Kopf an Kopf, zur offenen Tür. Im Gang wurde Licht eingeschaltet. Jetzt war jeder Irrtum ausgeschlossen.

»Hallo?«, ertönte eine fragende Männerstimme. »Herr Rotter, sind Sie das? Was machen Sie denn im Dunkeln?« Eine groß gewachsene Gestalt tauchte im Türrahmen auf. Das Deckenlicht wurde eingeschaltet. Ich musste blinzeln: Meine Augen waren an diese plötzliche Helligkeit nicht gewöhnt.

»Ach, Sie sind das, Frau Martens.« Es war offensichtlich, dass der Mann höchst überrascht war. Und neugierig, was hier vor sich ging.

Carla trat lächelnd auf ihn zu. Ihr Herz musste ebenso bis zum Hals hinauf schlagen wie meines. Aber sie hatte sich bemerkenswert gut unter Kontrolle und war völlig Herrin der Situation. »Ah, guten Abend, Herr Hansemann.«

Wer war Herr Hansemann? Ich stand auf und stellte mich neben Bernhard zum Computer. Wenn Herr Hansemann jetzt die Polizei rief, dann war ich lieber nicht allein.

»Sicher gibt es einen Grund dafür, Sie so spät in Herrn Rotters Büro anzutreffen?« Die Stimme von Herrn Hansemann klang vorwurfsvoll. Es war offensichtlich, dass er Carla nicht sehr wohlgesinnt war. Und es genossen hätte, sie einer unrechtmäßigen Tat zu überführen.

Carla bemerkte es und straffte ihre Schultern. Jetzt war sie wieder ganz die distanzierte, erfolgsgewohnte Karrierefrau. »Natürlich gibt es dafür einen Grund. Ich darf vorstellen …«, sie deutete auf mich, »das sind Frau Steinberg und Herr …« Natürlich hatte sie keine Ahnung, wie Bernhard mit Familiennamen hieß. Ich hatte wochenlang mit ihm korrespondiert und wusste es auch nicht. Doch Carla stockte nur kurz: »Und Herr Bernhard. Wie Sie wissen, hatten wir in den letzten Monaten verstärkten Virenbefall. Besonders mein PC war betroffen. Ich habe daher eine Virenschutzfirma beauftragt, meinen Computer zu überprüfen. Herr Rotter hat mich gebeten, auch seinen PC durchchecken zu lassen. Es trifft sich gut, dass dies während seines Urlaubs geschieht, so wird er in seiner Arbeit nicht behindert. Und das …«, sie deutete auf den grau gekleideten Herren, »das ist Herr Hansemann, der Leiter unserer Rechtsabteilung.«

»Zu so später Stunde hätten Sie wohl seine Arbeit auch dann nicht behindert, wenn Herr Rotter hier gewesen wäre«, erwiderte Herr Hansemann, sichtlich noch nicht davon überzeugt, dass alles mit rechten Dingen zuging. »Arbeiten Virenschutzfirmen immer zu so später Stunde?«

»Selbstverständlich«, Bernhard richtete sich zu seiner vollen Größe auf, »seit der letzten Virenattacke arbeiten wir mehr oder weniger rund um die Uhr. Wir können sonst all die anfallenden Anfragen nicht mehr erledigen. Sie könnten uns übrigens die Arbeit erheblich erleichtern. Ihr werter Kollege hat vergessen, uns das Passwort dazulassen. Können Sie uns da weiterhelfen?«

Ich hielt die Luft an. War dieses Auftreten nicht doch zu frech? Es war nicht gut, den Bogen zu überspannen.

Carla schien dasselbe zu denken: »Aber, Herr Bernhard, Herr Hansemann hat sicher keine Ahnung, wie das Passwort lauten könnte.«

Das konnte dieser nicht auf sich sitzen lassen. »Natürlich kenne ich das Passwort«, verkündete er triumphierend.

Ich hielt die Luft an. Bernhard setzte sich wieder, die Hände über der Tastatur, bereit, das Wort einzugeben. Ein kleines Lächeln, kaum merklich, zeigte seine Freude über die eigene gelungene Strategie.

»Zuerst darf ich Sie um Ihre Visitenkarte bitten.« Herr Hansemann trat näher und streckte den Arm aus. »Sie werden es mir nicht verübeln, dass ich mir Ihrer Legitimation sicher sein möchte.«

Bernhard stand auf, holte seine Brieftasche aus der Gesäßtasche seiner beigen Hose, öffnete sie und reichte ihm eine etwas verdrückte, aber doch gut lesbare Visitenkarte: »Firma Virenex, Bernhard Braun, Geschäftsführer.«

Nun wurde mir erst recht angst und bange: Was, wenn er auch nach meiner Visitenkarte fragte?

Doch da hatte Carla schon das Wort ergriffen: »Ich nehme Ihnen das entschieden übel, Herr Hansemann. Ich habe Ihnen noch nie einen Grund gegeben, an meinen Aussagen zu zweifeln.« Ihre Stimme klang schneidend.

Carlas Kollege hob die Augen von der Visitenkarte, und nun war ihm sein Vorgehen sichtlich peinlich: »Natürlich nicht, Frau Martens. Entschuldigen Sie, wenn ich diesen Eindruck erweckt haben sollte. Doch es ist mein Beruf, alles zu hinterfragen. Sie verstehen ...«

»Das Passwort«, forderte Bernhard.

Herr Hansemann spielte seinen letzten Triumph aus: »Das Passwort von Herrn Rotter lautet schlicht und einfach: ›Verkaufsleiter‹.«

Carla zog scharf die Luft ein. Herr Hansemann hörte es und grinste schäbig. Dann verließ er mit kurzem Gruß den Raum und schloss die Tür hinter sich.

Bernhard lachte: »Das haben wir toll hingekriegt. Hast du noch mehr so hinreißende Kollegen, Carla?«

»Verkaufsleiter!«, eiferte sich meine Freundin. »Habt ihr das gehört? Der blöde Mensch ist sich seiner Sache schon sehr sicher.«

»Und wie es aussieht, sind wir gerade dabei, ihm die Suppe zu versalzen«, sagte ich. Froh, dass dieser Hansemann wieder zur Tür hinaus war.

Bernhard gab das Passwort ein und »Bingo!«.

»Jetzt sind wir drinnen«, Carla war noch nicht bereit, sich zu freuen, »das war aber erst die erste Hürde. Die zweite erscheint mir noch viel schwieriger zu überwinden: Wie willst du die gelöschte E-Mail wieder finden?«

»Es gibt im Zusammenhang mit der EDV ein paar ganz wichtige Insiderregeln«, verkündete Bernhard, »eine besagt: Wenn du eine gelöschte E-Mail suchst, dann schau zuerst im ›Papierkorb‹ nach. Neunundneunzig Prozent der E-Mails werden zwar gelöscht, aber nicht aus dem Papierkorb entfernt. Und damit kann man sie noch ein paar Tage ohne Probleme lesen.«

Ich musste lachen. Ob es wirklich so einfach werden würde?

Bernhard klickte ein paar Mal mit der Maus, und dann lehnte er sich zufrieden auf Rotters schwerem Ledersessel zurück: »Voilà, hier ist es! Dafür hättet ihr keinen Computerspezialisten gebraucht. Es war, wie ich es vorausgesehen habe.« Er wies auf den Bildschirm und klickte mit der Maus, um die E-Mail zu drucken.

Carla war außer sich vor Freude: »Danke, danke, vielen Dank!« Und dann fiel sie Bernhard um den Hals. Und die beiden küssten sich und vergaßen völlig, dass ich da war. Und sie vergaßen völlig, dass die Sache mit der E-Mail ernst war und dass die Sache dringend war und wir besser getan hätten, möglichst schnell wieder von hier zu verschwinden.

Ich stand auf und begab mich zum Drucker, der ratternd die E-Mail ausspuckte. Ich las den Text, doch mir sagten die

Zeilen wenig. Als der Kuss endlich zu Ende war, zirka zehn Minuten später, reichte ich meiner Freundin das Blatt Papier.

Sie überflog es: »So ein Schwein! Wisst ihr, was Rotter macht? Er trifft morgen meinen besten Kunden. Er will mit ihm das Geschäft abschließen, das ich in mühevoller Kleinarbeit die letzten Monate zusammengestellt habe. Ich habe den Vertrag unterschriftsreif vorbereitet. Ich habe alles für die Produktion Nötige organisiert, Angebote eingeholt, ich, ich, ich.«

»Aber wie kann er das?« Ich kannte mich nicht aus. »Du bist doch für England zuständig. Warum macht er das? Was hat er denn davon? Und warum kann er deine Kunden dazu überreden, dich zu übergehen?«

Carla schnaufte: »Wenn ich das nur wüsste! Ich habe keine Ahnung, was hier vorgeht.« Sie ließ sich auf einen der Besprechungsstühle fallen und las die E-Mail noch einmal.

Bernhard blickte ihr über die Schulter: »Da ist ein Preis angegeben.« Er zeigte auf eine bestimmte Stelle.

Carla fuhr auf: »Ja, du hast Recht. Der Preis liegt um einiges unter dem Preis, zu dem ich angeboten hatte. Das hätte ich jetzt völlig übersehen.« Sie stand auf und begann auf und ab zu gehen: »Mir sind zwar die Zusammenhänge noch nicht klar. Aber eines ist sicher: Es nützt nichts, ich muss Herrn Moosburger Bescheid geben. Wir müssen etwas unternehmen. Ich habe den starken Verdacht, dass Rotter nicht nur dabei ist, mir zu schaden. Der Mensch schadet der gesamten Firma. Und das nur, um sich selbst einen Vorteil zu verschaffen. Ich hätte ihm viel zugetraut, aber das sprengt die Grenzen meiner Vorstellungskraft.«

Sie begab sich zum Telefon und tippte automatisch die Privatnummer ihres Vorgesetzten. Es dauerte einige Zeit, bis sich am anderen Ende der Leitung jemand meldete.

»Ja, Martens hier. Entschuldigen Sie bitte die späte Störung, Frau Moosburger. Ich muss dringend mit Herrn Moosburger sprechen. Nein, nicht mit Ihrem Sohn. Mit Ihrem Mann. Unbedingt mit Ihrem Mann. Herzlichen Dank.«

Carla wartete, sie legte ihre Hand über die Sprechmuschel: »Das hat mir gerade noch gefehlt, Frau Moosburger wollte mir Bubi ans Telefon holen.« Sie rollte mit den Augen.

Bernhard sah mich fragend an.

»Bubi ist der Juniorchef hier in dieser Firma. Carla nennt ihn so. Du kannst dir denken, dass sie Bubi nicht für den Richtigen hält, in eine solche Sache einzugreifen. Noch dazu, da sie annimmt, dass Rotter sich mit Bubi verbündet hat.«

»Das nehme ich nicht nur an, das ist eine Tatsache«, zischte Carla zu uns herüber. »Ah, guten Abend, Herr Moosburger. Ja, Martens hier. Entschuldigen Sie bitte die späte Störung. Ich bin soeben auf eine Tatsache gestoßen, die ich unbedingt mit Ihnen besprechen muss. Es geht um die Firma. Nein, tut mir Leid, das hat nicht Zeit bis morgen. Es ist sehr dringend. Ich muss heute noch mit Ihnen sprechen. Ja, ja, gern, ja, ich bin in zwanzig Minuten bei Ihnen.«

Sie legte auf und atmete einmal tief durch: »Na Gott sei Dank, er war zu Hause. Und er war noch wach. Ich weiß, dass Moosburger seit seinem Krankenhausaufenthalt immer früh zu Bett geht, und hatte schon befürchtet, ihn aufzuwecken. Bernhard, ich danke dir. Du hast mir das Leben gerettet.«

Kurz hatte es den Anschein, als würde sie ihn abermals umarmen. Doch dann besann sie sich anders: »Wisst ihr, was noch hier steht? Die Bilanzen von Misinaki seien in London eingetroffen.«

»Wer oder was ist denn nun Misinaki schon wieder?

Carla zuckte mit den Schultern: »Ich habe keine Ahnung. Das klingt nach einem japanischen Namen. Ich habe ihn allerdings noch nie gehört. Daher ist es eine reine Vermutung.«

Bernhard hatte sich bereits wieder hinter den Computer gesetzt: »Dann wollen wir doch einmal nachsehen, was das Internet dazu sagt.« Wirklich ein Mann, der Nägel mit Köpfen machte. Ohne lange herumzureden. Oliver hätte dafür sicher eine Assistentin gebraucht. Ebenso Konrad. Bernhard würde viel besser zu Carla passen. »Also, wie lautet der Name?«

Carla hielt ihm die E-Mail unter die Nase, und Bernhard tippte den Namen in die Suchmaschine. Kurz darauf leuchteten am Bildschirm zahlreiche Treffer auf. Bernhard klickte auf den ersten.

In Carlas Gesicht war die Anspannung nicht zu übersehen. Sie las schweigend und atmete schließlich tief durch. »Misinaki ist, wie ich es erwartet hatte, eine japanische Firma. Und sie gibt stolz und glücklich die Fusion mit Parker-Stokington bekannt, die im letzten Oktober stattgefunden hat. Noch weiß ich zwar nicht, was das bedeutet. Aber Rotter hat in jedem Fall einen erheblichen Erklärungsbedarf. Kannst du das bitte noch ausdrucken, Bernhard? Und dann muss ich los. Ich kann den alten Moosburger nicht warten lassen. Das wäre doch gelacht, wenn wir es nicht doch schaffen sollten, dem guten Rotter die Suppe zu versalzen.«

Sie klang so siegessicher wie schon lange nicht mehr.

XXIV

Da Carla mit ihrem Auto zum Firmenchef fuhr, bot Bernhard an, mich nach Hause zu bringen. Ein Angebot, das ich gern annahm. Und bald saß ich in seinem Kombi zwischen Kabeln und Computerteilen, Bergen von Papier und Stapeln von Büchern. Wir fuhren einige Zeit schweigend, bis Bernhard die Stille durchbrach: »Es tut mir Leid«, seine Stimme klang ehrlich zerknirscht, »wie hätte ich auch ahnen können, wie sich das alles entwickelt …«

»Es braucht dir nichts Leid zu tun«, mein Tonfall klang schroffer als beabsichtigt, »du passt großartig mit Carla zusammen! Viel besser als mit mir. Und überhaupt: Was will man denn gegen Liebe auf den ersten Blick schon ausrichten? Dagegen sind alle machtlos.«

Bernhard strahlte: »Schön, dass du das sagst. Hätte mir einmal jemand prophezeit, mich würde die Liebe wie ein Blitz treffen, ich hätte ihm geraten, sich zum Teufel zu scheren. So wie mit Carla ist es mir noch nie gegangen. Denkst du, sie mag mich auch?«

Die letzten Worte waren mit so einer rührenden Mischung aus Hoffnung und Unsicherheit vorgebracht worden, dass ich unwillkürlich lächeln musste. »Natürlich mag sie dich. Das war wirklich nicht zu übersehen.«

Bernhards Strahlen vertiefte sich. Wir fuhren soeben durch eine Gegend mit zahlreichen Lokalen und Restaurants. Auf den Gehsteigen herrschte lebhaftes Treiben. Die Tische vor den Gasthäusern waren alle besetzt. Lachen und Lärmen drang durch die geöffneten Fenster ins Wageninnere. Bernhard blieb in zweiter Reihe stehen.

»Ich bin gleich wieder zurück.« Er sprang aus dem Wagen. Ich blieb sitzen. Und blickte ihm verwundert durch die Windschutzscheibe nach. Was war denn nun schon wieder?

Ich sah Bernhard auf einen der Rosenverkäufer zueilen, die vor den Tischen ihre Blumen anboten. Er kaufte alle auf, die dieser in den Händen hielt, und kam mit einem riesigen Strauß roter Rosen zurück. Er zupfte eine aus der Menge und reichte sie mir ins Wageninnere. Dann legte er den Strauß auf den Papierstapel auf dem Rücksitz.

»Die Rose ist für dich, Rosalind. Als Dank für eine wirklich schöne E-Mail-Freundschaft. Und auch als Dank, dass ich durch dich Carla kennen gelernt habe. Ich hoffe, wir werden auch weiterhin gute Freunde bleiben.«

»Aber natürlich werden wir das.« Ich steckte meine Nase in die Rose. Sie roch nach nichts. Ich möchte auch einen Mann, der mir einen riesigen Blumenstrauß schenkt, verdammt noch mal!

»Kannst du den Strauß Carla geben, wenn du sie das nächste Mal siehst?«

»Das kann ich. Und zwar noch heute Abend. Wir wohnen nämlich im selben Haus.« Ich überlegte. Carla würde sicher einverstanden sein: »Hättest du gern ihre Telefonnummer?«

Und ob Bernhard wollte. Zum Abschied küssten wir uns auf die Wangen. Es würde schön sein, ihn zum Freund zu haben. Und es würde schön sein, Carla wieder glücklich zu sehen. Aber es wurde auch Zeit, dass ich wieder glücklich war. Ich würde das Tempo mit Stefan etwas beschleunigen.

Überraschend bald nachdem ich nach Hause gekommen war, wurde die Haustür aufgesperrt, und Carla kam zurück. Kaum hatte ich die Rosen ins Wasser gestellt und hinter dem Vorhang versteckt, da klopfte es schon an meiner Wohnungstür.

»Roli?«, flüsterte sie. »Roli, bist du noch wach?«

Ich machte ihr die Tür auf und bat sie herein. »Denkst du, ich hätte ein Auge zutun können, ohne zu wissen, was dein Chef zu der mysteriösen Angelegenheit gesagt hat? Also: heraus mit der Sprache.«

Carla setzte sich in Huberts Lehnsessel. »Es war ein kurzes Gespräch. Moosburger war schon in Schlafanzug und Morgenmantel, als ich bei ihm aufkreuzte. Frau Moosburger hätte mich am liebsten aufgefressen. Aber ich kann sie ja verstehen: Ihr Mann war krank, und sie will jede Aufregung von ihm fernhalten. Doch es gibt Dinge, die darf man ihm nicht verheimlichen. Auch Herr Moosburger kann sich keinen Reim auf Rotters Vorgehensweise machen. Und er hat sich natürlich doch aufgeregt. Ihm hatte der gute F. J. irgendetwas von geruhsamen Tagen im Landhaus der Schwiegereltern erzählt, die er mit seiner Frau verbringen wollte. Und er war sich auch nicht zu blöd hinzuzufügen, dass das Landhaus so einsam gelegen sei, dass er mit dem Handy dort keinen Empfang habe. Und daher nicht erreicht werden könne. Sehr geschickt, nicht wahr?«

Wahrlich, sehr geschickt. Eine Ausrede, die ich nur zu gut kannte.

»Doch wir werden uns Klarheit verschaffen«, fuhr Carla fort, ohne zu bemerken, dass meine Gedanken wieder einmal abschweiften. »Herr Moosburger und ich fliegen morgen mit dem ersten Flieger nach London. Wir haben im Internet nachgesehen, der geht um halb sieben. Das heißt, ich muss um halb sechs am Flughafen sein. Kannst du dich am Morgen bitte um Marie und Puxi kümmern und Holzi Bescheid geben? Ich möchte sie nicht aufwecken.«

Ich nickte: »Natürlich, kein Problem. Ich bin gespannt, was ihr herausfinden werdet.«

Carla gähnte: »Herzlichen Dank, Roli. Was für ein Abend! Es wird Zeit, dass ich ins Bett komme. Es wird ein kurzer Schlaf.«

Sie stand von ihrem Stuhl auf. Ich überlegte, dass wohl jetzt der beste Zeitpunkt war, ihr Bernhards Rosen zu überreichen. Da sagte sie auch schon: »Und Roli, danke für Bernhard.«

»Oh«, sagte ich großmütig und ging rückwärts in Richtung Vorhang, »gern geschehen.«

»Ich nehme ihn dir doch nicht weg, oder Roli? Mir schien nicht, als hättest du dich in ihn verliebt. Wenn ich mich zurückhalten soll, dann sag es frank und frei heraus. Du weißt, wie wichtig mir unsere Freundschaft ist.«

Ich konnte mir nicht vorstellen, dass hier irgendein frank und frei herausgesagtes Wort irgendetwas geändert hätte. Carla war über beide Ohren verliebt, und Bernhard ging es ebenso.

»Ach wo. Ich freue mich, dass ihr euch gefunden habt. Ihr geht es ja beide rasant an. Man hatte ja fast den Eindruck, als wolltet ihr direkt von deinem Büro zum Traualtar.«

Carla lachte, und ich hatte sie schon lange nicht mehr so glücklich gesehen: »Du meinst, so wie der Buchtitel, von dem Bea gesprochen hat: ›Vom Internet ins Ehebett‹?«

Dann lachten wir beide.

»Nein, nein, keine Sorge, ich überstürze nichts. Wenn die Geschichte mit London vorüber und alles aufgeklärt ist, dann nehme ich mir ausgiebig Zeit, Bernhard kennen zu lernen. Du hast doch auch den Eindruck, dass er mich näher kennen lernen will, nicht wahr, Roli?«

Ich nickte: »Aber sicher habe ich den.« Ich griff durch den Vorhangspalt und hielt meiner verdutzten Freundin einen riesigen, tropfenden Rosenstrauß unter die Nase: »Hier hast du den Beweis. Mit vielen lieben Grüßen von Bernhard.«

Das war zu viel für Carlas angegriffene Nerven. Abwechselnd lachend und heulend vergrub sie ihr Gesicht im Rosenbusch.

»Und noch etwas«, sagte ich, als sie wieder auftauchte, »ich hab ihm deine Handynummer gegeben.«

Sie umarmte mich stürmisch: »Roli, du bist ein Schatz!«

Und dann entschwand sie selig mit ihrem Rosenstrauß.

Am nächsten Tag um die Mittagszeit piepste mein Handy:
»Es ist alles geklärt. Rotter ist ein Wahnsinniger. Komme
morgen gegen achtzehn Uhr am Flughafen an. Bernhard holt
mich ab. Kommen dann nach Hause. Carla.«

Na, Gott sei Dank. Dass Carla Rotter für einen Wahnsin-
nigen hielt, war nichts Neues. Ich war gespannt, Einzelhei-
ten zu hören. Die würde ich am nächsten Abend erfahren.
Bernhard würde sie vom Flughafen abholen. Er hatte sie also
schon angerufen. Und sie hatte sich nicht unnötig geziert.
Das überraschte mich nicht im Geringsten. Mann der Tat
traf Frau der Tat.

Ich hatte mich gerade auf eine kurze Kaffeepause in den
Aufenthaltsraum zurückgezogen. Alle Kollegen waren mit
Patienten beschäftigt. Von Greg war weit und breit nichts zu
sehen. Natürlich war ich froh darüber. Dieser Mann schlich
sich viel öfter in meine Gedanken, als mir lieb war. Erinnerungen an vergangenes Glück. Erinnerungen an gestohlene
Momente. Ich war ja dumm, an ihn überhaupt nur einen Gedanken zu verschwenden. Denn wenn eines sicher war:
Greg wollte nichts mehr von mir. Er war höflich und korrekt. Doch er tat so, als hätten unsere Wiener Tage nie stattgefunden. Das kränkte mich schon. Sehr sogar.

Ich würde Stefan zum Mittagessen treffen. Und wenn er
mich heute nicht endlich küsste, dann würde ich die Initiative ergreifen. Damenhaftes Verhalten hin oder her. Mir
reichte es jetzt. Ich stand auf und wusch mir die Hände.
Mein nächster Patient wartete bereits.

Wir trafen uns wieder beim Italiener. Stefan konnte Chinesen nicht ausstehen. Und die deutsche Hausmannskost fand er zu fett. Mit weit ausgebreiteten Armen kam er auf mich zu: »Rosalind, mein Lieb. Es ist immer wieder eine Freude, dich zu sehen.«

War das nicht eine liebevolle Begrüßung? Sie machte Lust auf mehr. Und Stefan schien auch gar nicht mehr so abgeneigt, dieses Mehr bald einmal in die Tat umzusetzen. Er hakte sich bei mir unter und strich mir mit dem Zeigefinger der rechten Hand sanft über die Wange. Ich hob mein Gesicht und lächelte ihm zu.

»Ich habe noch einen Tisch in einer geschützten Ecke der Terrasse für uns ergattern können. Da sitzt du doch so gern, nicht wahr, mein Lieb? Und ich mag es auch am liebsten.«

Er legte mir die Hand auf den Rücken und schob mich in Richtung Terrasse. Eine besitzergreifende Geste. Konnte ich daraus ableiten, dass meine Hoffnungen bald Erfüllung finden würden? Wie schon so oft wurde meine Vorfreude rasch gedämpft: »Was für ein schöner, sonniger Tag! Ich überlege, bereits früher nach Mallorca zu fliegen. Obwohl wir erst August haben und die Massen von Touristen sicher schon über die Insel hergefallen sind. Ein großes Projekt, von dem ich angenommen hatte es würde mich den ganzen Sommer über beschäftigen, konnte schneller erledigt werden. Und nun höre ich die Golfplätze richtig nach mir rufen.«

Wir nahmen an unserem reservierten Tisch Platz. Wie immer war es der beste des Lokals. Und wie immer kam bereits eine Schar Kellner angewieselt, um uns nach unseren Wünschen zu fragen. Ich hatte mich in der Zwischenzeit überzeugen können: Stefans Trinkgelder waren fürstlich.

Mir hatte es den Appetit verschlagen: auch das noch! Ich hatte nicht damit gerechnet, dass sich Stefan so bald schon Richtung Süden verabschieden wollte. Mein Plan war doch gewesen, dass wir im Herbst gemeinsam nach Mallorca fliegen sollten. Das sollte doch eine passende Gelegenheit sein, dass sich meine Söhne und Stefan besser kennen lernten …

»Die haben hier ein herrliches Vitello Tonnato«, unterbrach er meine Gedanken und machte dem Kellner ein Zeichen, dass wir bereit waren zu bestellen. Ich entschied mich doch lieber für Mozzarella mit Tomaten und Basilikum. Wie immer im Sommer hatte ich unbändige Lust auf Vitamine.

Dann saßen wir uns gegenüber. Ich sah in seine eisblauen Augen. Ob es mir wohl gelänge, mit besonders warmen und herzlichen Blicken dieses Eis zum Schmelzen zu bringen? Vielleicht würde er dann darauf verzichten, nach Mallorca zu fliegen, um in meiner Nähe zu bleiben! Oder er würde selbst den Vorschlag machen, dass ich ihn begleiten sollte. Ich lächelte und fuhr mir mit der Zunge leicht über die Unterlippe: »So machen Sie ihn garantiert heiß.« Das hatte ich erst vor kurzem in einer Frauenzeitschrift gelesen.

Und es zeigte seine Wirkung, Stefans Blick veränderte sich.

War es Überraschung, die ich darin lesen konnte? Ich beschloss, noch eines nachzulegen und ihm ein wenig zuzublinzeln. Mir stand der Sinn nach schneller, nach mehr, nach wilder.

Stefan beugte sich zu mir vor, ergriff meine Hände und sah mir tief in die Augen: »Hast du eine Wimper ins Auge bekommen?« Seine Stimme klang eher ungeduldig als besorgt. »Oder blendet dich die Sonne?«

Mit einem Schlag hörte ich zu blinzeln auf. »Weder noch«, sagte ich, unsanft aus meinen romantischen Träumen in die Wirklichkeit zurückbefördert.

»Dann ist es ja gut. Ich wollte dir schon meinen Augenarzt empfehlen. Ein alter Golffreund. Wirklich eine Kapazität auf seinem Gebiet. Ach, bevor ich es vergesse, ich hatte dich doch um den Prospekt von dem Hotel gebeten, in dem du in Wien übernachtet hast. Hast du daran gedacht, ihn mir mitzubringen, mein Lieb?«

Natürlich hatte ich daran gedacht. Ich hatte ihn bereits vor ein paar Tagen in meine Tasche geworfen. Ich öffnete diese jetzt und begann darin zu graben. Der Vorteil von großen Taschen war, dass man eine Unmenge an Sachen unterbrachte. »Zimmer, Kuchl, Kabinett«, wie Frau Holzinger es so treffend ausdrückte. Und was so viel heißen sollte wie: die gesamte Wohnungseinrichtung. Der Nachteil war, dass man nichts wieder fand. Vor allem dann nicht, wenn man einen guten Eindruck machen wollte und man am liebsten mit eleganter Grandezza das Gesuchte auf den Tisch gelegt hätte. »Der Inhalt einer Damenhandtasche spiegelt die Seele ihrer Trägerin wider«, habe ich mal gelesen. Na toll, dann konnte sich Stefan ja jetzt ausmalen, wie es um meine Seele bestellt war. Ich kramte und kramte, doch es half alles nichts. Ich musste meine Geldtasche auf den Tisch legen. Und meine Schlüssel, Taschentücher, Lippenstift, ein paar alte Fotos, mein Kalenderbuch, mein Visitenkartenetui, ah, endlich der gesuchte Prospekt. Ich strich das reichlich zerknitterte Blatt Papier glatt und schob es zu Stefan hinüber.

Er hatte sich bereits eines der alten Fotos geangelt. Es war am letzten Weihnachtsabend aufgenommen worden. Ich stand mit meinen beiden Söhnen vor dem Christbaum. Meine Haare waren damals noch rötlich, und ich trug sie aufgesteckt. Dazu ein beiges Jackenkleid. Und eine schwere Bernsteinkette. Die Kette hatte einst Mama gehört, und ich hatte sie Hubert zuliebe getragen. Obwohl ich damals schon wusste, dass sie mir nicht gut zu Gesicht stand. Stefan nahm seine Brille ab, was er immer tat, wenn er etwas genau studieren wollte: »Wer ist das?«, erkundigte er sich.

»Das sind meine beiden Söhne. Tim und Sebastian, du hast sie einmal kurz gesehen, als du mich abgeholt hast, weißt du nicht mehr?«

Er machte eine wegwerfende Handbewegung: »Nein, ich weiß, dass das deine Söhne sind«, sagte er ungeduldig, »was ich wissen will ist, wer ist die Frau in der Mitte?«

Ich lachte herzlich auf. »Habe ich mich wirklich so verändert? Das bin ich. Allerdings habe ich jetzt eine neue Brille und eine andere Frisur.«

Stefan sah vom Foto auf, sah mich an, sah das Foto an, dann wieder mich, dann wieder das Foto, und ich erwartete, dass er endlich sagen würde: »Na, du hast dich aber verändert!«

Und dann sagte er: »Na, du hast dich aber verändert!«

Ich musste grinsen: Ich kannte die Männer.

»Warum hast du das getan? Was warst du für eine schöne Frau.«

Ich hatte mich zu früh gefreut. Diese Worte hatte ich nie und nimmer erwartet! In diesem Moment brachte der Kellner das Essen. Ich war so fassungslos, dass ich zu keiner Erwiderung fähig war.

»Wer hat dir denn deinen neuen Look eingeredet?«, setzte Stefan fort. »Wie kann man vornehme Eleganz vertauschen mit …« Er wusste nun selbst nicht recht, wie er diesen Satz zu Ende bringen sollte. »Na ja«, sagte er schließlich, »du kannst dir deine Haare ja wieder wachsen lassen.«

Dann widmete er sich seelenruhig seinem Kalbfleisch, das fein aufgeschnitten auf einem Glasteller aufgefächert war, vergraben unter einer dicken Schicht Thunfischsoße. Garniert mit kleinen, grünen Kapern. Während ich schweigend meinen Mozzarella aß, überlegte ich, ob ich Stefan zuliebe bereit war, wieder in mein altes Aussehen zurückzuschlüpfen. Nein, das war ich nicht. Stefan würde sich mit meinem jetzigen Aussehen abfinden müssen. Denn ich fühlte mich so bei weitem wohler.

»Wie schnell die Zeit vergeht«, wechselte mein Gegenüber das Thema, » jetzt haben wir schon wieder Mittwoch, das heißt, das Wochenende steht bevor. Schon Pläne, mein Lieb?«

Da fiel mir siedend heiß der Samstag wieder ein: Huberts Hochzeit. Ich sah die Ehrengäste durch den Mittelgang der Kirche schreiten, alles Paare. Und mich. Da fasste ich mir ein Herz, bevor ich es mir wieder anders überlegen konnte: »Gut, dass du es ansprichst, Stefan, hast du am Samstag schon was vor? Ich bin eingeladen zu …«

»Diesen Samstag?«, wiederholte Stefan, indem er mir ins Wort fiel. »Du meinst tatsächlich diesen Samstag? Ja, mein Lieb, da hab ich natürlich schon etwas vor. Morgen Abend kommen ein paar Freunde aus Artá zu mir nach Deutschland. Da bin ich es ihnen schuldig, mich während ihres Aufenthalts voll und ganz um ihr Wohl zu kümmern. Wir sind am Samstag zu einem großen Fest eingeladen. Ich werde ihnen die Stadt zeigen, und dann wollen wir noch nach Wien. Das war der Grund, dass ich dich um den Prospekt gebeten hatte.«

»Wie lange werden deine Freunde dableiben?« Ich ärgerte mich über mich selbst, da meine Stimme so kleinlaut klang. Von diesen Freunden hatte er noch nie etwas erzählt.

»Eine Woche, vielleicht auch zwei? Das hängt vom Wetter ab.«

Ein, zwei Wochen? Er konnte doch nicht allen Ernstes von mir erwarten, dass ich eine oder gar zwei Wochen zu Hause warten würde, bis der gute Herr wieder Zeit für mich hätte. Wieso konnte ich diese Freunde nicht kennen lernen? Ich konnte doch dabei sein, wenn er ihnen die Stadt zeigte. Mich hatte er noch nie mitgenommen, wenn er zu einem Fest eingeladen war. Und das kam anscheinend häufig vor. Nein, schwor ich mir, ich würde alles dafür tun, dass er mich zu diesem Fest mitnahm. Dass er mich seinen Freunden vorstellte. Dass er zu ihnen sagte: »Das ist Rosalind, mein Lieb.«

Ich würde ihn nach allen Regeln der Kunst verführen. Ich musste lächeln, denn das war ein reizvoller Gedanke. Warum sollte ich daher nicht umgehend zur Tat schreiten? Es war Mittwoch, ich hatte meinen freien Nachmittag. Stefan hatte ebenfalls frei, wenn ich auch wusste, er war gedanklich schon auf dem Weg zu seinem Golfplatz. Wie es aussah, musste Golf eben heute ausfallen. Meine Söhne hatten am Mittwochnachmittag Fußballtraining bis halb sieben. Es hätte sich nicht besser treffen können: Ich hatte sturmfreie Bude.

»Die Rechnung bitte!«, hörte ich Stefans energische Stimme, und seine rechte Hand machte dem Kellner ein entsprechendes Zeichen. Jetzt oder nie!

»Ach Stefan …« Ich wisperte mit meiner besten Kleinmädchenstimme und bemühte mich um einen Hilfe suchenden Blick. Hilfe suchende Blicke kamen bei Männern wie Stefan erfahrungsgemäß besonders gut an. »Mein Auto ist kaputt. Würde es dir viel ausmachen, mich nach Hause zu fahren?«

Ich hatte Recht gehabt: Ein hilfloser Blick, eine flehende Kleinmädchenstimme hatten bei weitem mehr Wirkung als das laszivste Bestreichen der Lippen mit der Zunge. Zumindest bei manchen Männern. Vor allem bei Männern wie Stefan.

Er ergriff meine Hände: »Aber nein, mein Lieb«, er lächelte gütig, »das tue ich doch gern für dich. Dein Haus liegt ohnehin auf dem Weg zu meinem Golfplatz.«

Wie praktisch. Wir verließen das Restaurant, und ich war froh, dass ich meinen Wagen in einer Seitenstraße geparkt hatte. Es wäre meinem Plan alles andere als dienlich gewesen, hätte er das Fahrzeug vor dem Lokal entdeckt. Wie hätte ich ihm meine Lüge plausibel erklären sollen? Zeitweiser Gedächtnisschwund klang als Ausrede nicht besonders sexy.

Dann saßen wir also in seinem luxuriösen Schlitten, der Motor schnurrte, und ich freute mich darauf, was nun kommen sollte. Heute würde ihn sein Golfplatz nicht zu Gesicht bekommen, das war sicher. Ich würde ihn nicht gehen lassen. Er würde auch gar nicht mehr gehen wollen! Ich konnte es ganz genau vor mir sehen: Er würde aussteigen, um mir die Wagentür aufzuhalten. Darauf würde ich ihn bitten, mich zu meiner Haustür zu begleiten. Dort würde ich ihn gegen die Wand drängen, und dann würde ich ihn küssen, und er würde mich zurückküssen, und dann würde ich noch während des Küssens mit geübtem Griff die Haustür aufsperren. Ihn mit mir in die Wohnung ziehen. Dann würden wir im Bett landen und uns heiß und ausgiebig lieben. Und dann wären wir ein Paar. Bereit, der Öffentlichkeit als solches gegenüberzutreten. »Ach, Rosalind, mein Lieb«, würde er sagen, »du bist die Frau meines Lebens.« Und alle anderen Frauen würden mich um diesen Mann beneiden.

Als wir vor unserem Haus anhielten, war ich ziemlich außer Atem. Ich wette, meine Wangen waren gerötet. Diesmal nicht aus Scheu oder Verlegenheit, sondern aus unbändiger Lust.

Es war, wie ich es vorausgesehen hatte. Stefan stellte den Wagen ab, hielt mir die Wagentür auf und wollte sich verabschieden. Ich bat ihn lächelnd, mich bis zur Eingangstür zu begleiten. Er fand an diesem Wunsch nichts Befremdliches. Dann reichte er mir die Hand, doch ich ergriff sie nicht. Sondern legte meine Arme um seine Schultern. Es war wie in einem Film. Mit einem dramatischen Aufstöhnen drängte ich ihn zur Hauswand. So, als wollte ich jeden Fluchtversuch von vornherein verhindern. Und dann drückte ich ihm energisch meine Lippen auf den Mund.

»Ach Stefan!«, stöhnte ich. Vielleicht ein bisschen zu theatralisch, aber der Zweck heiligte die Mittel. Er war kurz völlig aus der Fassung, und dann stöhnte auch er auf und öffnete die Lippen, um meinen Zungenkuss zu erwidern.

In diesem Augenblick lernte ich dreierlei: Zum einen, dass es auch Männer über fünfzig gab, die miserabel küssen können. Zum zweiten, dass es nicht Modergeruch war oder Küchendüfte, die Stefans Kleidung anhafteten, wie ich bisher angenommen hatte. Nein, es war sein Körpergeruch, der mich abstieß. Stefan roch allerdings nicht nur wie ein alter Hund, er schmeckte auch so. Und als drittes lernte ich, dass es einen Grad von Arroganz gab, den ich bisher nicht für möglich gehalten hatte.

Er schüttelte sich, als hätte er etwas Unangenehmes loszuwerden. Und fuhr dann mit den Händen über seine Ärmel, um imaginäre Staubkörnchen und Schmutz abzustreifen. »Das war jetzt sehr vulgär, nicht wahr, meine Teure?«

Noch nie hatte seine Stimme so näselnd geklungen wie jetzt. »Was soll das Ganze? Ich bestimme das Tempo. Was wolltest du mit dem Überfall? Dachtest du ernsthaft, du könntest dir durch so ein Verhalten meine Person sichern? Und mein Vermögen?«

Ich brauchte einige Sekunden um diese Worte zu verdauen. »Nein, mein Lieb«, meine Stimme stand der seinen an Kälte und Arroganz um nichts nach, »dies war nichts weiter als ein Test. Ein Männlichkeitstest, wenn du so möchtest, mein Lieb.« Ich hob den Ausdruck »mein Lieb« absichtlich besonders hervor.

Stefan, der schon auf dem Weg zu seinem Fahrzeug gewesen war, drehte sich um, und es zeigte sich, dass Neugierde neben Arroganz seine zweite Haupteigenschaft war: »Und?« Er hob erwartungsvoll beide Augenbrauen.

»Und …«, wiederholte ich und machte eine genüssliche Pause, »du hast diesen Test nicht bestanden.«

Dann machte ich kehrt und begab mich in meine Wohnung. Stefan Auer-Bergenthal war ein Arsch. Hätte ich auf meine Söhne gehört, hätte ich mir so manches erspart. Vor allem diesen peinlichen Auftritt von gerade eben. Ich war versucht, in Tränen auszubrechen, doch dann gewann mein Humor überraschend schnell die Oberhand. Ich beschloss, Bea anzurufen. Sie musste unbedingt das Ende dieser Geschichte als Erste erfahren.

XXV

Bea war sofort nach meinem Anruf ins Auto gesprungen, um mich zu besuchen. Und dann verbrachten wir einen höchst vergnüglichen Nachmittag, indem ich ihr alle Details meiner Unterhaltung mit Stefan möglichst wortgetreu schilderte. Ich wunderte mich selbst darüber, dass ich keinen Schmerz verspürte. Hatte ich ernsthaft geglaubt, mit diesem Schnösel zusammenzupassen? Warum waren mir seine charakterlichen Schwächen nicht sofort aufgefallen? Vielleicht, weil ich so lange mit Bernhard korrespondiert und mir dabei immer Stefans Gesicht vorgestellt hatte? Weil mein Inneres dadurch davon ausgegangen war, all die netten E-Mails seien von Stefan gekommen. Stefan hätte mir nie so warmherzige E-Mails geschickt. Stefan hätte sich überhaupt niemals die Mühe gemacht, mit irgendjemandem zu korrespondieren, da bin ich mir sicher.

Um acht Uhr wurde dann die Tür aufgerissen, und Carla stand im Türrahmen. Sie strahlte. Ihre Augen leuchteten, ihr Mund lachte, und ich hatte sie in den letzten Wochen, nein, ich hatte sie noch nie so hübsch und glücklich gesehen.

»Ich bin zurück!« Sie fiel mir in die Arme. »Das ist schön, dass du auch da bist!« Sie umarmte Bea und zeigte dann auf den Mann, der bisher schweigend im Türrahmen gestanden hatte: »Darf ich dir Bernhard vorstellen? Rosalind hat uns zusammengebracht.«

Ich beeilte mich, Bernhard zu begrüßen und in mein Wohnzimmer zu bitten. Bea schüttelte ihm kameradschaftlich die Hand: »Nett, dich kennen zu lernen, Bernhard. Carlas Freunde sind auch meine Freunde. Ich bin Bea.«

»Hast du Hunger?«, fragte ich Carla.

Sie schüttelte den Kopf. »Nein, ich habe bereits im Flugzeug ein Abendessen bekommen.«

»Bernhard?«

Doch Bernhard beeilte sich zu versichern, dass er auch keinen Hunger habe. Und so setzen wir uns mit einem Glas Rotwein an den großen, schweren Wohnzimmertisch.

»Also, nun erzähl«, forderte Bea Carla auf, »wir sterben vor Neugierde. Und bitte ganz von Anfang an. Wie hat Rotter ausgesehen, als du aufgetaucht bist?«

Carla lachte und nippte an ihrem Wein. »Es war wie im Kino. Ich sage euch, in keinem Film hätte es einen dramatischeren Auftritt geben können, als den, den Herr Moosburger und ich bei Parker-Stokington hingelegt haben.« Sie lachte laut auf. »Wir haben also die Frühmaschine genommen und sind um ungefähr acht Uhr britischer Zeit in der Innenstadt gewesen. So konnten wir in Ruhe zum Bürohaus unserer Geschäftspartner fahren, und wir hatten das Glück, dass sich direkt gegenüber des Hauses ein Café befand. Wir setzten uns an einen Fensterplatz. Ein halbhoher Store schirmte die Gäste vor neugierigen Blicken von der Straße ab. So konnten wir hinaussehen, ohne entdeckt zu werden. Und pünktlich, kurz vor neun, fuhr eines dieser dicken, schwarzen Londoner Taxis vor, und Rotter entstieg. Ich habe den alten Herrn Moosburger noch nie so abenteuerlustig erlebt. Wir waren beide ganz ruhig und gelassen. Wir hatten im Flugzeug kurz abgesprochen, wie wir vorgehen wollten. Und dann lief alles wie von selbst. Ich hatte diesen Kunden schon dreimal besucht, daher kannte ich den Hausbrauch. Ich steuerte also direkt auf die freundliche Dame beim Empfang zu, stellte mich vor und sagte, dass ich froh sei, wieder im schönen London zu sein. Und dass Herr Moosburger und ich uns zur Sitzung etwas verspätet hätten, aber Kollege Rotter schon im Hause sein müsste. Die freundliche Dame konnte sich an mich erinnern, sie lächelte zuvorkommend. Dann schritt sie voran, um uns ins oberste Stockwerk zu begleiten. Sie klopfte an eine der hohen, massiven Holztüren, trat ein und verkündete laut und deutlich: ›Mrs. Martens und Mr. Moosburger, Sir.‹ Daraufhin trat sie zur Seite, um uns einzulassen.«

»Das klingt ja wie aus einem Jane-Austen-Roman«, warf Bea ein, »der Butler kündigt dem Earl of Warwick das Eintreffen seiner Gäste an.«

Carla nickte: »Ja, genauso ist es mir vorgekommen. Das Aufsehen, das wir erregten, war enorm!« Sie war sichtlich erheitert: »Mr. Parker, der Firmenchef, sprang sofort auf und kam uns entgegen. Und wisst ihr, was er dann gefragt hat?«

Wir warteten gespannt.

»›Mrs. Martens, I'm too glad to see you. Wie geht es Ihrem Bein?‹ Hatte ihm doch der gute Rotter erzählt, ich sei vom Pferd gefallen, hätte mir das Bein gebrochen, und darum komme nun er an meiner Stelle.«

»Alle Achtung«, entfuhr es mir, »der Kerl ist mit allen Wassern gewaschen!«

»Ihr könnt euch gar nicht vorstellen, wie bleich Rotter wurde, als er uns sah«, Carla grinste, »und er hörte nicht auf, sich ständig mit der rechten Hand durch die Haare zu fahren. Ein Zeichen höchster Anspannung.«

»Hat er gar nichts gesagt?«, wollte Bea wissen.

»Doch.« Carla versuchte, seine Stimme zu imitieren: »›Ich kann alles erklären, Herr Moosburger.‹ Es klang armselig.«

»Das kann ich mir vorstellen. Und was hast du dann gemacht, Carla?«

»Ich beeilte mich, Herrn Moosburger den anwesenden Herren vorzustellen. Sie fühlten sich geschmeichelt, dass der Chef persönlich zu diesem Treffen gereist war. Und um es kurz zu machen: Die Verhandlungen haben viele Stunden an diesen zwei Tagen gedauert. Aber sie waren in jeder

Hinsicht von Erfolg gekrönt. Ich habe einen Vertrag in der Tasche, fast so gut, wie ich ihn in meinen kühnsten Träumen erwartet hätte.«

»Was ich immer noch nicht verstehe: Welchen Vorteil hatte Rotter, an deiner Stelle nach London zu fahren?«

»Das war auch für Moosburger und mich nicht sofort ersichtlich. Doch dann nahmen wir uns Zeit, die Unterlagen zu studieren, die Rotter für dieses Treffen vorbereitet hatte. Und dann staunten wir nicht schlecht: Er wollte die Engländer davon überzeugen, dass nicht sie, die englische Firma Parker-Stokington, unsere Maschinen kaufen sollten. Sondern ihre Tochterfirma Misinaki in Japan.«

»Wozu denn das?«, meldete sich nun auch Bernhard zu Wort. Er war ihren Ausführungen mit großem Interesse gefolgt. Und mit unverkennbarer Bewunderung.

»Der Grund dafür war einfach: Für Japan ist Rotter zuständig, für England ist er es nicht.«

»Ja und?«

»Ihr wisst doch, dass in unserem Unternehmen alle Führungskräfte am Erfolg beteiligt sind. Das heißt, bei jedem Geschäft, das ich abschließe und das ohne Schwierigkeiten über die Bühne gebracht werden kann, bekomme ich einen gewissen Prozentsatz des Gewinnes als Prämie ausbezahlt. Bei einem Riesengeschäft, wie das mit Parker-Stokington, ist die Prämie entsprechend hoch. Und so hat Rotter beschlossen, diese lieber selbst einzustreichen. Das ging allerdings nur, wenn sein Kunde nicht aus Europa kam. Also setzte er alles daran, die Engländer zu überzeugen, dieses Geschäft nicht selbst abzuschließen, sondern im Namen ihrer Tochterfirma in Japan.«

»Sehr nett«, meinte Bernhard trocken, »aber warum sollten die Engländer auf diesen Vorschlag eingehen?«

Carla grinste: »Weil der gute Herr Rotter sehr großzügig war. Dir ist doch der Preis in der E-Mail aufgefallen, die wir uns aus Rotters PC holten, nicht wahr? Er war niedriger als der Preis, zu dem ich angeboten hatte. Und bei der großen

Menge an Maschinen wirkt sich auch ein kleiner Preisnachlass entsprechend aus. Von der kaufmännischen Seite her wäre es für Parker-Stokington unklug gewesen, dieses Angebot abzulehnen.«

»Wow!« Bea war ebenso fassungslos wie fasziniert.

»Aber damit ist der Plan noch nicht zu Ende. Rotter wollte, dass die Engländer mir mitteilen, am Geschäft nicht mehr interessiert zu sein. So wie ihm das bei den Italienern auch gelungen war, erinnert ihr euch, Bea und Roli?«

»Das war auch Rotters Werk?!« Ja, war denn das zu fassen?

»Genau so ist es.« Carla presste die Lippen aufeinander. Und welche Vorwürfe hatte sie sich selbst am Scheitern der Verhandlungen gemacht!

»Unsere Firma wäre dadurch natürlich in hellste Aufregung versetzt worden. Bubi hätte sich berufen gefühlt, Rotter zum Verkaufsleiter zu ernennen. Und der alte Moosburger hätte nichts mehr dagegen tun können. Mich hätte man wohl unter Rotters Aufsicht gestellt oder überhaupt eine Kündigung erwogen. Rotter hätte sich dann sicher gönnerhaft dafür ausgesprochen, mir noch eine Chance zu geben und mich in der Firma zu behalten. Schließlich brauchte er ja jemanden, der die Arbeit verrichtete. Und die Prämie hätte er eingestrichen.«

»Ich hätte ihm doch gleich den Kopf abreißen sollen und nicht nur den Zahn!« Ich war ernsthaft erschüttert.

»Und kurz nachdem der Deal mit Parker-Stokington gescheitert wäre, hätte Rotter einen Vertrag mit einer japanischen Firma namens Misinaki aus dem Hut gezaubert, die bereit war, all diese Maschinen zu kaufen. Alle wären froh und voll Bewunderung gewesen. Und niemandem wäre aufgefallen, dass zwischen Parker-Stokington und Misinaki ein Zusammenhang bestand. Rotter hätte als der unumschränkte Held dagestanden.«

»Wie sind eure Gespräche in London ausgegangen?«, wollte Bea wissen.

»Wir konnten die Engländer davon überzeugen, doch selbst den Vertrag mit uns abzuschließen. Ohne den Umweg über die Firma Misinaki. Natürlich mussten auch wir jetzt einen gewissen Preisnachlass gewähren, sonst wären wir unglaubwürdig gewesen.«

»Was geschieht jetzt mit Rotter?«

»Moosburger hat ihm zwei Tage Zeit gegeben, seine Kündigung einzureichen. Macht er das nicht selbst, dann würde die fristlose Entlassung ausgesprochen. Und eine Anzeige bei der Staatsanwaltschaft eingebracht. Gründe dafür liegen ausreichend vor. Daher bin mir sicher, Rotter wird es nicht darauf ankommen lassen. Der gute F. J. ist für mich Geschichte.« Sie erhob das Glas und prostete uns zu. »Rotter hat sich selbst ins Aus manövriert. Da wollte ich ihn schon seit Jahren sehen, aber mir wäre es nie so perfekt gelungen wie ihm selbst.«

»Da zeigt sich wieder: Irgendwann fallen alle Gauner über ihre eigenen Füße«, erklärte Bea zufrieden, und dann ließen wir die Gläser klingen.

XXVI

Freitagmorgen. Noch ein Tag bis zur Hochzeit. Meine Stimmung war im Keller.

Ein Blick in das Vormerkbuch, das mir Mathilde bereitgelegt hatte, zeigte mir, welche Patienten ich an diesem Tag zu erwarten hatte. Am Freitag arbeitete ich nur vormittags, der Nachmittag war für den Großeinkauf fürs Wochenende reserviert. Doch diesmal entdeckte ich einen Termin um halb zwei, der mir bisher entgangen war.

»Wer ist Feng?«, fragte ich meine Assistentin.

»Na, der nette Architekt, Feng Shui soll das heißen. Sie waren die ganze Woche so beschäftigt, da dachte ich, Freitag wäre ein geeigneter Termin. Das passt doch, oder soll ich ihn verschieben?«

Ich spürte, wie mein Herz vor Aufregung schneller zu klopfen begann. Und überlegte: Was brachte eine Verschiebung? Greg würde kommen, sich meinen Praxisraum anschauen, wir würden über mögliche Veränderungen sprechen. Und dann würde er wieder gehen. So distanziert, wie der sich benahm, brauchte ich nicht zu fürchten, dass er unsere Wiener Tage ansprechen würde. Warum war ich dann bloß so aufgeregt?

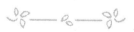

Kurz vor halb zwei verließ der letzte Patient meinen Behandlungsraum. »So, Herr Sommer, wir sind fertig. In einem halben Jahr sehen wir uns wieder zur Kontrolle.« Er bedankte sich und öffnete die Tür zum Wartezimmer.

Dort stand Greg und wartete bereits. Er ließ den Patienten vorbei und trat dann in meine Praxis ein:»Hi. Hast du Zeit?« Immerhin war er wieder mit mir per du.

Ich machte eine weit ausholende Handbewegung:»Natürlich, komm herein. Es wird doch nicht lange dauern, oder? Ich habe einen Riesenhunger.«

Gregs Lächeln verschwand so schnell, wie es gekommen war.»Natürlich«, sagte er kurz angebunden, »ich werde mich beeilen.«

Er nahm meinen Raum genau in Augenschein und verglich ihn mit dem Plan, den er bereits vor Tagen erhalten hatte.»Du hast ein quadratisches Zimmer, das ist gut. Sehr gut sind auch die gelben Wände und die weiße Decke. Farben, die nach oben hin heller werden, wirken aufheiternd und leicht. Und das können deine Patienten wohl gut gebrauchen. Setz dich einmal in deinen Behandlungsstuhl.«

Wie bitte? Wozu sollte denn das gut sein? Sollte ich meinen Stuhl testen? Ob man weich genug darauf saß?

Greg berührte mich am Oberarm.»Nun mach schon, du hast es doch eilig … Schon vergessen?«

Seine Berührung durchzuckte meinen ganzen Körper. Mit einem Schlag war alles wieder lebendig. Die Tage in Wien, seine Hände, seine Lippen, seine Worte, seine Taten. Ich beeilte mich zu tun, worum er mich gebeten hatte, und nahm auf meinem Stuhl Platz.

»Nun«, seine Stimme klang jetzt unerwartet heiser, »stell dir vor, du bist einer deiner Kunden. Stell dir vor, du hast Angst, sitzt da mit offenem Mund und schaust verzweifelt geradeaus. Was siehst du?«

Ich sagte, was ich sah:»Eine Wand. Eine gelbe Wand.«

»Richtig, du siehst die Wand. Findest du das angenehm und beruhigend?«

Ich schaute auf die Wand und versuchte, mir vorzustellen, ich sei mein Patient.»Um ehrlich zu sein, Greg, hier ist gar nichts, was mich beruhigen würde. Allerdings auch nichts, was mich beunruhigen würde. Ich sehe eine Wand. Frisch gestrichen. Und ein Stück von der Decke.«

»Hier ist nichts beunruhigend?« Greg konnte es ganz offensichtlich nicht fassen. »Also entschuldige mal, es gibt genug Menschen, die deinen Beruf beunruhigend finden, das kannst du mir glauben. Wie ist es mit dir? Du musst doch auch ab und zu zu einem Kollegen zur Behandlung. Gehst du dort gern hin?«

Natürlich nahm ich nicht gern auf Frank Spörers Sessel Platz. Aber ich war zu feige, das zuzugeben. Also ging ich nicht weiter darauf ein. Sondern setzte zu einer Verteidigungsrede für meinen Beruf an.

Greg hob abwehrend die Hand: »Darum geht's doch hier nicht, Rosi. Worüber wir uns hier unterhalten, ist die Energie in deinem Raum.« So gesehen hatte Greg sicher Recht. »Was hältst du von einem Bild, genau in Blickrichtung dessen, der auf dem Behandlungsstuhl sitzt?«

Ich überlegte: Ein Bild in der Praxis? Im Wartebereich hatten wir natürlich Bilder. Doch im Praxisraum?

»Abbildungen von Pflanzen wirken beruhigend. Eine Wiese würde passen, was meinst du?«

Ich nickte.

»Man darf nicht unterschätzen, wie wichtig es ist, dass Praxisräume Wohlfühlatmosphäre ausstrahlen. Natürlich muss das Motto lauten: Hier wird kompetent und intensiv gearbeitet, das ist ganz klar. Doch es muss dem Kunden – ich nenne die Menschen, die zu Ärzten kommen, lieber Kunden als Patienten – auch signalisiert werden, dass das alles geschieht, damit er sich danach besser fühlt. ›Lieber Kunde, wenn du das hier alles überstanden hast, dann bist du gesünder, sicherer und selbstbewusster.‹«

Ich konnte ihm nur vorbehaltlos zustimmen.

»Und darum ist es so wichtig, dass die Praxis hell, offen und freundlich gestaltet wird. Und dass alles aufgeräumt und gut organisiert ist. Die Dame am Empfang zum Beispiel: Die sitzt vor einem großen, offenen Regal. Und das ist kreuz und quer überladen mit Büchern, Medikamenten, Zetteln, Stiften, Fotos und allerlei Krimskrams. Kein Wunder, dass sie sich nicht wohl fühlt. Nimm die Wand, das große Regal als Passepartout eines Bildes, als den Rahmen für die Frau, die davor sitzt. Würdest du dich in einem derart chaotischen Rahmen wohl fühlen?«

»Also was schlägst du vor?«

»Das offene Regal ist umgehend durch ein geschlossenes Regal zu ersetzen. Und das Pult um neunzig Grad zu drehen. Und es ist wichtig, auf Kleinigkeiten zu achten. Frische Blumen steigern die Raumenergie und schaffen Freude. Und Freude ist doch das, was wir alle brauchen, nicht wahr, Rosi?«

Ich wusste genau, dass er nun nicht mehr länger von der Praxis sprach und konnte seinem durchdringenden Blick nicht standhalten.

»Ich wollte dich das nie fragen, doch nun frage ich dich doch: Warum hast du dich nicht gemeldet, Rosi? Warum hast du all meine Anrufe unbeantwortet gelassen? Wären dir die Finger wirklich abgefallen, mir eine kleine SMS mit einer klitzekleinen Erklärung für dein Verhalten zu schicken?«

Ich spürte, wie ich errötete, doch nun gab es kein Verstecken. Ich beeilte mich, rasch aus meinem Behandlungsstuhl zu klettern. Diese Sitzposition war wirklich nicht dazu angetan, Selbstbewusstsein und Stärke zu heben.

»Du warst doch sicher froh, dass ich dir den Abgang so leicht machte.« Es war ein Schuss ins Blaue.

Doch Greg war weit davon entfernt, diesen Satz zu verstehen. »Warum sollte ich froh sein, dass du dich klammheimlich aus dem Staub machtest?« Seine Stimme klang ungehalten. »Versuchst du hier gerade, mir für irgendetwas die Schuld in die Schuhe zu schieben?«

»Hier geht es nicht um Schuld. Hier geht es um Tatsachen«, ereiferte ich mich. »Ich war es schließlich nicht, die verheiratet war. Ich war frei. Bereit, eine neue Partnerschaft einzugehen. Aber ich war nicht bereit, als Affäre für einen verheirateten Mann zu dienen. Ich dachte, mein Schweigen hätte das klipp und klar zum Ausdruck gebracht. Du hast dich in den ersten Tagen schließlich auch nicht gemeldet.« Ich wusste, dieser Vorwurf war ungerecht. Greg wies auch sofort darauf hin: »Ich war in Niederösterreich. Hinterstes Niederösterreich, Rosi, ich weiß nicht, ob du das kennst. Aber dort hat mein Handy keinen Empfang. Das habe ich dir vorher gesagt, also bitte, sei nicht kindisch.«

»Ich bin kindisch?« Nur zu gern nahm ich diesen Faden auf. Mit jeder Minute dieses Gesprächs wurde mein schlechtes Gewissen darüber größer, dass ich mich nicht gemeldet hatte. Ich hatte Greg schlicht und einfach abserviert, ohne ihm eine Chance zu geben. Ohne ihm meine Gründe zu erläutern. Ich hatte mich für bewundernswert konsequent gehalten. Und meine innere Tante Hildegard war ja auch angetreten, um mich wohlwollend dafür zu loben. Und ich hatte mich voll in die Geschichte mit Stefan gestürzt. Die Idee hatte nicht funktioniert. Stefan konnte Greg absolut nicht das Wasser reichen. Doch jetzt war ich alles andere als in der Stimmung, meinen Fehler zuzugeben. Außerdem war es ohnehin zu spät.

»Ich bin also kindisch? Ich bin also kindisch, ja?« Mein Tonfall klang aggressiv.

»Natürlich bist du das«, Greg blieb nach außen hin gelassen. Doch ich merkte, dass er nur mit Mühe seine Ruhe bewahren konnte. »Ich weiß, es ist dir vollkommen egal, aber ich sage es dir trotzdem: Ich habe gelitten wie ein Hund. Ich hatte mich in dich verliebt, Rosi. Ich hatte gedacht, aus uns beiden könnte etwas werden. Wie habe ich meinen Aufenthalt in Niederösterreich verflucht. Er kam zur völlig unpassenden Zeit. Ich wollte zu dir, ich wollte nichts lieber als dich sprechen, dich hören, dich halten, dich küssen, dich spüren.«

Oh Gott. Mir wurde so schwer ums Herz. Es schnürte mir die Kehle zu. Wie hätte ich denn ahnen sollen, dass ich ihm so viel bedeutete? Dass ich ihm so viel bedeutete, wie er mir bedeutet hatte? Hieß es nicht immer, verheiratete Männer seien nur auf Affären aus und würden ihre Frauen nie, nie, nie verlassen? Ich hatte gedacht, die Tatsache, dass ich mich nicht mehr meldete, würde es ihm erleichtern, zu seiner Frau zurückzufinden, ohne sich Gedanken darüber machen zu müssen, wie er mich am schonungsvollsten loswurde.

»Ich hatte gedacht, du wärst mir dankbar«, stammelte ich.

»Dankbar? Warum sollte ich dir dankbar sein? Du hast schon eine komische Vorstellung vom Leben, meine Liebe.«

»Nenn mich nicht ›meine Liebe‹!«, fuhr ich auf. Diesen Ausdruck konnte ich nicht mehr hören. Er erinnerte mich an Stefan. Das sagte ich ihm allerdings nicht.

»Nun gut, Frau Doktor Steinberg: Sie haben eine sehr seltsame Vorstellung vom Leben. Zuerst verbringen Sie vier Tage mit einem Mann, sind zauberhaft, betörend, verdrehen ihm völlig den Kopf. Und dann lassen Sie ihn fallen wie eine heiße Kartoffel. Ohne Grund. Ohne Erklärung.«

Ich fuhr auf. »Ohne Grund?«, wiederholte ich mit unverkennbarem Spott. »Ich hatte sehr wohl einen Grund. Und das weißt du genau. Also spiel jetzt hier nicht den …« Mir fiel kein passender Ausdruck ein, wie ich ihn nennen könnte. Ich wusste, ich war ungerecht, doch ich wusste nicht, was hätte ich anderes sagen sollen. Es war reiner Selbstschutz.

Greg umfasste meine beiden Handgelenke, hob meine Arme und hielt sie an die Wand gedrückt fest. »Sag mir, dass du nichts für mich empfindest. Sag mir, dass du dich bei unserem Zusammensein in Wien nicht in mich verliebt hast. Und ich lass dich los, und ich lass dich gehen.«

Er stand ganz dicht vor mir, er beugte sich zu mir herunter. Und wir blickten uns in die Augen. Ich konnte seinen Atem spüren. Oh Gott, wie roch dieser Mann gut. Ich hätte in diesem Augenblick in seinen Augen versinken können. Ich wünschte mir nichts sehnlicher, als dass er mich in die

Arme nahm. Er war es, nach dem ich mich all die Wochen gesehnt hatte. Ich hatte es die ganze Zeit gewusst, aber mir nicht eingestehen wollen. Und ich würde es mir auch jetzt nicht eingestehen. Doch ich würde ihn auch nicht belügen. Also stand ich da und schwieg und wagte kaum zu atmen, und er stand da und wartete und sagte kein Wort.

Ein Windstoß verkündete, dass die Tür geöffnet worden war: »Frau Doktor, Tim und Sebastian haben angerufen. Ich wollte Sie nicht stören und habe den beiden gesagt, dass Sie gerade in einer Besprechung sind. Ihre Söhne werden Sie in Kürze hier abholen, ich hoffe, das ist Ihnen recht. Wenn Sie von mir nichts mehr brauchen, dann gehe ich jetzt.«

Ich blickte an Gregs Schulter vorbei und erkannte nichts als Neugierde in Schwester Mathildes Ausdruck. Greg Neuhof und ich boten auch ein sensationell komisches Bild. Wie wir da standen: Ich noch immer an die Wand gelehnt. Er, der meine beiden Arme über meinem Kopf festhielt.

Ich wollte nicht, dass Mathilde dachte, sie hätte uns in einer verfänglichen Situation erwischt. »Aha«, sagte ich daher laut, »vielen Dank, Herr Neuhof. So misst man also die positive Raumenergie.«

Greg ließ mich mit einem Schlag los und verstand sofort. »Ja genau«, er räusperte sich, »ja genau, Frau Dr. Steinberg, so ist es.«

Ich blinzelte ihm zu und wandte mich dann an meine Assistentin: »Danke, ich brauche nichts mehr, Schwester Mathilde. Ein schönes Wochenende!«

Meine Assistentin schloss kopfschüttelnd die Tür von außen. Sie hielt Feng Shui sicherlich für eine ganz seltsame Wissenschaft.

Ich wandte mich wieder Greg zu. Die Unterbrechung hatte eines bewirkt: Die Anspannung, die zwischen uns geherrscht hatte, war verflogen. Nun standen wir uns gegenüber, und Greg blickte peinlich betreten zu Boden. »Ich hätte dich nicht so drängen sollen. Entschuldige bitte, Rosi.«

Und dann sagte ich etwas, das aus meinem tiefsten Inneren kam und das ich nie im Leben vorhatte zu sagen:»Küsst du mich endlich, du Holzkopf?«

Ich war selbst überrascht, vor allem über meine Ausdrucksweise. Greg schien weniger überrascht, er riss mich in seine Arme und küsste mich, dass mir Hören und Sehen verging.

»Ich eigne mich nicht als Geliebte eines verheirateten Mannes«, sagte ich, als wir uns widerstrebend losließen.

Greg nickte:»So hätte ich dich auch nicht eingeschätzt. Und es war mir auch leichter, dein Verhalten zu verstehen, als ich erfuhr, dass der Gedanke, ich sei ein verheirateter Mann, dich davon abhielt, mich zurückzurufen.«

»Ja natürlich, was hätte mich denn sonst abhalten sollen?« Mein ruppiger Tonfall kehrte zurück.»Denkst du, nach vier so wunderschönen Tagen sei es mir leicht gefallen, dich zu vergessen?«

»Ja, das hatte ich zuerst tatsächlich angenommen«, seine Stimme klang bitter,»doch als ich die Erklärung hörte, war mir einiges klar. Und ich schöpfte wieder Hoffnung. Im ersten Impuls hatte ich den Auftrag ablehnen wollen, als dein Kollege Spörer an mich mit der Bitte herantrat, mir eure Praxis anzusehen. Aber dann kam dein kleiner Gruß. Ich konnte es kaum glauben, nach so vielen Wochen ein Zeichen von dir zu bekommen. Ich hatte längst die Hoffnung aufgegeben. Und natürlich nahm ich daraufhin den Auftrag an. Ich wusste, das ist eine gute Gelegenheit, dass wir beide auch wieder persönlich in Kontakt kommen. Ganz unverbindlich. Und ohne dass es den Anschein hat, als würde ich dir nachlaufen. Weißt du, dir nachzulaufen, das hätte mein männlicher Stolz nicht zugelassen.« Er lächelte, und sein Lächeln geriet etwas schief. Und dann zog er mich wieder in seine Arme.»Ach Rosi, ist das gut, dich zu halten.«

Da konnte ich nur nicken und es genießen, so eng umschlungen mit ihm dazustehen. Ich ließ seine Worte durch meinen Kopf gehen, jedes einzelne Wort, das er gesagt hatte.

Es tat mir so gut zu wissen, dass er mich ebenso vermisst hatte wie ich ihn.

Doch:»Was soll das heißen, ich habe dir einen kleinen Gruß geschickt? Und was soll das heißen, du hättest erfahren, dass deine Ehefrau der Grund gewesen ist, warum ich mich nicht mehr meldete? Was heißt, erfahren? Wer hat dir das erzählt?«

»Na, Sebastian«, erklärte Greg, als wäre diese Auskunft das Selbstverständlichste auf der Welt.

Ich machte mich aus seinen Armen frei. »Du hast mit meinem Sohn gesprochen? Mit Sebastian?« Ich konnte es nicht glauben.

»Ja selbstverständlich«, erklärte Greg, »ich war doch Tims Nachhilfelehrer in Mathematik. Und Sebastian war bei den meisten Stunden dabei. Das weißt du doch, oder? Also entschuldige, das kann doch keine Überraschung für dich sein. Schließlich hast du mir doch die kleine Sachertorte geschickt. Und mir damit den Mut gegeben, wieder deine Nähe zu suchen.«

In diesem Augenblick ging die Praxistür abermals auf, und meine beiden Söhne stürmten ins Zimmer. Wie war ich froh darüber! Ich war im Augenblick so verwirrt. Ich hatte Greg eine Sachertorte geschickt? Und diese Sachertorte war der Auslöser dafür, dass wir hier standen und uns gerade eben leidenschaftlich geküsst hatten?! Ich hatte dem Nachhilfelehrer eine Sachertorte geschickt! Ganz ohne Hintergedanken! Welch seltsame Wege das Leben doch oft ging. Ob ich Greg darüber aufklären sollte? Er würde die Wahrheit sicher bald auch ohne mein Zutun erfahren.

»Wir haben gedacht, wir holen dich ab, Mam«, rief Sebastian schon von der Tür her. »Ah, hi Greg. – Ist das deine Besprechung, Mam, bei der du nicht gestört werden durftest? Mit Greg?«

»Hi, Mam, hi Greg«, meldete sich auch mein zweiter Sohn zu Wort, »braucht ihr noch lange? Mam, wir müssen dringend los. Wir brauchen dringend neue Fußballschuhe.

Und haben noch kein Geschenk für Gropa für die Hochzeit morgen.«

Sebastian ging an Tim vorbei, direkt auf Greg zu. »Hat's geklappt?«, erkundigte er sich.

»Yeah«, erklärte Greg schlicht.

Und dann schlugen die beiden ihre Handflächen gegeneinander. Was auch immer dieses Ritual bedeuten mochte, es war ein deutliches Zeichen, dass sich die beiden gut verstanden.

»Greg kann ja zum Einkaufen mitkommen, wenn er will.« Tim stieg ungeduldig von einem Bein auf das andere.

Greg wollte nicht mitkommen. Er verabschiedete sich vor dem Haus, in dem sich unsere Praxis befand: »Na, dann wünsche ich euch ein schönes Shoppen. Seht zu, dass ihr eure Mutter nicht in den Bankrott treibt.« Diese fröhlichen Worte wurden von meinen Jungen mit einem frechen Grinsen beantwortet. Dann wandte sich Greg mir zu: »Ich bin froh, dass wir uns wieder haben, Rosi. Ich hole dich ab. Heute um acht, das ist dir doch recht?«

Ich nickte etwas benommen. Welchen Sinn hätte es denn auch gehabt, mich länger zu wehren?

Ich blickte Greg nach, wie er schnellen Schrittes die Straße entlang davonging. Sichtlich gut gelaunt. Meine Söhne zerrten mich in Richtung U-Bahn. Ich würde Greg fragen, ob er mich auf die Hochzeit begleiten wollte. Diese Feierlichkeit schwebte wie ein Damoklesschwert über meinem Kopf. Ach, wäre sie nur schon vorüber!

XXVII

Um Punkt acht Uhr klingelte es an meiner Haustür. Ein heißer Tag ging zu Ende und versprach, einer warmen Sommernacht Platz zu machen. Ich trug mein »kleines Dunkelbraunes«, das Greg in Wien so gut gefallen hatte. Und hatte mir mit meinem Make-up besonders viel Mühe gegeben. Ich wollte mich mit diesem Mann und auf diesen Mann einlassen. Und jeden Augenblick genießen, solange er dauerte. War das Glück auch vergänglich, so hatte es immerhin stattgefunden.

Mit meinen hochhackigen Sandalen stöckelte ich zur Tür. Da stand er, lässige dunkle Hose, passendes Poloshirt, ein warmes Lächeln, das sich über das ganze Gesicht ausbreitete. »Madame haben ein Taxi bestellt?«, er streckte mir seine Hand entgegen.

Mein Gott, war ich befangen! Wie schaffte dieser Mann es nur, meinen Puls in sagenhafte Höhen zu jagen? Wie küsste er gut! Wie roch er gut! Manches schätzte man erst, wenn man es anders kennen gelernt hat.

»Wohin fahren wir?«, wollte ich wissen, als er mir die Tür zu seinem Audi öffnete.

»Lass dich überraschen!« Sein Lächeln war so zärtlich, dass ich vor Freude und Dankbarkeit hätte aufschreien können. Und so einen Mann hatte ich mir entgehen lassen wollen? War ich denn völlig von Sinnen gewesen?

Zu meiner Überraschung fuhren wir nicht Richtung Innenstadt. Greg lenkte zügig durch die wenig befahrenen Straßen, das Schild, das das Ende der Stadt anzeigte, ließen wir hinter uns. Ein Wegweiser am Straßenrand, und Greg bog ab. Ein kleines Sträßchen schlängelte sich durch ein

Waldstück. Ein dunkelgrüner See tauchte vor unseren Augen auf. Daneben ein kleines, weißes Haus mit üppigen Blumen vor den Fenstern. Und einer breiten Terrasse mit Sonnenschirmen direkt am Wasser.

»Ist es hier nett!« Ich war ehrlich begeistert.

Greg grinste: »Ich wusste, es würde dir gefallen. Freunde von mir haben dieses Haus letztes Jahr gekauft. Es war ziemlich heruntergekommen. Aber die Lage war einmalig. Sie haben viel Zeit, Liebe und Geld investiert. Und so ist es ihnen gelungen, ein wahres Schmuckkästchen daraus zu machen.«

»In Übereinstimmung mit den Feng-Shui-Kriterien?«

»In Übereinstimmung mit den Feng-Shui-Kriterien«, bestätigte er lächelnd. »Wie wäre es denn sonst ein Schmuckkästchen geworden? Und Pauline kocht hervorragend. Jedes Gericht ein wahres Gedicht.«

Anscheinend hatte sich dieser Geheimtipp schon herumgesprochen. Nur mit Mühe fand Greg noch eine Lücke auf dem gar nicht so kleinen Parkplatz. Die Kennzeichen der Autos zeigten, dass Gäste aus dem gesamten Landkreis gekommen waren.

»Greg, das ist aber eine Freude, dich wieder einmal hier zu haben.« Der Hausherr kam uns freudig entgegen.

»Rosi, das ist Michi, Michi, das ist Rosi.« So einfach ging das. Aber Greg war ja auch kein Konsul. Ich musste grinsen.

»Hallo, Rosi, schön, dich kennen zu lernen. Ich habe euch einen Tisch in der Ecke reserviert.« Er schritt voran auf die Terrasse hinaus. Die Stühle waren bequem, keine typischen Wirtshausgartenstühle, wie ich das erwartet hatte. Auch die Gerichte auf der Speisekarte waren nicht deftig.

»Pauline hat Schweinsmedaillons mit Pfifferlingen gezaubert, die stehen noch nicht auf der Karte. Und außerdem haben wir ganz frische Forellen.«

Der Fisch klang verlockend. Zweimal »Müllerin«, bitte. Und dazu einen Sauvignon Blanc. Die Sonne begann, langsam in Richtung Waldsee zu sinken.

»Hier lässt sich's aushalten«, ich lehnte mich in meinem Stuhl zurück und fühlte mich wohl, »hier ist alles so friedlich, warm und unkompliziert.«

»Unkompliziert?«, erkundigte sich Greg. »War dein Leben so kompliziert in den letzten Wochen?«

Ich nickte nur. Ich hatte keine Lust, so einen Abend damit zu verderben, dass ich ihm von Stefan erzählte. Michi brachte den Wein. Greg ließ ihn im Glas kreisen, roch daran, und dann trank er einen Schluck. Also war auch er ein Weinkenner. Aber er tat nicht so, als würde er den Schluck zerbeißen. Wofür ich ihm äußerst dankbar war. Und Michael wartete auch nicht untertänig auf sein Urteil: »Ein feiner Tropfen, nicht wahr? Diesen Winzer habe ich letzten Sommer auf einer Rundreise durch Oberitalien entdeckt. Ein wahrer Glücksgriff.«

Der Fisch war köstlich. Der Salat frisch und knackig. Und zum Dessert bestellten wir uns wieder gemeinsam eine gemischte Platte süßer Köstlichkeiten. Wir stellten sie in die Mitte zwischen uns und löffelten in stillem Einvernehmen. Das hätte ich dem Herrn Konsul einmal vorschlagen sollen! Was für ein absurder Gedanke! Greg und ich hatten uns schon einmal eine Dessertplatte geteilt. Damals in Wien – wie lange schien das jetzt schon her zu sein! Damals war es der Auftakt zu einer wunderschönen Nacht gewesen. Doch heute war es anders. Denn so einträchtig wir auch löffelten, so schwierig war phasenweise das Gespräch. Wir hatten unsere Unbefangenheit nicht wieder gefunden. Waren noch vorsichtig. Wussten wohl beide nicht genau, wie es weitergehen würde. Am leichtesten war das Gespräch über unverfängliche Dinge: über die Wahl im Nachbarbundesland, über den neuesten Film mit Johnny Depp, über ein Jazzkonzert, das Greg besucht hatte. Das Wort »Wien« wurde mit keinem Wort erwähnt. Wer hätte auch gewagt, den Anfang zu machen?

»Ich möchte mit dir tanzen«, sagte Greg unvermittelt.

Mir blieb fast der Bissen im Hals stecken vor Schreck. Ich war seit mindestens zwanzig Jahren nicht mehr tanzen gewesen. »Gern«, ich versuchte meine Aufregung zu unterdrücken.

»Was hältst du vom ›Davis‹?« Er gab Michi ein Handzeichen, dass wir zahlen wollten. Ich zückte die Geldtasche. »Du bist mein Gast.« Ich wehrte ab. »Ehrlich, Rosi bitte, lass mich dich einladen. Du zahlst das nächste Mal.«

Das freute mich. Vor allem freute mich die Tatsache, dass er schon ein nächstes Mal im Auge hatte. Obwohl ich nicht wirklich daran gezweifelt hatte. Allerdings wusste ich auch nicht genau, woran ich bei ihm war.

Das »Davis« entpuppte sich als Jazzkeller im Künstlerviertel der Stadt. Ich folgte Greg die dunklen, verwinkelten Stufen nach unten. »Hilfe«, dachte ich, »ich will hier weg! Ich gehöre nicht hierher!« Nur zu deutlich hatte ich meinen letzten Barbesuch ganz in der Nähe in Erinnerung. Der zum Großteil darin bestanden hatte, auf der Toilette zu sitzen und meinen Freundinnen zu lauschen. Ich war zu alt für solche Lokale. Ich war zu bieder. Ich war ganz und gar unpassend. Das musste Greg doch erkennen! Warum führte er mich dann hierher? Es war schummrig und überfüllt. Als sich meine Augen an das warme, dunkelgelbe Licht gewöhnt hatten, blickte ich mich um. Das Alter der Gäste war dreißig aufwärts. Vielleicht waren ein paar Zwanzigjährige darunter. Zum Ausgleich war der Pianist sicher schon an die siebzig. Mit Begeisterung ließ er seine Finger über die Tasten gleiten. Dazu der Bass, die Drums und natürlich ein Saxophon.

»Das Saxophon ist das erotischste Instrument, das ich kenne«, flüsterte Greg dicht an meinem Ohr. Seine Stimme klang warm, lockend, vielversprechend. Ich spürte, wie ein kleiner, wohliger Schauer von meinem Nacken hinab die Wirbelsäule entlangrieselte. Diese Musik, diese Atmosphäre und vor allem: dieser Mann. Ich war in dem Lokal genau richtig. Und instinktiv wusste ich, mit diesem Mann würde ich überall richtig sein.

Ich erwartete, dass wir uns einen Platz suchen würden, doch Greg umfasste meine Hüften mit beiden Händen. Wie von selbst legte ich ihm meine Arme um den Hals. Wie hatte ich je aufgeben können, diesen Mann zu spüren? Eine schwarze Sängerin betrat die Bühne und ergriff das Mikrofon. Sie begann »Somewhere over the rainbow« zu singen. Ja, da waren wir jetzt. Irgendwo über dem Regenbogen. Weit weg von der Wirklichkeit. Im Einklang mit der Musik. Zwei Menschen im Gleichklang. Ich spürte seine Erregung. Ich spürte meine Erregung. Ich spürte seine Hände, die meine Hüften gegen seine drückten. Unsere Körper bewegten sich im gleichen Rhythmus. Niemand beachtete unseren intensiven Kuss. Die meisten anderen Pärchen gaben sich ebenfalls der Musik hin. Ein paar vereinzelte Gäste saßen an der Bar und tranken Whisky oder Cola mit Rum. Rauchschwaden zogen durch die Luft. Ich hätte ewig so weitertanzen können. Ich hätte ewig so weiterküssen können. Doch noch viel lieber hätte ich diesem Mann die Kleider vom Leib gerissen und wäre mit ihm ins nächste Bett gestiegen. Greg merkte sicher, dass er mich heiß machte – aber er machte keine Anstalten, den von mir herbeigesehnten nächsten Schritt zu tun. So blieben wir bis kurz nach halb zwei. Wir tranken nicht viel – wir waren auch so trunken.

Greg blickte auf die Uhr. »Ist es dir recht, wenn ich dich jetzt nach Hause bringe? Ich muss morgen früh raus. Ich habe einen wichtigen Termin.«

»Morgen!«, fiel es mir siedend heiß ein. Morgen war Huberts Hochzeit! Mit einem Schlag war ich aus meiner Traumwelt wieder aufgetaucht. Ich hatte es nicht geschafft, mir einen Begleiter zu organisieren. Und ich würde schrecklich aussehen nach nur fünf Stunden Schlaf!

Greg brachte mich nach Hause. Ein kleiner Kuss. Kein »Zu mir oder zu dir?«, wie ich es insgeheim erhofft hatte. Auch kein »Wann sehen wir uns wieder?« Als er keine Anstalten machte zu fragen, fragte ich. Schließlich war ich eine moderne, emanzipierte Frau. Seine Untersuchungen in der Praxis waren abgeschlossen. Wenn ich jetzt nicht die Initiative ergriff, wer wusste, wann wir uns wieder begegneten. »Wann sehen wir uns wieder, Greg?«

Zu meinem Erstaunen und zu meiner Beunruhigung sagte er zuerst einige Zeit gar nichts. Und dann folgte ein leichthin gesagtes »Na, wir werden uns schon wieder über den Weg laufen.«

Ich war wie vor den Kopf geschlagen. Nach so einem Abend so eine Antwort? Hatte ich an diesem Abend etwas falsch gemacht? Ich konnte mir keinen Reim auf Gregs Verhalten machen. Außer dem, dass ihn mein Nichtmelden auf seine Anrufe mehr verletzt haben musste, als ich angenommen hatte. Sah so seine Rache aus? Reichlich verstört ging ich in mein Haus.

XXVIII

Und dann war er also angebrochen, strahlend und sonnig:
Huberts Hochzeitstag. Wir sollten uns um halb elf vor der
Kirche versammeln. Nach der Messe würde es ein ausge-
dehntes Essen in einem Drei-Sterne-Lokal ganz in der Nähe
geben. Die Hochzeitsgesellschaft würde zu Fuß den Weg
zum Restaurant zurücklegen, eine fröhliche bunte Prozession.

Ich stand missmutig auf, und mir graute. In dieser Nacht
hatte ich das erste Mal seit langem wirklich schlecht geschlafen. Meine Augen waren vom Rauch verquollen. Der
seltsame Abschied von Greg ging mir nicht aus dem Sinn.
Wollte er jetzt etwas von mir oder nicht? Und wenn ja,
warum verhielt er sich so undurchschaubar? In einem
Augenblick heiß, liebevoll und voller Lust. Im nächsten
Augenblick uninteressiert, ja beinahe kalt. Ließ er mich absichtlich zappeln? Das war nicht fair! Doch konnte ich wirklich Fairness erwarten?

Aus, Schluss! An Greg konnte ich später immer noch denken. Jetzt hieß es erst einmal, sich auf die Hochzeit vorzubereiten. Tim und Sebastian waren entsprechend aufgeregt.
»Wir würden lieber nicht hingehen«, erklärte Sebastian
»denn es wird sicher sterbenslangweilig. Aber das können
wir Gropa natürlich nicht antun. Ich denke, Tim und ich
sind die einzigen Gäste unter sechzig, oh entschuldige
Mam, ich meinte unter vierzig.«

»Da sind wir ja schon drei, die nicht hingehen wollen«,
sagte ich, »aber es wird uns nichts anderes übrig bleiben.
Also, meine Herren«, ich stellte die Schüsseln mit Cornflakes vor sie hin und bemühte mich um einen fröhlichen

Tonfall, »ein schnelles Frühstück, und dann hinein in die besten Klamotten.«

»Wie lange wird Gropa noch bei uns wohnen?«

»Du meinst, wann er hier mit Sack und Pack auszieht? Denn ich denke, wohnen wird euer Großvater gar nicht mehr in diesem Haus. Er wird heute Abend bereits bei seiner neuen Frau übernachten. Ich habe gesehen, wie er gestern zwei große Koffer in sein neues Heim geschafft hat.«

»Was machen wir mit seiner Wohnung, Mam?«

»Das wäre doch ein tolles Büro für Greg«, erklärte Sebastian, »er muss ohnehin raus dort, wo er jetzt ist.«

»Oh ja, gute Idee«, Tim war begeistert, »ich darf nicht vergessen, ihm diesen Vorschlag zu machen, wenn ich ihn sehe.«

Ich konnte mir nicht vorstellen, dass Greg Lust darauf hatte, mir künftig so nahe zu sein. Außerdem würde er das auch seiner Frau auf die Dauer nur schwer erklären können.

»Apropos Greg«, ich bemühte mich um den Tonfall einer strengen Mutter und stützte beide Hände in die Hüften, »habt ihr mir nicht irgendetwas mitzuteilen?«

Die Miene meiner Söhne war nichts als reine Überraschung: »Nein, Mam, was möchtest du denn von uns erfahren?«

»Wie konnte es sein, dass Greg Tims Nachhilfelehrer war, und ich wusste nichts davon?«

»Ach Mam, du warst so beschäftigt«, erklärte Tim leichthin und nahm einen Löffel Cornflakes »du hast stundenlang vor deinem Laptop gesessen. Dazwischen hast du dich mit dem alten Knacker getroffen.«

»Du warst doch froh, dass sich das Problem Nachhilfelehrer so schnell erledigt hatte. Oder etwa nicht?«, fügte Sebastian hinzu. Das hatte gesessen.

»War es wirklich so schlimm? Habt ihr euch von mir vernachlässigt gefühlt?«, ich badete in schlechtem Gewissen.

»Nein!«, riefen beide wie aus einem Mund. »Es war sogar ganz nett, einmal für vieles selbst verantwortlich zu sein. In den letzten Jahren warst du eine ganz schöne Glucke, Mam.«

»Und das war auch gut so«, beeilte sich Sebastian hinzuzufügen, als er meine Miene wahrnahm, »denn wir waren ja noch jünger. Doch jetzt sind wir sechzehn, und da ist es Zeit, uns einige Entscheidungen selbst zu überlassen.«

»Genau«, stimmte ihm sein Bruder zu.

»Und warum habt ihr mir nicht gesagt, dass Greg der Nachhilfelehrer ist?«, beharrte ich.

»Wir dachten, du hättest vielleicht etwas dagegen«, erklärte Sebastian ehrlich.

»Aber es war doch eine gute Wahl, nicht wahr, Mam, schließlich habe ich jetzt eine Zwei in Mathematik. Das hätte ich ohne Greg nie und nimmer geschafft.«

»Und wieso wusstest du, dass ich Greg eine Abfuhr erteilt hatte? Und dass der einzige Grund dafür war, dass er verheiratet ist?«, erkundigte ich mich bei Sebastian.

Dieser zuckte mit den Schultern: »Du hast es mir doch selbst erzählt, Mam, erinnerst du dich nicht mehr?«

Was hätte ich darauf erwidern sollen?

Um zwanzig nach zehn erreichten wir den Vorplatz der Kirche. Alles war mit Blumen festlich geschmückt, die zahlreiche Gästeschar war bereits eingetroffen. Der Parkplatz war nahezu voll geparkt. Von Braut und Bräutigam war weit und breit nichts zu sehen, aber das hatte ich auch nicht erwartet. Sicher würde Hubert seine Claudia erst vor dem Traualtar zu Gesicht bekommen. So wollte es die Tradition. Und Hubert fühlte sich alten Traditionen besonders verpflichtet.

Walter Stadler, Huberts bester Freund, agierte als Zeremonienmeister. Er hatte eine große Liste in der Hand, auf der er alle Gäste vermerkt hatte. Sobald ein Gast eingetroffen war, machte er einen großen Haken hinter seinem Namen. Bea und Richie waren bereits da. Carla und Bernhard kamen die Treppe vom Parkplatz auf der anderen Seite der Kirche herauf. Ich war froh, alle vier hier zu sehen, und stellte mich zu ihnen. Carla machte Bernhard mit Richie bekannt. Wir standen etwas abseits und beobachteten die eintreffenden Gäste.

Tim und Sebastian waren verschwunden. Sie hatten eine Klassenkollegin entdeckt, mit deren Kommen sie nicht gerechnet hatten. Huberts Schachclub war vollständig vertreten. Einige Herren des Rotary Clubs übten hinter der Kirche ein fröhliches Ständchen. Huberts Bruder war aus Offenburg gekommen. Von Mamas Verwandtschaft hat er offensichtlich niemanden eingeladen. Zumindest war von Mamas Bruder, dem ungeliebten Felix, keine Spur zu sehen. Etwas kleiner war Claudias Gästeschar: Da waren einmal ihre Eltern, leicht zu erkennen, da Claudia ihrer Mutter wie aus dem Gesicht geschnitten war. Wenn der Vater fünf Jahre älter war als der Bräutigam, so war das viel. Einige Freundinnen standen mit ihren Männern kichernd und schwatzend vor dem Kircheneingang. Auch die lokale Presse war gekommen, um von diesem Ereignis zu berichten. Claudia hatte sich als Fotografin anscheinend wirklich einen Namen gemacht. Und auch Hubert war schließlich kein Unbekannter in der Stadt.

Und dann hörte ich ein Geräusch, das ich nur zu gut kannte. Ich musste mich nicht umdrehen, um zu wissen, was das für ein Auto war – ein Jaguar. Er rollte die breite Auffahrt zur Kirche herauf. Ich drehte mich zur Seite und sah, dass es ein weinroter Jaguar war, exakt dieselbe Farbe, die auch Stefans Wagen hatte. Aber was sollte Stefan auf dieser Hochzeit verloren haben? Sicher war bloß der Wagen der gleiche, nicht jedoch der Fahrer.

Da stieg der Fahrer aus: Es war Stefan.

Ich wäre gern im Boden versunken. Nach dem peinlichen Auftritt vor ein paar Tagen hatte ich mir gewünscht, diesen Mann nie wieder zu sehen. Schon gar nicht auf der Hochzeit meines Schwiegervaters. Wo es kein Entrinnen gab. Stefan ging um das Auto herum und öffnete die Beifahrertür. Nächste Frau, gleiches Prozedere.

Bea stieß mich in die Rippen:»Sag, ist das nicht dein eleganter, reicher Galan?«

»Pssst!«, schnauzte ich sie an.»Noch ein Wort über diesen Mann, und ich bekomme Schreikrämpfe.«

Bea lachte schallend auf. Carla, die ihrem Blick gefolgt war und inzwischen auch alles über das unrühmliche Ende meiner so genannten Beziehung mit Konsul Stefan Auer-Bergenthal wusste, lachte mit.

Inzwischen hatte Stefan der Dame auf dem Beifahrersitz die Hand gereicht, und als Erstes kamen zwei endlos lange Beine in hochhackigen Riemchenschuhen zum Vorschein. Sie steckten, trotz der warmen Temperatur, in glänzenden Seidenstrümpfen, wie sich dies für eine wahre Dame gehörte. Die Beine waren schlank und sicherlich trainiert. Die Fesseln schmal. Sie gehörten zu einer eleganten, hoch gewachsenen Gestalt, die nun dem Jaguar entstieg. Der schlanke Körper in einem tiefroten Kleid, die dunklen Haare zu einem festen Knoten aufgesteckt und mit einer überdimensionalen Schleife gehalten. Sie nahm die Umgebung kritisch in Augenschein und wandte dabei uns ihr Gesicht zu. Sie hatte ihre Haare so streng über den Schläfen zurückgenommen, dass ihre Augen fast wie Schlitzaugen wirkten.

Walter Stadler beeilte sich, die neu ankommenden Gäste zu begrüßen:»Contessa, es ist mir eine große Ehre.«

Mir war schlagartig klar, wer diese Dame war.»Das ist Donna Mariángela Forres y Alonsa«, flüsterte ich Bea zu. Stolz darauf, dass ich mir diesen ungewöhnlichen Namen gemerkt hatte.»Sie stammt aus einem der ältesten Adelsgeschlechter Mallorcas.«

Bea zuckte mit den Schultern und war überhaupt nicht beeindruckt:»Natürlich, das ist Mariángela. Ich kenne sie. Sie kommt öfter nach Deutschland. Als sie das letzte Mal hier war, bin ich mit Claudia und ihr an einem Abend essen gegangen. Eine kalte Frau, Roli. Vornehm, edel, aber kalt. Du hast mit ihr überhaupt nichts gemeinsam. Sei froh, dass du diesen Mann los bist. Wenn ihm Mariángela gefällt, dann ist das ein weiterer Beweis, dass du nie zu ihm gepasst hättest.«

»Und ob ich froh bin, ihn los zu sein. Da gibt es gar keinen Zweifel. Aber sag, Bea, du meinst, die Contessa ist Gast bei dieser Hochzeit? Ich habe mich schon gewundert, wer Stefan eingeladen haben könnte.«

»Ja, sicher ist die Contessa eingeladen. Dein Galan ist nur als Begleitung hier. Claudia hat Mariángela kennen gelernt, als sie ihren Bildband über die Fincas zusammenstellte. Du weißt doch, sie hat Landhäuser auf den Balearen fotografiert. Natürlich nur Landhäuser, die von Frauen eingerichtet wurden.«

»Natürlich«, meldete sich Carla spöttisch zu Wort.

»Sozusagen«, fügte ich hinzu. Wir waren wirklich manchmal böse.

Die Kirchenglocken begannen laut und vernehmlich zu läuten. Es war Zeit, Aufstellung zu nehmen, um in einer langen Prozession in einer Zweierreihe die Kirche zu betreten. Walter Stadler ging ganz in seiner Rolle als Zeremonienmeister auf. Wie ein Butler rief er die Namen der Gäste auf, die sich paarweise bei ihm einzufinden hatten. Den Anfang machten die Trauzeugen, Claudias beste Freundin und Huberts Freund Leopold aus dem Schachclub. Darauf folgten die Eltern der Braut, der Bruder der Braut mit seiner Frau, die Tante der Braut mit ihrem Mann, die Enkel des Bräutigams, die Schwiegertochter des Bräutigams, und hinter mir würden sich all die anderen Paare einordnen.

Walter Stadler war gerade dabei, meine Söhne aufzurufen, die von weit her angerannt kamen, um sich verschwitzt und schnaufend in die Reihe zu stellen. »Dahinter bitte ich Frau Dr. Rosalind Steinberg«, hörte ich Walter Stadler verkünden und beeilte mich, den Platz hinter meinen Söhnen einzunehmen. Da stand ich also, allein in einer Zweierreihe.

»Mit Architekt Gregor Neuhof.«

Ich dachte, ich hätte mich verhört.

Greg konnte nicht weit von mir weg gestanden haben, denn er war in kürzester Zeit bei mir und bot mir seinen Arm. An seinem frechen Grinsen war zu erkennen, wie sehr er meine Überraschung und meine Unsicherheit genoss.

»Wie kommst du hierher?«, flüsterte ich ihm zu.

Doch er hob nur seinen rechten Zeigefinger zu den Lippen und bedeutete mir zu schweigen.

Die Zeremonie war sehr feierlich und so langatmig, wie es dem Geschmack des Bräutigams und wohl auch seiner Braut entsprach. Der Kirchenchor sang ein jubilierendes »Ave Maria«. Die Brautmutter weinte. Der Pfarrer sprach salbungsvoll und ergreifend. Die Freundin der Braut las besonders kreativ gestaltete Fürbitten vor. Zum Auszug des Brautpaares aus der Kirche streuten kleine Mädchen in rosa Kleidern weiße Rosen.

Die Braut trug ein über und über mit Brüsseler Spitze verziertes, cremefarbenes Kleid. Der kleine Hut anstelle eines Schleiers passte sicher besser zu ihrem − nicht mehr ganz jugendlichen − Alter. Dennoch wünschte ich ihr, dass sie einmal die Bekanntschaft von Frau Meiner machen würde. Margarite hätte ihrem faden Aussehen sicherlich einen Schlag mehr Pfiff verliehen. Allerdings würde sie mit mehr Pfiff wohl nicht mehr zu Hubert passen.

***

Anschließend ging es, wieder schön brav in der Zweierreihe, zum Restaurant, in dem das Festmahl stattfinden sollte. Meine Söhne ließen Zweierreihe Zweierreihe sein und liefen zurück zu ihrer Freundin, die gelangweilt hinter ihren Eltern aus der Kirche getrottet war.

»Also sag«, forderte ich nun Greg auf, der noch immer schweigend und mit einem leichten Grinsen neben mir herging. Er schien komplett mit sich und der Welt im Reinen

311

zu sein. »Wie bist du hierher gekommen? Woher kennst du Walter Stadler? Warum hat er dich auf die Gästeliste gesetzt?«

»Gefällt es dir nicht, dass ich da bin, Rosi?«, wollte er wissen, und dabei kannte er die Antwort mit Sicherheit selbst genau.

»Natürlich bin ich froh, dass du da bist.« Warum hätte ich lügen sollen? »Ich wollte dich gestern schon fragen, ob du mich begleiten willst. Aber du hast mir ja etwas von einem wichtigen Termin vorgeflunkert ...«

»Also hör mal«, Gregs Stimme war die reinste Entrüstung, »ist eine Hochzeit denn vielleicht kein wichtiger Termin?«

»Aber sicher ist eine Hochzeit ein wichtiger Termin«, ich wurde zunehmend ungeduldig, »aber ich weiß noch immer nicht, wie du Walter Stadler überreden konntest, dich neben mich zu stellen.«

»Deine größten Schwächen sind deine Neugier, Rosi, und deine Ungeduld. Jetzt warte doch einmal ab. Manchmal haben auch Männer ihre Geheimnisse.« Das war alles, was ich aus Greg herausbringen konnte.

Ich boxte ihn in die Seite. Ich schenkte ihm mein verführerischstes Lächeln. Ich drohte ihm Prügel an. Es nützte alles nichts. Greg lachte nur und schwieg. Er wusste natürlich, dass ich all meine Drohungen nicht wahr machen würde. Zumindest nicht hier in vornehmer Gesellschaft.

Vor dem Eingang zum Restaurant kamen wir neben Stefan und Donna Mariángela Forres y Alonsa zu stehen. Wir schüttelten einander die Hände, und niemand von uns vieren hielt es für angebracht, uns gegenseitig vorzustellen.

»Eine sehr schöne Trauungszeremonie, nicht wahr«, sagte ich, um irgendetwas zu sagen.

»Sicherlich«, stimmte mir Stefan zu.

»Ja, es war wunderschön«, erklärte die Gräfin, und kein Lächeln trat auf ihre Lippen. »Me gusta mucho. Auch ihr Deutschen versteht es, Feste zu feiern.«

Das sollte wohl ein Kompliment sein, und daher zwang ich mich zu lächeln.

Die Contessa ergriff Gregs Unterarm: »Wann hast du Zeit für mich, Gregor? Ich habe ein Buch gelesen über Feng Shui, über das ich mit dir möchte sprechen. Außerdem will ich schon lange, dass du kommen in mein Haus, um es dir anzusehen. Ich spüre, das ›Chi‹ ist noch nicht optimal.« Sie unterstrich diese Aussage mit einer dramatischen Geste. »Ich erwarte dich noch vor dem Winter, Gregor. Hast du mich verstanden? Und akzeptiere nicht mehr länger ein ›Nein‹. Komme doch mit deiner Freundin. Sie ist eingeladen.«

Ich sah, wie aus Stefans Gesicht jegliche Farbe wich.

»Ich komme herzlich gern, vielen Dank«, ich lächelte betont freundlich, und jedes Wort war mir eine Genugtuung.

»Wie lange bist du noch im Lande, Mariángela?«, frage Greg.

Dann vereinbarten sie ein Treffen in der nächsten Woche.

»Meine Damen und Herren, bitte nehmen Sie Ihre Plätze ein«, Walter Stadler fuchtelte aufgeregt mit seinen Blättern Papier in der Luft herum, »wir wollen doch die Küche nicht warten lassen.«

Das Menü war vorzüglich, ich hatte es nicht anders erwartet. Auch wenn sich Hubert diesen Genuss nur selten gönnte, er war ein wahrer Feinschmecker. Ein Trio, wahrscheinlich Studenten des Konservatoriums, fiedelte zur Untermalung.

Nach dem »Gruß aus der Küche«, der Vorspeise und der Suppe hielt es der Brautvater für angebracht, eine Rede zu halten: »Liebe Gäste! Es freut mich ganz besonders, dass es mir wieder einmal gelungen ist, meine geliebte Tochter Claudia unter die Haube zu bringen.«

Die versammelte Gästeschar lachte. Die Braut errötete und kniff ihre Lippen zusammen. Aha, die beiden hatten wohl nicht das allerbeste Verhältnis.

»Und so bekomme ich einem Schwiegersohn, den ich beim besten Willen nicht ›Schwiegersohn‹ nennen kann. Denn, wie kann jemand mein Sohn sein, der nur zwei Jahre jünger ist als ich? Also mein Freund«, er klopfte dem Bräutigam wohlwollend auf die Schulter, »ich werde dich meinen ›Schwiegerfreund‹ nennen. Das macht mich weniger alt.«

Die versammelte Gästeschar lachte wieder, und nun hatten beide Brautleute verkniffene Lippen.

»Fragen Sie mich nichts über die Seele einer Frau«, setzte der Brautvater seine launige Rede fort, »ich werde die Frauen nie verstehen. Bei meiner Tochter habe ich diesen Versuch schon längst aufgegeben.« Er wartete, ob jemand lachte, doch diesmal blieb es ruhig im Saal. »Also, wenn Sie mich fragen, dann wäre die Reihenfolge folgende: Zuerst nehme ich die ältere Frau, um von ihr zu lernen und von ihren Erfahrungen zu profitieren. Und weil sie, wenn ich jung bin, ja noch nicht so alt ist, dass man sie nicht mehr anschauen kann. Und dann, wenn ich mich mit ihr nicht mehr verstehe, dann nehme ich eine junge.«

Jetzt hatte eine dritte Person am Tisch verkniffene Lippen. Seine Ehefrau. Wahrlich eine Prachtrede.

»Wobei ich natürlich nicht mich persönlich meine, versteht mich nicht falsch, liebe Gäste. Ich bleibe bei meiner Herta. Denn etwas Besseres kann mir im Leben nicht passieren.« Er zog die Hand seiner Frau an die Lippen und gab ihr einen schmatzenden Handkuss.

Herta war wieder besänftigt. Das Brautpaar hoffte nun, die Rede sei zu Ende, doch noch erfüllten sich diese Hoffnungen nicht.

»Und meine Claudia, was macht sie?«, fuhr ihr Vater fort. »Sie macht es genau umgekehrt. Nimmt sich zuerst den jungen Spund. Ganze neun Jahre jünger als sie. Einen mittellosen Studenten ohne jegliches Einkommen. Sie füttert ihn durch, bis er endlich seinen Studienabschluss schafft.« Er lachte schallend auf »Nein, bevor du mich erschlägst, Gregor, ich weiß, du hast dir dein Studium selbst finanziert.« Ich hielt die Luft an und wandte mit einem Ruck meinen Kopf meinem Begleiter zu. Und da saß nun die Person Nummer vier mit verkniffenen Lippen.

»Nichts für ungut, alter Junge, falsch, junger Junge«, der Brautvater lachte am lautesten über seinen eigenen Witz, »denn der ›alte Junge‹ ist jetzt ein anderer«, und er lachte noch einmal, »ich hoffe, du bleibst unserer Familie verbunden, Gregor. Und darum freue ich mich, dass du heute da bist.«

Gregs Miene entspannte sich, und er nickte seinem ehemaligen Schwiegervater zu, der ihm mit dem Glas zuprostete.

»Und weil wir gerade beim ›alten Jungen‹ sind, kommen wir jetzt zum ›jungen Alten‹: Herzlich willkommen, lieber Hubert, in unserer Familie! Ich hoffe, du fühlst dich wohl bei uns. Auch wenn ich durch diese Heirat meinen Wunsch nach Enkelkindern wohl endgültig begraben kann, ich freue mich, dass du meine Tochter wieder so glücklich machst.« Er erhob das Glas: »Darum, liebe Gäste«, schloss er und blickte Beifall heischend in die Runde, »lasst uns trinken auf das Glück meiner Tochter Claudia und das ihres frisch angetrauten Ehemanns Hubert. Mögen ihnen die neunzehn Jahre Altersunterschied nie zum Verhängnis werden.«

Die Gäste beeilten sich aufzustehen, um auf das Wohl des Brautpaares zu trinken. Der Chor von Huberts Freunden begann mit einem Ständchen.

»Und du kommst jetzt mit mir hinaus«, sagte ich, als sich alle wieder gesetzt hatten, und schnappte Gregors Hand. Er folgte mir widerstandslos. Wir durchquerten wortlos den Flur und traten in den Sonnenschein hinaus. Ich ging noch ein paar Schritte, bis ich bei einem kleinen Wäldchen hinter dem Haus angelangt war. Es musste ja nicht jedermann hören, was ich Greg zu sagen hatte:»Kannst du mir das erklären?«

»Was erklären?« Es war offensichtlich, dass sich Gregor absichtlich unwissend stellte. »Das war die Rede meines lieben Exschwiegervaters. Jetzt hast du einen kleinen Einblick bekommen, was ich in den letzten zehn Jahren alles erdulden musste. Der Mann ist eine Nervensäge, und jeder, vor allem Claudia, hat es alles andere als leicht mit ihm.«

»Claudia ist deine Frau. Deine Exfrau, um genau zu sein«, sagte ich nur zur Versicherung.

Greg nickte.

»Und Claudia, deine Frau, hat heute Hubert geheiratet.«

Gregor nickte abermals. Sein Grinsen verstärkte sich.

»Das heißt, du bist nicht verheiratet.«

Greg nickte wieder. »Du hast eine überraschend schnelle Auffassungsgabe, meine Teuerste«, sagte er dann spöttisch, aber sehr liebevoll. Er wollte mich in seine Arme ziehen, doch noch war ich nicht dazu bereit. Ich wollte zuerst der Sache auf den Grund gehen: »Wann wurdet ihr geschieden?«

»Vor, vor …«, Greg schien zu überlegen, »… elf Monaten.«

»Das heißt,« ich schnappte nach Luft, »das heißt, als wir nach Wien fuhren, warst du bereits geschieden?«

»Aber sicher. Ich bin ein sehr treuer Mann, weißt du, Rosi. Denkst du, ich hätte mit dir einfach eine Affäre angefangen, wenn ich noch gebunden gewesen wäre? Ohne mir darüber Gedanken zu machen? Ohne dir meine Bedenken mitzuteilen? Du musst ja eine schöne Meinung von mir haben.«

»Du hast gesagt, du bist verheiratet.«

»Das habe ich nie gesagt.«

Ich überlegte. Was waren genau seine Worte gewesen? »Du hast gesagt, Norbert sei bei deiner Frau.«

»Nie und nimmer! Das war das, was du gehört hast, Rosi. Ich weiß nicht genau, was ich gesagt habe. Ich habe höchstens gesagt, Norbert ist bei meiner Exfrau. Und das ›Ex‹ ist auf dem Weg zu dir untergegangen. Und du hast es ja dann auch nicht für nötig gehalten, mich nach meiner Frau zu fragen. Du hast einfach angenommen, ich hätte eine. Du hast mir einfach unterstellt, ich sei ein Schwein, das seine Frau ohne jeden Skrupel hintergeht. Und das mit dir eine Affäre anfängt, nur um dich dann fallen zu lassen. Eigentlich sollte ich dich gar nicht so lieben.«

Jetzt stand er wieder ganz dicht vor mir, und er hatte wieder diesen Blick, der mich ganz schwach machte. Und ich hatte das Gefühl, meine Beine würden nachgeben, wenn ich ihn jetzt nicht sofort umarmte und ganz fest an mich drückte. Und das tat ich dann auch.

»Du hast mich wirklich lieb?« Diesmal war meine Kleinmädchenstimme keine Berechnung. Sie war Zeichen für meine Unsicherheit. Zeichen für die Anspannung, mit der ich auf die Antwort wartete.

»Ich liebe dich, Rosalind Steinberg.« Und dann küsste er mich.

Ich erwiderte diesen Kuss mit all der Liebe und Leidenschaft, die ich für diesen Mann empfand. Ob es wohl unhöflich war, heimlich von hier zu verschwinden?

»Ach, hier habt ihr euch versteckt. Wir haben euch schon überall gesucht. Der Hauptgang wurde bereits serviert, und eure Abwesenheit ist allen aufgefallen. Also, wenn euch das nicht peinlich ist, mir ist es peinlich.« Diese strengen Worte äußerte mein sechzehnjähriger Sohn Tim, dessen Kopf hinter einem großen Eichenbaum aufgetaucht war.

Sekunden später erschien auch der Kopf seines Bruders. »Ja, bitte, kommt zurück, bevor dieser peinliche Exschwiegervater noch weitere Bemerkungen über euer Fehlen macht. Und übrigens, Greg, wir haben ein passendes Büro für dich gefunden. Jetzt, da du ja auch dein Büro aus dem Haus deiner Exfrau ausquartieren musst, wäre es doch

praktisch, du würdest zu uns ziehen. Durch Gropas Weggang ist die Souterrainwohnung frei geworden.«

»Was soll das heißen, Gregs Exschwiegervater habe peinliche Bemerkungen über unsere Abwesenheit gemacht? Was hat der denn gesagt, um Himmels willen?«

Tim grinste: »Er meinte, dass aus Claudia, die eine Frau Neuhof war, ab heute eine Frau Steinberg geworden ist. Und dass er es höchst originell fände, wenn in Kürze aus einer Frau Steinberg eine Frau Neuhof werden würde. Und dass es ganz den Anschein danach habe.«

Gregor lachte auf: »Da hat der alte Herr mehr Weitblick bewiesen, als ich ihm zugetraut hätte.«

Er legte den Arm um meine Schulter, und zu viert beeilten wir uns, zum Hochzeitsessen zurückzukehren.

»Nie und nimmer! Das war das, was du gehört hast, Rosi. Ich weiß nicht genau, was ich gesagt habe. Ich habe höchstens gesagt, Norbert ist bei meiner Exfrau. Und das ›Ex‹ ist auf dem Weg zu dir untergegangen. Und du hast es ja dann auch nicht für nötig gehalten, mich nach meiner Frau zu fragen. Du hast einfach angenommen, ich hätte eine. Du hast mir einfach unterstellt, ich sei ein Schwein, das seine Frau ohne jeden Skrupel hintergeht. Und das mit dir eine Affäre anfängt, nur um dich dann fallen zu lassen. Eigentlich sollte ich dich gar nicht so lieben.«

Jetzt stand er wieder ganz dicht vor mir, und er hatte wieder diesen Blick, der mich ganz schwach machte. Und ich hatte das Gefühl, meine Beine würden nachgeben, wenn ich ihn jetzt nicht sofort umarmte und ganz fest an mich drückte. Und das tat ich dann auch.

»Du hast mich wirklich lieb?« Diesmal war meine Kleinmädchenstimme keine Berechnung. Sie war Zeichen für meine Unsicherheit. Zeichen für die Anspannung, mit der ich auf die Antwort wartete.

»Ich liebe dich, Rosalind Steinberg.« Und dann küsste er mich.

Ich erwiderte diesen Kuss mit all der Liebe und Leidenschaft, die ich für diesen Mann empfand. Ob es wohl unhöflich war, heimlich von hier zu verschwinden?

»Ach, hier habt ihr euch versteckt. Wir haben euch schon überall gesucht. Der Hauptgang wurde bereits serviert, und eure Abwesenheit ist allen aufgefallen. Also, wenn euch das nicht peinlich ist, mir ist es peinlich.« Diese strengen Worte äußerte mein sechzehnjähriger Sohn Tim, dessen Kopf hinter einem großen Eichenbaum aufgetaucht war.

Sekunden später erschien auch der Kopf seines Bruders. »Ja, bitte, kommt zurück, bevor dieser peinliche Exschwiegervater noch weitere Bemerkungen über euer Fehlen macht. Und übrigens, Greg, wir haben ein passendes Büro für dich gefunden. Jetzt, da du ja auch dein Büro aus dem Haus deiner Exfrau ausquartieren musst, wäre es doch

praktisch, du würdest zu uns ziehen. Durch Gropas Weggang ist die Souterrainwohnung frei geworden.«

»Was soll das heißen, Gregs Exschwiegervater habe peinliche Bemerkungen über unsere Abwesenheit gemacht? Was hat der denn gesagt, um Himmels willen?«

Tim grinste: »Er meinte, dass aus Claudia, die eine Frau Neuhof war, ab heute eine Frau Steinberg geworden ist. Und dass er es höchst originell fände, wenn in Kürze aus einer Frau Steinberg eine Frau Neuhof werden würde. Und dass es ganz den Anschein danach habe.«

Gregor lachte auf: »Da hat der alte Herr mehr Weitblick bewiesen, als ich ihm zugetraut hätte.«

Er legte den Arm um meine Schulter, und zu viert beeilten wir uns, zum Hochzeitsessen zurückzukehren.

Danksagung

Mein erster Dank geht an meine Familie. Schreibende Personen im Haushalt sind nicht immer die einfachsten Zeitgenossen. Vor allem dann nicht, wenn sie dazu auch noch als Juristin, Persönlichkeitstrainerin und Kabarettistin unterwegs sind. Ich danke meinen Agentinnen Lianne Kolf und Ingeborg von Castell, dass sie mich in ihre Reihen aufgenommen haben. Natürlich danke ich auch Isolde Wehr, der Herausgeberin von »Moments«, und meiner Lektorin Petra Kästner-Henn für die stets erfreuliche Zusammenarbeit.

Ich danke Günther Sator, einem der profundesten westlichen Feng-Shui-Experten, dafür, dass er mir sein Insiderwissen über »Feng Shui in der Zahnarzt-Praxis« zur Verfügung gestellt hat. Danke an meine Schwägerin Hannelore Leindecker fürs Korrekturlesen und an Valerie Kalmar und ihre Damen fürs Tippen der Rohfassung. Und ich danke auch meinen SchriftstellerkollegInnen von DeLiA, der Vereinigung deutschsprachiger LiebesromanautorInnen. Unser intensiver E-Mail-Kontakt hat mir so richtig Lust darauf gemacht, diesen Roman zu schreiben.

Links

Zur Autorin:
www.sophieberg.at

Zu Feng Shui:
www.sator.at

Zur Vereinigung Deutschsprachiger Liebesromanautorinnen
und -autoren:
www.delia-online.de

Zum Europäischen Netzwerk für Frauen in Führungspositio-
nen (European Women's Management Development Network):
www.ewmd.org

»Ja, es war wunderschön«, erklärte die Gräfin, und kein Lächeln trat auf ihre Lippen. »Me gusta mucho. Auch ihr Deutschen versteht es, Feste zu feiern.«

Das sollte wohl ein Kompliment sein, und daher zwang ich mich zu lächeln.

Die Contessa ergriff Gregs Unterarm: »Wann hast du Zeit für mich, Gregor? Ich habe ein Buch gelesen über Feng Shui, über das ich mit dir möchte sprechen. Außerdem will ich schon lange, dass du kommen in mein Haus, um es dir anzusehen. Ich spüre, das ›Chi‹ ist noch nicht optimal.« Sie unterstrich diese Aussage mit einer dramatischen Geste. »Ich erwarte dich noch vor dem Winter, Gregor. Hast du mich verstanden? Und akzeptiere nicht mehr länger ein ›Nein‹. Komme doch mit deiner Freundin. Sie ist eingeladen.«

Ich sah, wie aus Stefans Gesicht jegliche Farbe wich.

»Ich komme herzlich gern, vielen Dank«, ich lächelte betont freundlich, und jedes Wort war mir eine Genugtuung.

»Wie lange bist du noch im Lande, Mariángela?«, frage Greg.

Dann vereinbarten sie ein Treffen in der nächsten Woche.

⁂

»Meine Damen und Herren, bitte nehmen Sie Ihre Plätze ein«, Walter Stadler fuchtelte aufgeregt mit seinen Blättern Papier in der Luft herum, »wir wollen doch die Küche nicht warten lassen.«

Das Menü war vorzüglich, ich hatte es nicht anders erwartet. Auch wenn sich Hubert diesen Genuss nur selten gönnte, er war ein wahrer Feinschmecker. Ein Trio, wahrscheinlich Studenten des Konservatoriums, fiedelte zur Untermalung.

Nach dem »Gruß aus der Küche«, der Vorspeise und der Suppe hielt es der Brautvater für angebracht, eine Rede zu halten: »Liebe Gäste! Es freut mich ganz besonders, dass es mir wieder einmal gelungen ist, meine geliebte Tochter Claudia unter die Haube zu bringen.«

Die versammelte Gästeschar lachte. Die Braut errötete und kniff ihre Lippen zusammen. Aha, die beiden hatten wohl nicht das allerbeste Verhältnis.

»Und so bekomme ich einem Schwiegersohn, den ich beim besten Willen nicht ›Schwiegersohn‹ nennen kann. Denn, wie kann jemand mein Sohn sein, der nur zwei Jahre jünger ist als ich? Also mein Freund«, er klopfte dem Bräutigam wohlwollend auf die Schulter, »ich werde dich meinen ›Schwiegerfreund‹ nennen. Das macht mich weniger alt.«

Die versammelte Gästeschar lachte wieder, und nun hatten beide Brautleute verkniffene Lippen.

»Fragen Sie mich nichts über die Seele einer Frau«, setzte der Brautvater seine launige Rede fort, »ich werde die Frauen nie verstehen. Bei meiner Tochter habe ich diesen Versuch schon längst aufgegeben.« Er wartete, ob jemand lachte, doch diesmal blieb es ruhig im Saal. »Also, wenn Sie mich fragen, dann wäre die Reihenfolge folgende: Zuerst nehme ich die ältere Frau, um von ihr zu lernen und von ihren Erfahrungen zu profitieren. Und weil sie, wenn ich jung bin, ja noch nicht so alt ist, dass man sie nicht mehr anschauen kann. Und dann, wenn ich mich mit ihr nicht mehr verstehe, dann nehme ich eine junge.«

Jetzt hatte eine dritte Person am Tisch verkniffene Lippen. Seine Ehefrau. Wahrlich eine Prachtrede.

»Wobei ich natürlich nicht mich persönlich meine, versteht mich nicht falsch, liebe Gäste. Ich bleibe bei meiner Herta. Denn etwas Besseres kann mir im Leben nicht passieren.« Er zog die Hand seiner Frau an die Lippen und gab ihr einen schmatzenden Handkuss.

Herta war wieder besänftigt. Das Brautpaar hoffte nun, die Rede sei zu Ende, doch noch erfüllten sich diese Hoffnungen nicht.

»Und meine Claudia, was macht sie?«, fuhr ihr Vater fort. »Sie macht es genau umgekehrt. Nimmt sich zuerst den jungen Spund. Ganze neun Jahre jünger als sie. Einen mittellosen Studenten ohne jegliches Einkommen. Sie füttert ihn durch, bis er endlich seinen Studienabschluss schafft.« Er lachte schallend auf »Nein, bevor du mich erschlägst, Gregor, ich weiß, du hast dir dein Studium selbst finanziert.« Ich hielt die Luft an und wandte mit einem Ruck meinen Kopf meinem Begleiter zu. Und da saß nun die Person Nummer vier mit verkniffenen Lippen.

»Nichts für ungut, alter Junge, falsch, junger Junge«, der Brautvater lachte am lautesten über seinen eigenen Witz, »denn der ›alte Junge‹ ist jetzt ein anderer«, und er lachte noch einmal, »ich hoffe, du bleibst unserer Familie verbunden, Gregor. Und darum freue ich mich, dass du heute da bist.«

Gregs Miene entspannte sich, und er nickte seinem ehemaligen Schwiegervater zu, der ihm mit dem Glas zuprostete.

»Und weil wir gerade beim ›alten Jungen‹ sind, kommen wir jetzt zum ›jungen Alten‹: Herzlich willkommen, lieber Hubert, in unserer Familie! Ich hoffe, du fühlst dich wohl bei uns. Auch wenn ich durch diese Heirat meinen Wunsch nach Enkelkindern wohl endgültig begraben kann, ich freue mich, dass du meine Tochter wieder so glücklich machst.« Er erhob das Glas: »Darum, liebe Gäste«, schloss er und blickte Beifall heischend in die Runde, »lasst uns trinken auf das Glück meiner Tochter Claudia und das ihres frisch angetrauten Ehemanns Hubert. Mögen ihnen die neunzehn Jahre Altersunterschied nie zum Verhängnis werden.«

Die Gäste beeilten sich aufzustehen, um auf das Wohl des Brautpaares zu trinken. Der Chor von Huberts Freunden begann mit einem Ständchen.

»Und du kommst jetzt mit mir hinaus«, sagte ich, als sich alle wieder gesetzt hatten, und schnappte Gregors Hand. Er folgte mir widerstandslos. Wir durchquerten wortlos den Flur und traten in den Sonnenschein hinaus. Ich ging noch ein paar Schritte, bis ich bei einem kleinen Wäldchen hinter dem Haus angelangt war. Es musste ja nicht jedermann hören, was ich Greg zu sagen hatte: »Kannst du mir das erklären?«

»Was erklären?« Es war offensichtlich, dass sich Gregor absichtlich unwissend stellte. »Das war die Rede meines lieben Exschwiegervaters. Jetzt hast du einen kleinen Einblick bekommen, was ich in den letzten zehn Jahren alles erdulden musste. Der Mann ist eine Nervensäge, und jeder, vor allem Claudia, hat es alles andere als leicht mit ihm.«

»Claudia ist deine Frau. Deine Exfrau, um genau zu sein«, sagte ich nur zur Versicherung.

Greg nickte.

»Und Claudia, deine Frau, hat heute Hubert geheiratet.«

Gregor nickte abermals. Sein Grinsen verstärkte sich.

»Das heißt, du bist nicht verheiratet.«

Greg nickte wieder. »Du hast eine überraschend schnelle Auffassungsgabe, meine Teuerste«, sagte er dann spöttisch, aber sehr liebevoll. Er wollte mich in seine Arme ziehen, doch noch war ich nicht dazu bereit. Ich wollte zuerst der Sache auf den Grund gehen: »Wann wurdet ihr geschieden?«

»Vor, vor …«, Greg schien zu überlegen, »… elf Monaten.«

»Das heißt,« ich schnappte nach Luft, »das heißt, als wir nach Wien fuhren, warst du bereits geschieden?«

»Aber sicher. Ich bin ein sehr treuer Mann, weißt du, Rosi. Denkst du, ich hätte mit dir einfach eine Affäre angefangen, wenn ich noch gebunden gewesen wäre? Ohne mir darüber Gedanken zu machen? Ohne dir meine Bedenken mitzuteilen? Du musst ja eine schöne Meinung von mir haben.«

»Du hast gesagt, du bist verheiratet.«

»Das habe ich nie gesagt.«

Ich überlegte. Was waren genau seine Worte gewesen? »Du hast gesagt, Norbert sei bei deiner Frau.«

»Nie und nimmer! Das war das, was du gehört hast, Rosi. Ich weiß nicht genau, was ich gesagt habe. Ich habe höchstens gesagt, Norbert ist bei meiner Exfrau. Und das ›Ex‹ ist auf dem Weg zu dir untergegangen. Und du hast es ja dann auch nicht für nötig gehalten, mich nach meiner Frau zu fragen. Du hast einfach angenommen, ich hätte eine. Du hast mir einfach unterstellt, ich sei ein Schwein, das seine Frau ohne jeden Skrupel hintergeht. Und das mit dir eine Affäre anfängt, nur um dich dann fallen zu lassen. Eigentlich sollte ich dich gar nicht so lieben.«

Jetzt stand er wieder ganz dicht vor mir, und er hatte wieder diesen Blick, der mich ganz schwach machte. Und ich hatte das Gefühl, meine Beine würden nachgeben, wenn ich ihn jetzt nicht sofort umarmte und ganz fest an mich drückte. Und das tat ich dann auch.

»Du hast mich wirklich lieb?« Diesmal war meine Kleinmädchenstimme keine Berechnung. Sie war Zeichen für meine Unsicherheit. Zeichen für die Anspannung, mit der ich auf die Antwort wartete.

»Ich liebe dich, Rosalind Steinberg.« Und dann küsste er mich.

Ich erwiderte diesen Kuss mit all der Liebe und Leidenschaft, die ich für diesen Mann empfand. Ob es wohl unhöflich war, heimlich von hier zu verschwinden?

»Ach, hier habt ihr euch versteckt. Wir haben euch schon überall gesucht. Der Hauptgang wurde bereits serviert, und eure Abwesenheit ist allen aufgefallen. Also, wenn euch das nicht peinlich ist, mir ist es peinlich.« Diese strengen Worte äußerte mein sechzehnjähriger Sohn Tim, dessen Kopf hinter einem großen Eichenbaum aufgetaucht war.

Sekunden später erschien auch der Kopf seines Bruders.

»Ja, bitte, kommt zurück, bevor dieser peinliche Exschwiegervater noch weitere Bemerkungen über euer Fehlen macht. Und übrigens, Greg, wir haben ein passendes Büro für dich gefunden. Jetzt, da du ja auch dein Büro aus dem Haus deiner Exfrau ausquartieren musst, wäre es doch

praktisch, du würdest zu uns ziehen. Durch Gropas Weggang ist die Souterrainwohnung frei geworden.«

»Was soll das heißen, Gregs Exschwiegervater habe peinliche Bemerkungen über unsere Abwesenheit gemacht? Was hat der denn gesagt, um Himmels willen?«

Tim grinste: »Er meinte, dass aus Claudia, die eine Frau Neuhof war, ab heute eine Frau Steinberg geworden ist. Und dass er es höchst originell fände, wenn in Kürze aus einer Frau Steinberg eine Frau Neuhof werden würde. Und dass es ganz den Anschein danach habe.«

Gregor lachte auf: »Da hat der alte Herr mehr Weitblick bewiesen, als ich ihm zugetraut hätte.«

Er legte den Arm um meine Schulter, und zu viert beeilten wir uns, zum Hochzeitsessen zurückzukehren.

Danksagung

Mein erster Dank geht an meine Familie. Schreibende Personen im Haushalt sind nicht immer die einfachsten Zeitgenossen. Vor allem dann nicht, wenn sie dazu auch noch als Juristin, Persönlichkeitstrainerin und Kabarettistin unterwegs sind. Ich danke meinen Agentinnen Lianne Kolf und Ingeborg von Castell, dass sie mich in ihre Reihen aufgenommen haben. Natürlich danke ich auch Isolde Wehr, der Herausgeberin von »Moments«, und meiner Lektorin Petra Kästner-Henn für die stets erfreuliche Zusammenarbeit.

Ich danke Günther Sator, einem der profundesten westlichen Feng-Shui-Experten, dafür, dass er mir sein Insiderwissen über »Feng Shui in der Zahnarzt-Praxis« zur Verfügung gestellt hat. Danke an meine Schwägerin Hannelore Leindecker fürs Korrekturlesen und an Valerie Kalmar und ihre Damen fürs Tippen der Rohfassung. Und ich danke auch meinen SchriftstellerkollegInnen von DeLiA, der Vereinigung deutschsprachiger LiebesromanautorInnen. Unser intensiver E-Mail-Kontakt hat mir so richtig Lust darauf gemacht, diesen Roman zu schreiben.

Links

Zur Autorin:
www.sophieberg.at

Zu Feng Shui:
www.sator.at

Zur Vereinigung Deutschsprachiger Liebesromanautorinnen
und -autoren:
www.delia-online.de

Zum Europäischen Netzwerk für Frauen in Führungspositio-
nen (European Women's Management Development Network):
www.ewmd.org